岐阜の山城
ベスト50を歩く

三宅唯美・中井 均 編

木曾川対岸より苗木城跡を望む

山城の魅力

土塁

松尾山城跡土塁

妻木城跡主郭部を巡る横堀に伴う土塁

戦国時代の城は土からなるもので、山を切り盛りして曲輪、土塁、空堀を築き防御施設とした土木施設である。なかでも累々と残る土塁を山中に発見したときの感激はひとしおである。

大森城跡土塁

尾崎城跡主郭を巡る土塁。右側の斜面下には横堀が見える

石垣

東殿山城跡石垣

大桑城跡石垣

美濃はいち早く山城に石垣を導入した地域である。野面積みの武骨な石垣が山中に残されている。さらに美濃では近世にも山城が築かれており、そこに残る石垣は圧倒的な迫力がある。

岩村城跡石垣。石段を挟んで手前が東曲輪、奥（右）が本丸の石垣

発掘調査で検出された金山城跡本丸東側の石垣（可児市教育委員会提供）

堀切

小島城《おじまじょう》（美濃）跡堀切

鶴ケ城跡千畳敷（主郭）背後に大堀切

山の尾根筋を切断する堀切も山城の大きな魅力である。さらに美濃、飛騨では臼の目堀と呼ばれた畝状空堀群を備えた山城が数多く認められる。土の城の到達点のひとつである。

篠脇城跡畝状空堀群

広瀬城跡畝状空堀群

眺望

空から見た岐阜城跡。手前に城下町が広がる（岐阜市教育委員会提供）

織田信長の天下布武となる岐阜城が金華山の頂上に築かれるなど、岐阜県には著名な城跡が多くある。そうした城跡の頂上から城主になったつもりで、ぜひ眺望を体感してほしい。

苗木城天守跡より中津川市街を望む。中山道、東山道神坂峠、南北街道上地の渡し（木曽川）を一望できる。中央は恵那山

はじめに

岐阜県では一九九六年より九ヶ年にわたり県内の中世城館跡の分布調査が実施された。私もその調査員のひとりとして西濃や飛騨の山々に登り、山城を詳細に見て歩く機会があり、実に多様な山城の遺構に直接ふれることができた。その調査の結果として、岐阜県には約八〇〇ヶ所にのぼる城館跡の存在が確認できた。その成果は四冊の報告書にまとめられている。

さて、岐阜県は美濃国と飛騨国の二国から成り立っている。美濃国は東海と近畿の接点として古代より交通の要衝であり、三関のひとつ不破関が置かれた。戦国時代最後の合戦となった関ヶ原合戦もこの不破で繰り広げられ、まさに美濃を制するものが天下を制したのであった。その美濃国では守護土岐氏に関連する城跡や守護所跡が残され、下克上の典型的人物斎藤道三の築いた稲葉山城や、織田信長の岐阜城など、日本史の舞台となった著名な城跡がある。また、縄張の特徴としては「臼の目堀」と呼ばれる畝状竪堀群を施した篠脇城など注目すべき構造を有する城跡も多い。

一方の飛騨は山の国であるが、近年の研究では山の持つ豊富な資源をバックとした領主たちが大きな勢力を持っていたことが明らかとなっている。例えば尾崎城跡からは十四～十五世紀の中国青磁が大量に出土しており、その財力に驚かされた。また飛騨では三木氏や江馬氏が勢力を誇り、奥飛騨で京都の花の御所と同じ構造の居館が造営された。山城では広瀬城などで畝状空堀群が施されるなど土造りの城の到達点を見ることができる。

しかし、このように多くの中世城館跡があるにもかかわらず、これまでそうした城跡を訪ねるガイドブックがなかった。幸い「山城ベスト50を歩くシリーズ」の近江、静岡版が刊行され、歴史ファンにとっては大変便利なガイドブックであると好評を得ており、次はぜひ岐阜県をとの要望が強く、今回『岐阜の山城ベスト50を歩く』が刊行されることとなった。刊行にあたっては編者として、岐阜県の中世史を精力的に研究されておられる三宅唯美氏にお願いし、執筆に関してはそれぞれの城跡を最も歩かれておられる地元の教育委員会の担当者の皆様を中心に依頼した。

今回もこれまでのシリーズ同様に歴史や構造だけではなく、登り口や登城への所要時間など、机の上で読むのではなく、実際に山城を訪ねてもらうために編集したつもりである。

ところで本シリーズの大きな特徴は、ガイドブックであるにもかかわらず、各城跡の縄張図を必ず掲載したことである。縄張図は城跡の構造を把握するためには最良の資料であるが、一般の歴史ファンにはまだまだなじみの薄いものである。しかし実際に山城を訪ねていただき、本書に図示された縄張図を現地で比較しながら城歩きをしていただければ城跡の構造についてより理解が深まることであろう。

何よりも中世の城郭は山を切り盛りして築かれた土木施設である。登城の際は攻め手になりながら、下山の際は守り手になりながら、防御の工夫を見て歩いていただけたならば、城歩きは一層面白いものとなるだろう。

編者　中井　均

もくじ

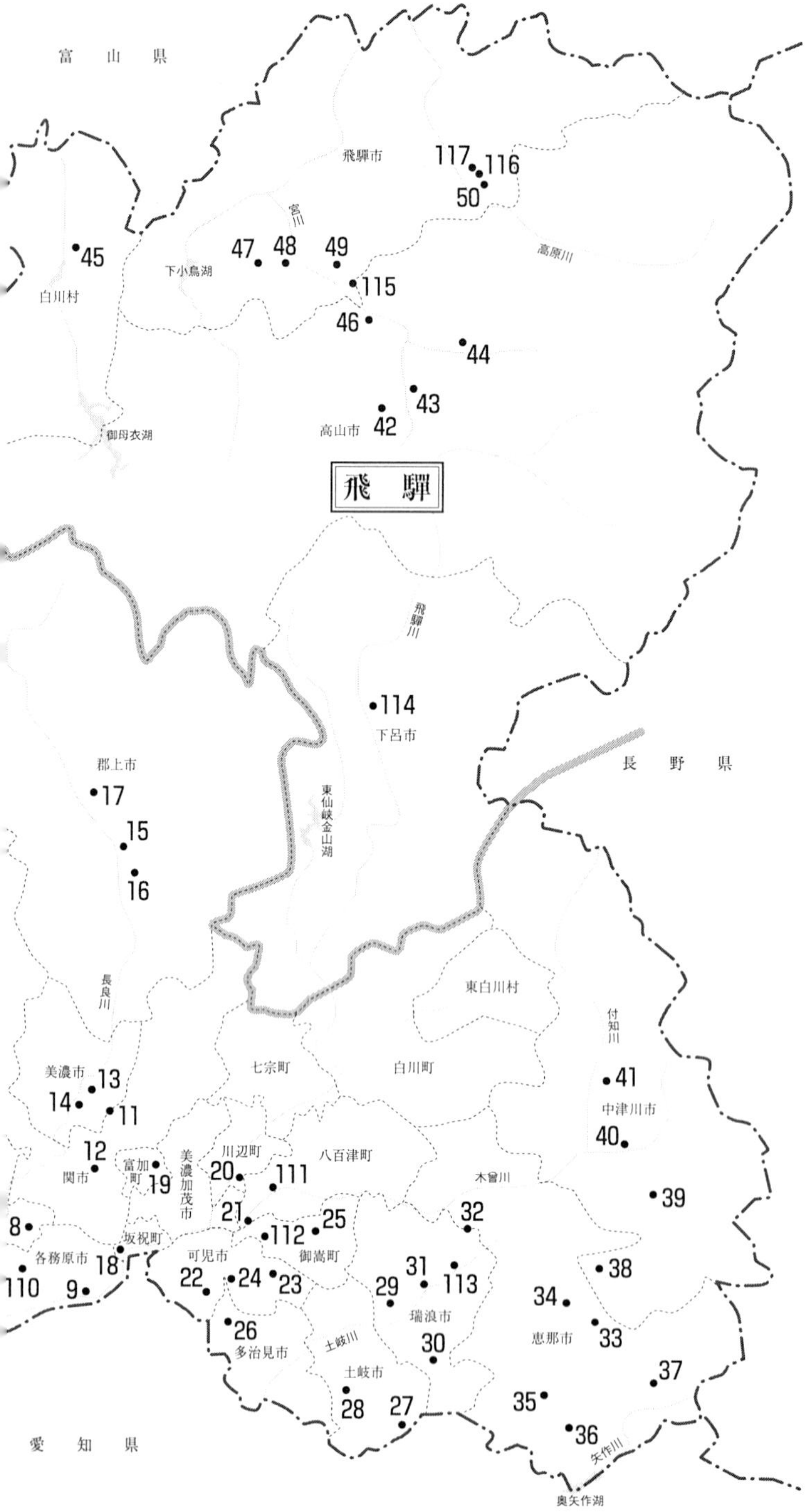
富　山　県
飛驒市
117
116
50
宮川
高原川
45
47
48
49
下小鳥湖
白川村
115
46
44
43
42
御母衣湖
高山市
飛　驒
飛驒川
114
下呂市
長　野　県
郡上市
17
15
16
東仙峡金山湖
東白川村
長良川
付知川
七宗町
白川町
美濃市
13
14
11
41
中津川市
40
12
関市
富加町
19
美濃加茂市
川辺町
20
111
八百津町
木曽川
39
8
21
112
25
32
各務原市
坂祝町
18
可児市
御嵩町
31
113
38
110
9
22
24
23
29
34
瑞浪市
33
26
多治見市
土岐川
30
恵那市
土岐市
37
28
27
35
36
矢作川
愛　知　県
奥矢作湖

美濃・飛騨国掲載城郭一覧

岐阜の山城ベスト50

美濃の山城	1	菩提山城
	2	松尾山城
	3	揖斐城
	4	小島城
	5	片山城
	6	山口城・法林寺城・祐向山城
	7	岐阜城
	8	長山城
	9	伊木山城
	10	大桑城
	11	小野城
	12	関城
	13	鉈尾山城
	14	小倉山城
	15	八幡城
	16	東殿山城
	17	篠脇城
	18	猿啄城
	19	加治田城
	20	米田城
	21	金山城
	22	今城
	23	久々利城
	24	大森城
	25	小原城
	26	根本砦
	27	細野城
	28	妻木城
	29	戸狩城
	30	小里城山城
	31	鶴ヶ城
	32	刈安城
	33	岩村城
	34	飯羽間城
	35	明知城
	36	大平城
	37	前田砦
	38	阿木城
	39	阿寺城
	40	苗木城
	41	広恵寺城
飛騨の山城	42	松倉城
	43	高山城
	44	尾崎城
	45	荻町城
	46	広瀬城
	47	小鷹利城
	48	向小島城
	49	小島城
	50	高原諏訪城

岐阜の平城ベスト17

美濃の平城	101	西高木家陣屋
	102	本郷城
	103	お茶屋屋敷
	104	大垣城
	105	曽根城
	106	革手城
	107	加納城
	108	福光・枝広
	109	黒野城
	110	野口館
	111	和知城
	112	顔戸城
	113	旗本馬場氏陣屋
飛騨の平城	114	桜洞城
	115	増島城
	116	江馬氏下館
	117	東町城

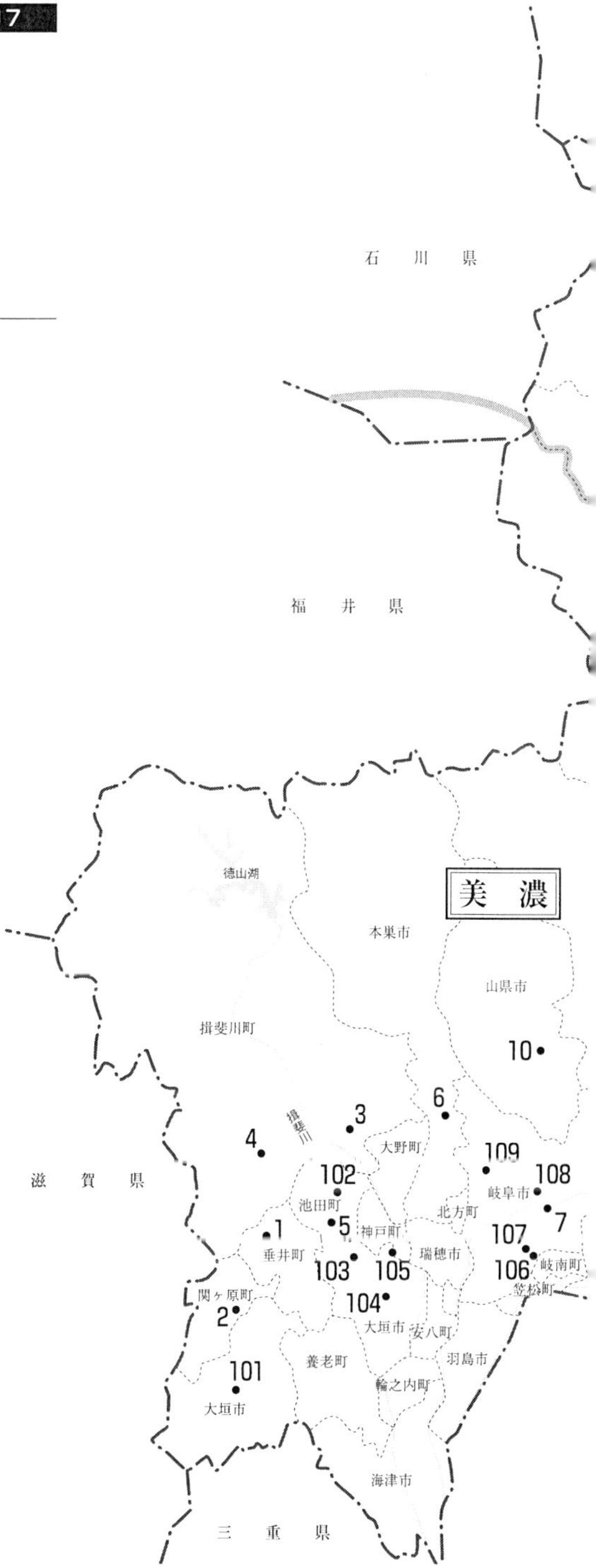

以下、各城の名称の下にある★印は、三段階で登城難易度を示している。

岐阜の山城ベスト50を歩く

1 菩《ぼ》提《だい》山《やま》城《じょう》

★★★

所在地　不破郡垂井町岩手
築城時期　天文十三年（一五四四）頃
標　高　四〇一m
主な遺構　曲輪　土塁　堀切　竪堀

菩提山城は智将竹中半兵衛の居城として有名である。

しかし、当初は地元の土豪岩手氏の居城であったようで、天文十三年（一五四四）に美濃守護土岐頼芸が岩手四郎に宛てて「菩提山城之儀申出之処、即時令入城之由注進候、尤神妙候。江南北へ、令堅約之条切々時宜…」と述べており、少なくともこの頃には岩手氏によって築かれていたことがわかる。

さて、竹中氏は元来揖斐郡の大御堂城主で、代々斎藤氏に仕えていた。『竹中氏家譜』によると、永禄元年（一五五八）に「為六千貫之主、領岩手四山之外、福田、長松等、同己未歳築城於同郷菩提山」とあり、竹中重元が岩手氏を滅ぼしたのちに菩提山城を築城したと記されている。翌永禄二年には安八郡西之保城主不破河内守光治が菩提山城を攻めたが退散したことが知られている。

岩手氏は山麓の漆原に居館を構えていたが、竹中氏の段階では『竹中家雑事記』によると、「重元重治迄は岩手西福村に居住有而、城には屋形斗有之、騒動之時城に取登防の心得にいたしたる城也。」と記されており、西福村に居館が構えられていたようである。

半兵衛重治が三木合戦の陣中で没すると、その嫡男重門は菩提山城を下り、岩手に館を構えた。

菩提山城は伊吹山系の東端、美濃と近江の国境にあたる標高四〇一・一メートルの菩提山の山頂に構えられている。その規模は東西約一五〇メートル、南北約三〇〇メートルを測り、西美濃最大級の山城である。山頂は広く、そのため主郭①と副郭②はほぼ同じレベルで構えられている。このため両曲輪を区画する目的で堀切が設けられ、その堀切は喰違いとなって主郭から突出した方形の小曲輪を形成している。この小曲輪の前面には土塁Aも構えられており、角馬出として評価できる。さらにその西外側にも土塁Bが構えられ、複雑な二重構造の虎口となっている。また空堀はいずれも切岸部にまでおよぶ竪堀となり、特に西斜面では竪堀が主郭西側裾部を巡る横堀となり、最後は北端部で長大な竪堀となっている。

副郭の南側尾根は二股に分かれ、南東尾根については副郭直下に堀切を設け、その外側には小削平地が階段状に配されている。一方、南西尾根には二つの巨大な曲輪③、④が設けられ、両曲輪間には巨大な堀切㋐が設けられている。最南端の曲輪④の南辺には土塁が設けられ、その直下は竪堀群と堀切が複雑に組み合わされ、見事な防御

主郭前面に構えられた虎口受け

菩提山城へのアクセス

JR垂井駅からバスで岩手公民館バス停下車、徒歩１時間。白山神社の裏手が登城口。車の場合、国道21号野上北を北上、県道53号長畑をさらに北上、岩手小学校から西へ。白山神社より徒歩1時間。

施設を造り出している。

主郭の西側については大規模な竪堀㋑、㋒が二本設けられており、その間に二段の曲輪⑤、⑥が造成されているが、曲輪⑤の上段に設けられた小削平地は主郭からの二重虎口前面に設けられた虎口受け（外桝形）として評価できよう。

菩提山城の山麓に構えられた竹中氏陣屋に残る櫓門

このように菩提山城はただ規模が大きいというだけではなく、その縄張りは非常に複雑で、戦国時代後半の最も発達した構造の山城として注目される。

この菩提山城跡の南東一・五キロの位置に竹中氏陣屋が位置している。『竹中氏家譜』に「菩提山之城を下り、岩手作館住居之」と記されており、半兵衛重治の嫡男重門によって構えられた屋敷である。竹中氏は江戸時代には六千石の旗本（交代寄合）となり、屋敷はその陣屋となり、十三代続いて明治維新を迎えた。

正徳五年（一七一五）に竹中重栄が記した記録によると、陣屋の坪割りは東辺四〇間五尺、北辺三七間半、西辺三六間一尺、南辺四二間二尺、総坪数一六三六坪半であった。大手正面は東面で、現在も間口六間、奥行三間の櫓門が残存している。この櫓門は岐阜県下唯一の城郭建造物として県指定文化財となっている。大手の内側は古絵図によると桝形となっているが、現在では改変されてしまい一文字土居としてわずかに痕跡が残されている。陣屋の南側は小学校で破壊されてしまったが、北半分の土塁と堀はほぼ残されている。

なお、菩提山城跡への登城ルートはいくつかあるが、城跡の南山麓、白山神社から登るのが最もわかりやすい。約一時間ほどで城跡に至るが、山は急峻で健脚向きである。

（中井　均）

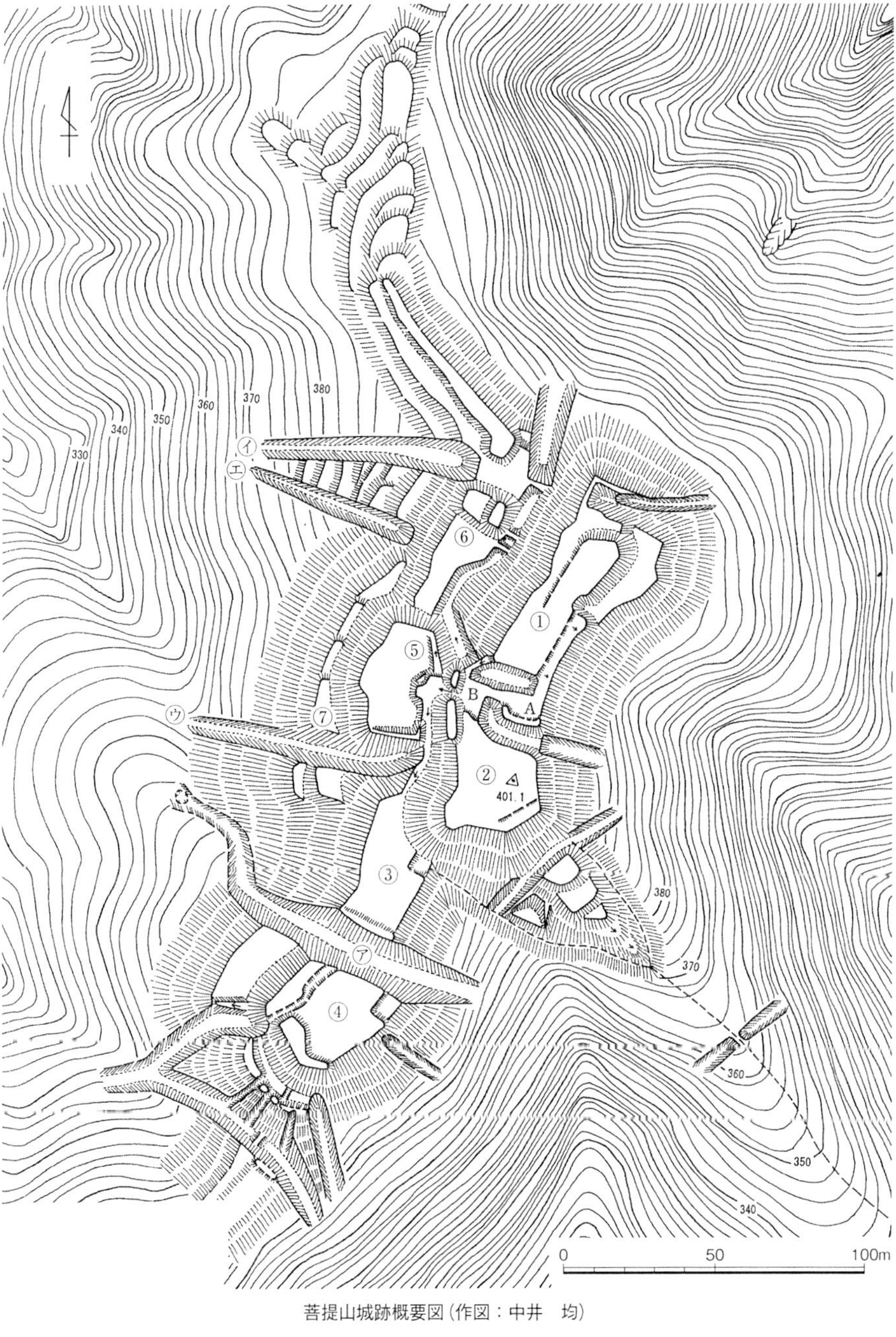

菩提山城跡概要図（作図：中井　均）

2 松尾山城《まつおやまじょう》 ★★★

所在地 不破郡関ヶ原町松尾
築城時期 元亀元年（一五七〇）頃
標高 二九三m
主な遺構 曲輪　桝形虎口　土塁　堀切

関ヶ原を一望する松尾山は関ヶ原合戦の際、小早川秀秋が布陣し、ここから西軍の側面を突いて、一気に東軍を勝利に導いた場所としてあまりにも有名である。

ところが実際に松尾山に登ると、曲輪、堀切、土塁などが累々と残されており、ここが単純な陣ではなく、本格的な山城であったことがよくわかる。その規模は東西約四〇〇メートル、南北約二五〇メートルを測る巨大な山城であり、とても小早川部隊によって合戦の前日に築かれた陣城ではない。

では、現存する山城はいったい誰の手によって築かれたのであろうか。「遍照山文庫所蔵文書」中には「永禄之此、信長卿御合戦之節、浅井旗下堀次良、濃州長亭軒之城ニ家臣樋口三良兵衛ヲ差置、（略）右長亭軒ト云ハ、不破郡松尾山之事也」とあり、元亀元年（一五七〇）に浅井長政が対織田信長戦の前線基地として、江濃国境に長亭軒之城を構え、樋口直房を入れ置いたことがわかる。しかし直房は調略により信長方に降り、城には信長の家臣不破光治が国境警備のために配されたが、光治の越前転封に伴い廃城となった。従来この長亭軒の城が松尾山城であったと考えられていた。しかし現存する城郭遺構は直房や光治段階では出来過ぎの感があり、それ以後の改修を考えなければならない。そこで注目されるのが慶長五年（一六〇〇）九月十二日付けの増田長盛に宛てた石田三成の書状である。そこには「江濃之境目松尾之城、何れの御番所にも中国衆入可被置、御分別尤にて候」とあり、松尾山城が関ヶ原合戦において中国衆の本陣として築かれたことがわかる。もちろんこの中国衆とは西軍の総大将毛利輝元のことである。さらに『寛政重修諸家譜』「稲葉家譜」には「九月十四日、正成、諸士と相議し、兵を率いて美濃国におもむき松尾山の新城にいり、その城主伊藤長門守某を追払う」とあり、関ヶ原合戦の前日まで松尾山城には伊藤長門守某が守備していたことがわかる。この伊藤長門守某とは大垣城主伊藤盛正のことであり、八月十日に大垣城に入った石田三成が盛正に命じて松尾山に新城を普請させ、輝元入城までの間その守備につかせていたものと考えられる。

なお、「稲葉家譜」では「伊藤長門守某を追払う」とあることより、小早川秀秋の松尾山布陣は不法占拠であった。これは明らかに石田三成の命令を無視した行為であり、秀秋の東軍への寝返りは突発的なものではなく、

土塁で築かれた見事な桝形虎口

松尾山城へのアクセス
JR関ヶ原駅から西へ、福島正則陣跡、井上神社を経て東海自然歩道を徒歩約1時間。山麓に駐車場あり。

当初から予定されていたことがわかる。

　城跡は標高二九三・一メートルの松尾山の山頂に構えられている。主郭①は土塁が四周に巡らされており、ここからは北方の中山道や関ヶ原一帯が一望のもとに見渡せる。虎口Aは主郭南端に設けられており、その構造は櫓台を伴う見事な桝形虎口となっている。主郭南方には前方を堀切によって独立させた馬出状の土塁囲いの曲輪②が配されている。主郭より東に派生する二本の尾根上には塁線を随所で屈曲させた土塁を巡らせた曲輪③、④が階段状に配置され、南北方面から攻め登る敵に対して睨みを効かせている。主郭の西側は深い谷筋が入りこんでいるが、この谷筋からの敵の進入に対して、喰違いの土塁が構えられている。谷を隔てて西側の頂上稜線部にも曲輪が配置されている。この西側頂部の遺構は北部と南部に大別されるが、北部の曲輪⑥は土塁を巡らせ、南端を巨大な堀切で切断しており、主郭などの諸曲輪と統一のとれた構造となっている。これに対して堀切の南方に構えられた南部の曲輪⑦は土塁も構えられておらず、曲輪の削平面も非常に甘く、他の曲輪群とは少々構造を異にしている。長亭軒之城と呼ばれていた樋口氏や不破氏段階の松尾城の遺構か、盛正築城の新城の普請途中のいずれかの可能性が考えられる。その南端の尾根筋には尾根斜面に向けて構えられた堀切が交互に三本設けられており必見である。

主郭に巡る土塁

　このように現存する松尾山城の遺構は戦国時代後半の非常に発達した縄張を示している。

　城跡への登城ルートは東海自然歩道として整備され、大変歩きやすい山道となっており、比較的容易に訪ねることのできる山城跡である。また城跡の北山麓の登山口には駐車場も設けられている。

（中井　均）

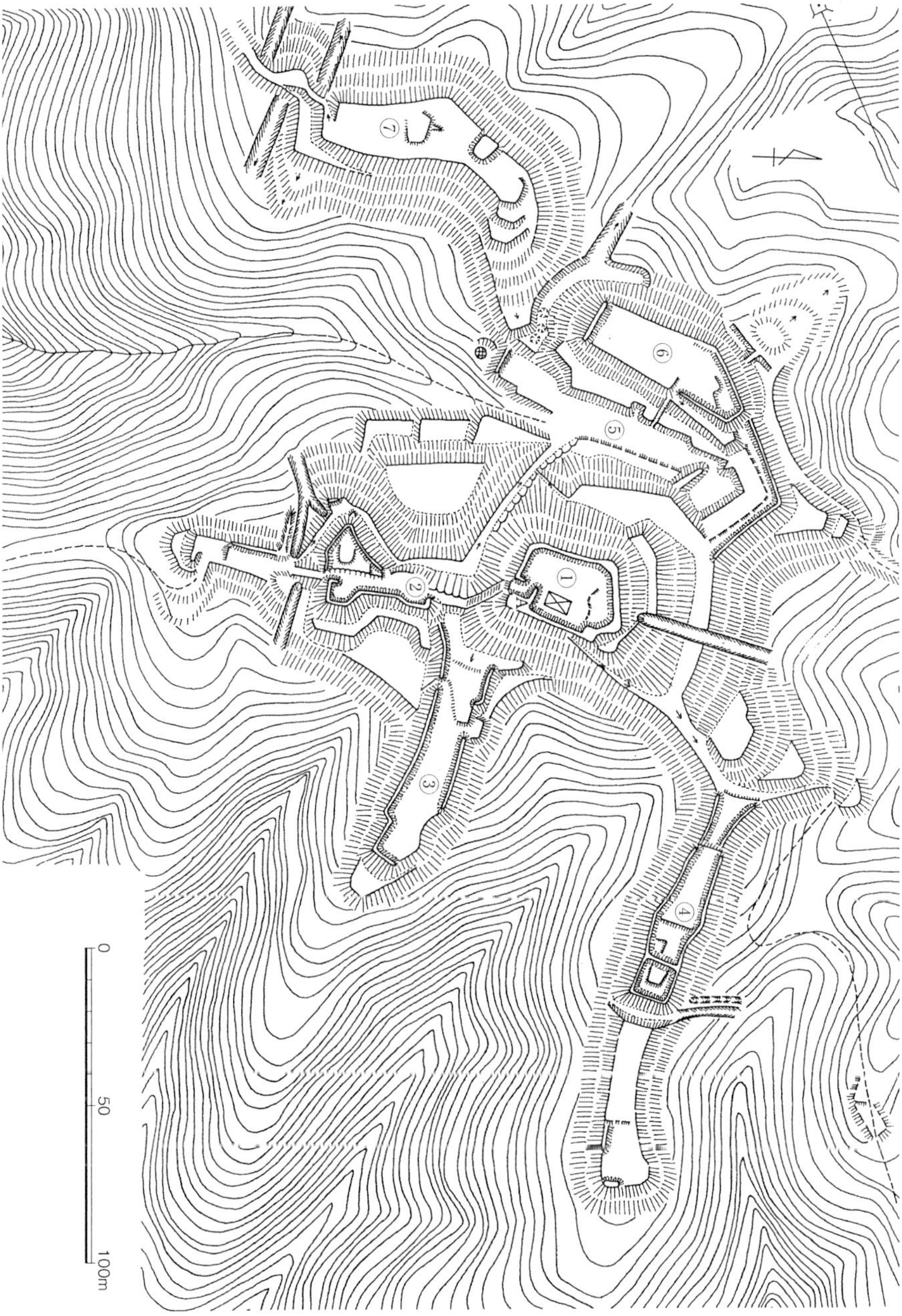

松尾山城跡概要図（作図：中井　均）

3 揖斐城《いびじょう》★

所在地　揖斐郡揖斐川町大光寺・三輪・極楽寺・上南方
築城時期　康永二年（一三四三）
標　高　二二〇m
主な遺構　曲輪　堀切　竪堀　横堀　虎口　井戸

揖斐城は、濃尾平野の北西端に位置する。両白山地の南部に連なる低山性山地の最南端部上にある。詳しくは、標高三五一メートルの城ヶ峰から南西にのびる尾根が先端部付近で高まりを見せる部分、通称城台山に所在する。最高所の主郭で標高二二〇メートル、平野部との比高は一八〇メートル程ある。かつては、城の南側山麓直近には現在の揖斐川の分流が流れ、天然の要害となっていたと考えられる。

後世の文献資料からは、美濃・尾張・伊勢三国守護であった土岐頼康の弟、頼雄が築城したとされているが、詳細は不明である。ただし、同時代の文献資料に「雖然當庄者罷成城中経数日軍勢等致乱妨狼藉之處」（「観応二年　揖斐庄百姓等申状寫」『揖斐川町史』所収）との記載があり、南北朝期に築城されていたことは間違いないであろう。また、当時の軍忠状からは、この城が奥美濃もしくは越前からの敵の侵入に備えたものであったことがうかがえる。廃城に関しては、天文十六年（一五四七）六代土岐光親の時、斎藤道三に攻められて落城。その後、斎藤氏の被官となっていた堀池氏が城主となるが、天正十一年（一五八三）に稲葉一鉄の急襲を受け、再落城したと伝えられている。

現在、揖斐城へ登るには、南東方向にある揖斐小学校付近から遊歩道が整備されている。階段状の道を登ると一五分程で山腹にある播隆院《ばんりゅういん》一心寺に着く。開祖は、江戸後期に槍ヶ岳初登頂に成功した山岳修行者の播隆上人である。寺の西側を抜けて、さらに一五分程進むと本丸南側に位置する四段の削平地群⑤に到達する。ここが城の南西端となる。ここを基点に、東西約三〇〇メート

揖斐城主郭跡と石碑

ル、南北約二〇〇メートルの範囲に遺構が確認できる。

　明治の濃尾大震災まで⑤最上段の削平地に一心寺の前身である阿弥陀堂があった。また、最下段削平地の南西には白山神社が祀られている。そのため、元の遺構にかなり手が加えられてる可能性が高い。ただし、最上段の削平地と主郭①を劃する崖は一〇メートル近くの比高があり、本来の切岸であるように思われる。また、三段目の削平地からは、北東方向に等高線に沿うように小径が続く。これを一四〇メートル程進んだ所に井戸がある。岩壁からしみ出る水が溜まるように円形に掘削されたものである。現在でも、渇水期にあっても水を確認することができる。

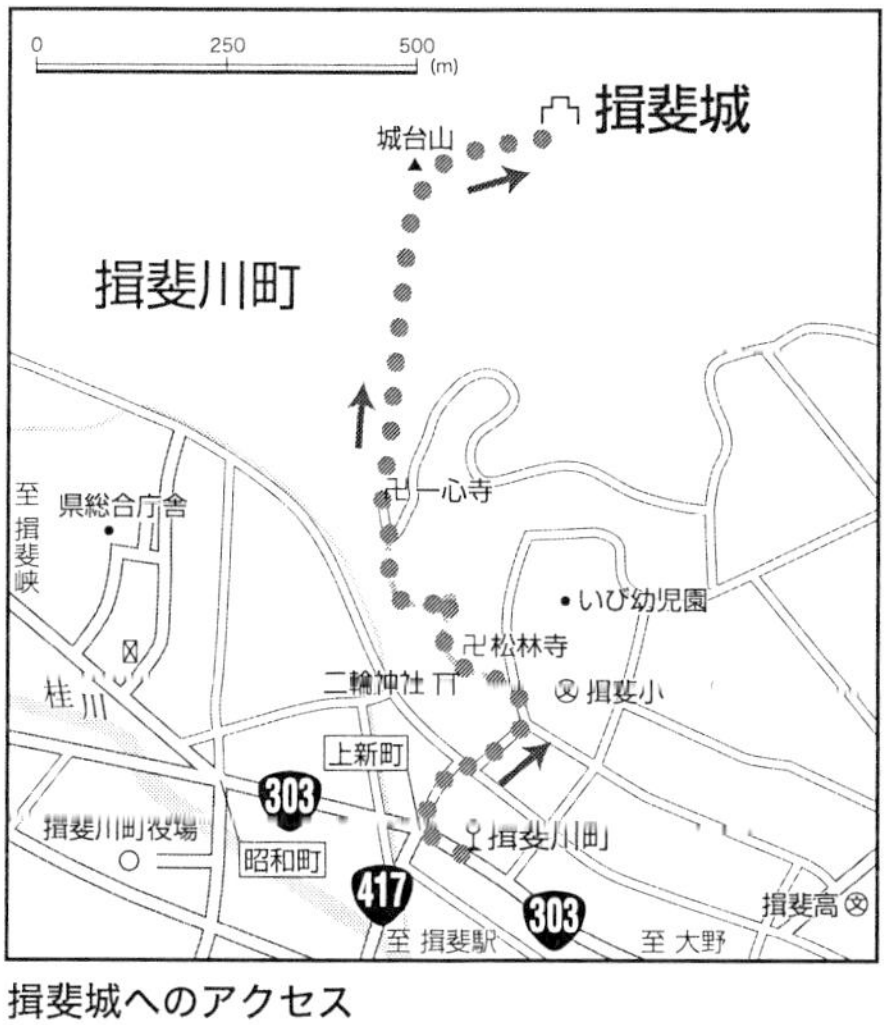

揖斐城へのアクセス

養老鉄道揖斐駅から揖斐川町コミュニティバス揖斐町線等で揖斐川町バス停下車、徒歩5分。揖斐小学校西にある松林寺の門前左手に登城口あり。

主郭①は、約二〇×六〇メートルで、現存する曲輪のなかで最も広い。檜や雑木がまばらに生えているが、夏季でも下草は少なく歩きやすい。中央部付近には、戦前、県の史蹟に指定された時に建てられた石碑がある（現在は町の史跡）。主郭の東端には虎口Aが確認できる。小規模な桝形虎口と思われるが、現状は、土で大部分が埋まってしまっている。石組らしきものが僅かに見えるが、遺構本来のものかどうかは判別しがたい。

円形に掘削された井戸

主郭と隣接する曲輪②との間には堀切Bがあり、細い土橋で結ばれる。その先の曲輪③の中央部には、南側に降りる虎口Cと北側に降りる小径がある。小径をたどっていくと、小さな竪堀を伴う小曲輪がある。その西側直下には、この城としては大規模な横堀Eがある。小曲輪は、横堀とセットで造られた櫓台的なもののように思われる。元来、揖斐城の大手は、城の北側であるとされてきた。横堀の北側へ降りた大字上南方字中屋敷、千代河戸、北屋敷他（通称桂地区）を中心に、領主の居所や家臣の屋敷、商家などが建ち並び、「桂千軒」と呼ばれたと言われているが、実態は全く不明である。また、堀池氏時代に町並が城の南側（三輪地区、虎口C側）に移されたとも言われている。なお、横堀へ降りる小径は、倒木による崩落がある。横堀の先には、山土採取のために削られている区域が広がるため、注意が必要である。城の東部には、出丸もしくは太鼓曲輪と伝えられる曲輪④がある。隣接する曲輪より一段高く、周囲は切岸で整えられており、他の曲輪とは趣を異にしている。城内で最も眺望が良い曲輪である。城の東端は、堀切Dによって明瞭に区画されている。揖斐城は、小規模ながらも、さまざまな種類の遺構が見られ、遺存状況も比較的良好な山城である。また、曲輪内も歩きやすく、登山道も整備されている。手軽に山城の遺構を観察したい方にお薦めの山城である。

（林　芳樹）

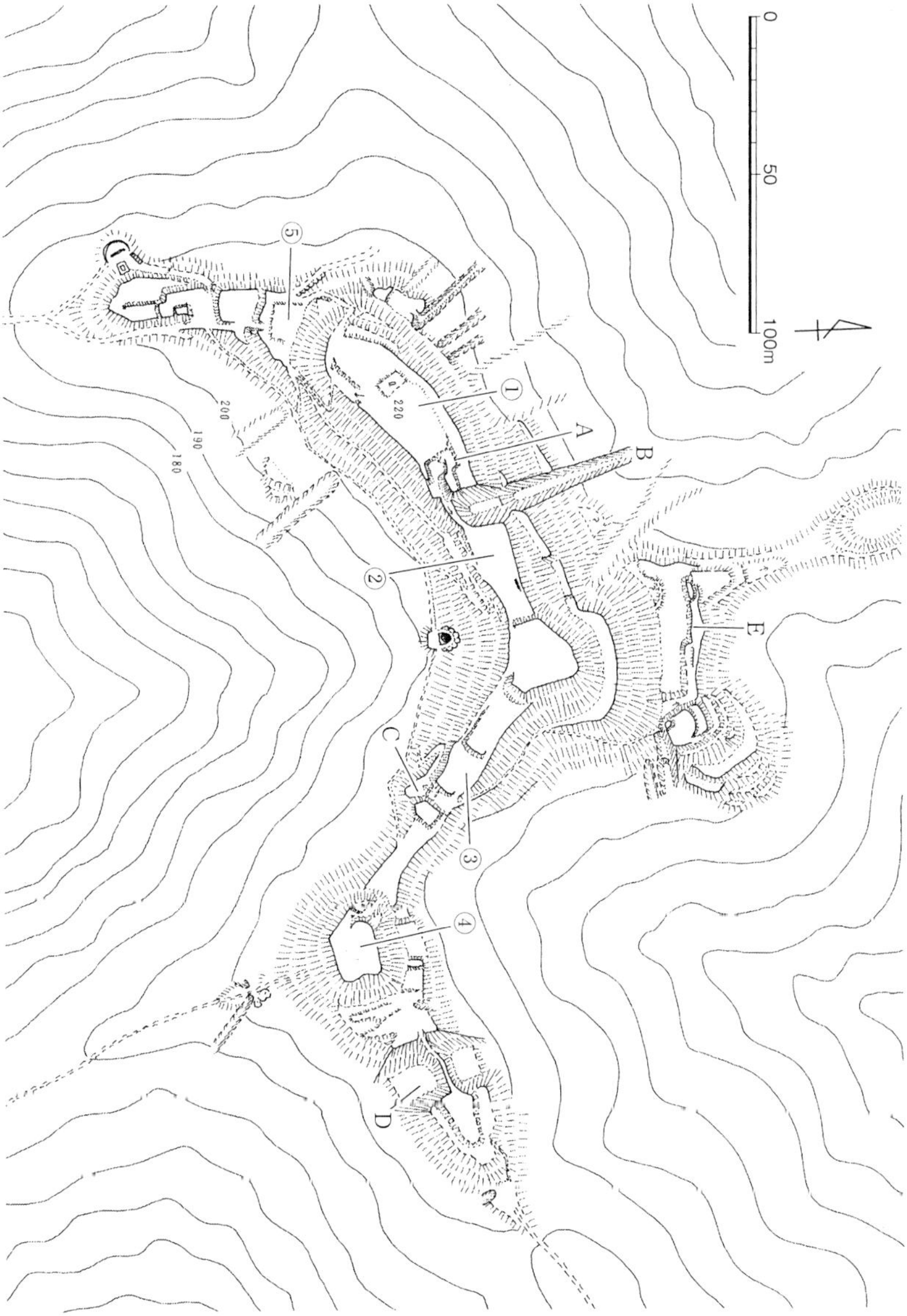

揖斐城跡概要図（作図：高田　徹）

4 小島城《おじまじょう》（美濃）★★★

所在地　揖斐郡揖斐川町春日大字六合字東山・樫原谷
築城時期　建武年間以前
標　高　三七二m
主な遺構　曲輪　堀切　竪堀　横堀　虎口　井戸

小島城は、濃尾平野の西北端から揖斐川の支流である粕川を遡行すること、約二・五キロの渓谷にある。揖斐川町春日地区（旧春日村）は、伊吹山地を境として滋賀県と隣接する。城は、伊吹山地の東部にある山塊のひとつである小島山塊南側にある。詳しくは、東へ流れる粕川と北より流れ込む支流の樫原谷に挟まれた、南東方向へのびる尾根上に位置する。尾根の東は絶壁であり、樫原谷から人力で登ることは不可能である。最高所①の標高は三七二メートル、最も近い樫集落との比高は約一八〇メートルである。

戦前の『岐阜縣史蹟名勝天然記念物調査報告書』によれば、元禄期の文書に西尾左京亮が正和年間に在城したとの記述があるという。現在、その史料を確認することはできず、詳細は不明である。建武四年（一三三七）の軍忠状（『揖斐記』徳川林政史研究所所蔵）には、小島城周辺の地区や「木戸之尾」で合戦があったことが記されている。城のある尾根は「木戸尾」と呼ばれており、少なくとも建武年間には、何らかの城郭施設が築かれていたことが分かる。その後、この城は土岐頼康によって改修される。頼康は、後に美濃・尾張・伊勢三国守護となった人物である。頼康を嗣いだ康行の時、足利義満により攻撃を受け、明徳元年（一三九〇）に落城する。ここまでが文献上で確認できる歴史である。しかし、揖斐谷ミニ学会の調査報告書によれば、出土遺物は十四世紀のものと十五世紀後半から十六世紀にかけてのもの（戦国期のもの）が見られるということである（「春日村小島城跡の略測調査」平成五年）。大規模な山城であり、戦国期に使用されているにもかかわらず、江戸時代の地誌類に

尾根を断つ大堀切と土橋

は一切登場しない。大正期に郷土史家の所杉弥氏によって紹介され、『揖斐郡志』において公式に小島城として認定されたという特異な経歴の城である。

小島城の特徴は、まず、大小合わせて九〇を越える曲輪が尾根上に広がっている点にある。最大規模のものは城域の中位にある曲輪⑥で、東西六〇メートル、南北約一〇メートルである。これに対して、小さなものは数メートル規模である。これらが、文字通り雛壇状に展開している。曲輪は大別すると三つに分類できる。第一群は、最高所の直下にある②③④で、比較的面積が広く、多くの竪堀で防御されている。第二群は、⑥を中心に上下数段に展開するものと⑥の東側にある登城道を挟んで反対側にあるものを合わせたもの。第三群は、第二群と長大な竪堀Bに挟まれた多数の小曲輪群である。なお、現在、⑥直下の曲輪には、宗教団体によって仏像が建立されており、その付帯施設が⑥にある。平成四年に工事を行った際に出土したのが先述の遺物である。また、これら、三群以外に、いくつもの竪堀で厳重に防御された曲輪⑦がある。他の曲輪群とは独立するようにあり、異なる性格を持つ

小島城へのアクセス

養老鉄道揖斐駅から揖斐川町コミュニティバス春日線等で樫村バス停下車、徒歩15分。上ケ流集落へ向かう車道の途中に登城口あり。

と思われる。

続く特徴として、これらの遺構が極めて良好な状況で保存されていることがあげられる。戦前の県による調査が実施されたのは昭和十年のことである。このとき、調査者小川栄一氏によって詳細な遺構配置図が作られている。平成八～九年には、春日村教育委員会により小島城の地形測量図（二〇〇分の一）が作成された。両者を比較すると、小川氏の記録した遺構がほぼ一〇〇パーセント残っていることが確認できる。これほど大規模な山城で遺構が完存している例は少なく、大変に貴重な山城であると言えよう。

岐阜市方面遠望。遠方にある山並み右端が金華山（稲葉山）

最後の特徴は、いくつもの謎に包まれている点である。守護の城であるにもかかわらず、平野部からは相当に奥まった峻険な場所にあるのはなぜか。虎口Cといった遺構や出土遺物から戦国期に利用されていることが明らかなのに、城主を記録した文献が全くない理由は何か。耕地の少ない春日地区で日当たりの良い場所にある曲輪群に手が加わらなかったのはどうしてかなど、城跡に立って思いを巡らせてみるのも一興である。

その他、見所としては、尾根からの侵入を防ぐ大規模な堀切Aがある。細い土橋がつながる様子は見事である。また、曲輪⑥周辺からは、岐阜市方面が遠望でき、岐阜城（稲葉山城）が確認できることも付け加えておく。城へ登るには、道路よりつながる遊歩道Ⓓが唯一のものであった。近年、さらに西方より侵入する舗装道が遊歩道に接続する形で開削されている。その道路により、竪堀Bが分断され、断面が露呈している所があり、堀底に小石が堆積している様子が分かる。城内は、宗教施設がある周辺を除き、背丈を超える熊笹が茂っている。地元の人も滅多に入らない山であるため、訪ねるには十分な準備と覚悟が必要であることを記しておく。（林　芳樹）

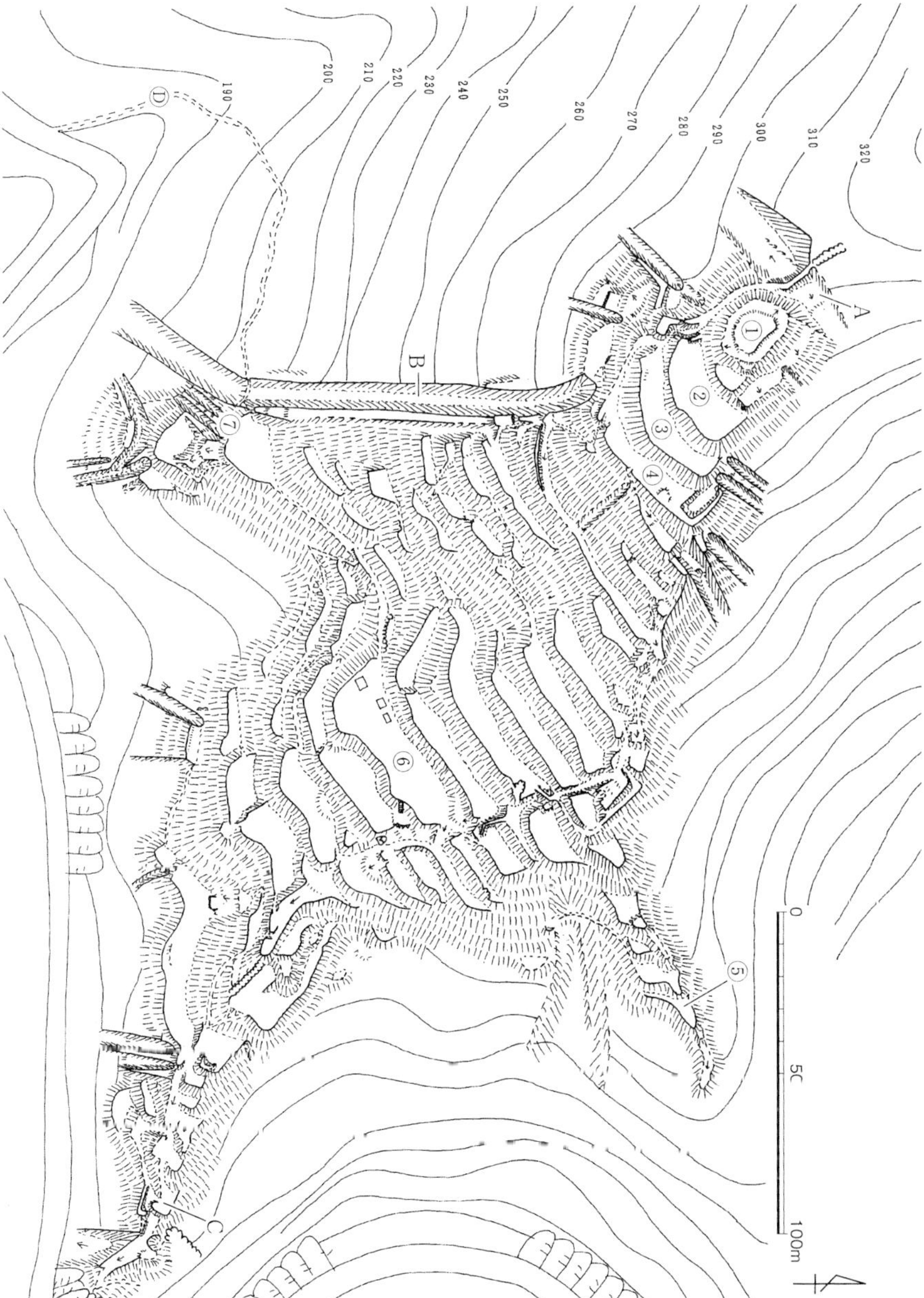

小島城跡概要図（作図：髙田　徹）

5 片山城《かたやまじょう》 ★★

所在地　揖斐郡池田町片山字城ヶ谷
築城時期　天正年間（一五七三〜一五九二）
標　高　一七〇m
主な遺構　曲輪　堀切　虎口　土橋

片山城は、遺構の巨大さに比べ、その履歴がほとんど分かっていない、謎の多い城である。

大正十三年の『揖斐郡志』には「片山城　八幡村片山字城ヶ谷の山上にあり。天正の頃不破河内守の守りし所なり」と紹介され、天保七年（一八三六）の『本邦一覧』には「片山砦　笹尾山ト云不破河内守取出ト云円光寺ノ北ナレトモ片山ノ分也片山より二十町モ西ノ方ナリ　前後左右トモ山間也…（中略）…大手ハ北ノ方也ト云」と紹介される。『本邦一覧』の記述は、元文三年（一七三八）の『美濃明細記』における「竹山取出」の項とほぼ同じなので、同書からの引き写しと考えられる。現在ではこれらのいずれもが同じ城郭遺構を指しているとみなされていると言えよう。

一方、片山からやや北の池田町田畑地内に存する湯殿神社の由緒には、「京都吉田家日記」の写しとして、「天正元癸酉年八月濃州安八郡西之保城主不破河内守彦左衛門尉道貞殿、笹尾山城ヶ平に砦を築き…（後略）」とされる。写した元の資料は確認されていないが、神社由緒という別の史料でも、片山城が天正頃に不破河内守が築いたものとされていることは興味深い。

この不破河内守は、不破光治を指すと考えられる。光治は初め斎藤氏に仕え、織田信長の家臣となってからは、佐々成政・前田利家と共に越前二郡を領し、「府中三人衆」と呼ばれた人物で、天正八年に没している。

以上のことが、文献資料から窺う片山城のほぼ全てである。冒頭に述べたように、具体的な城の履歴となると、全く不明と言わざるを得ない。

さて、この片山城の位置は、揖斐郡池田町片山と大垣市青墓町境の山上、「円興寺《えんこうじ》越え」と呼ばれる峠道の西側一帯である。全体規模は東西約二五〇メートル、南北約四〇〇メートルと大規模なもので、遺存の状態も極めて良い。

円興寺トンネル北口の西から東海自然歩道に入り、一〇分ほど登ると、円興寺峠である。峠から自然歩道をはずれて西に延びる尾根を進んでいくと、比較的広い平坦地に出る。西側に階段状の小曲輪群を見下ろしながら北尾根を歩くと、ほどなく城域の中心部にたどりつく。

　中心部の手前には大きな堀切Aがあり、それを境に南北で曲輪の様相に違いが見られる。南側は比較的小規模な平坦面が多く、平坦面間の比高は小さい。切岸はゆるくて曲輪内も起伏が目立つなど、整形が十分でない印象

「城ヶ谷」の地名が今ものこる。後ろの山が片山城跡

片山城へのアクセス

JR大垣駅から名阪近鉄バスで池田温泉バス停下車、徒歩約30分。バス停から県道53号を南下、円興寺トンネル入口西脇から東海自然歩道へ入るのがわかりやすい。養老鉄道北神戸駅から池田温泉までは約4km。

を受ける。一方、北側は平坦面間の比高が南側に比べて大きい部分が多く、比高七メートルに達する部分もある。切岸は明瞭で、曲輪内も起伏が少なく平坦である。

　北側をさらに仔細に見ると、主郭に相当すると考えられる曲輪①を要として、三方向に伸びる尾根それぞれに直列的に曲輪を配している。このうち北に伸びる尾根が最も長い距離にわたって曲輪を連続させており、途中、曲輪②の東側のように桝形状になった部分も認められるので、『美濃明細記』や『本邦一覧』が大手は北の方というのも頷けることである。

堀切Ａを下方から見あげる

　ところで、この城で特徴的なのは、「前後左右トモ山間」にあって周囲の視界が全く不良なことである。近辺に居住可能な空間もなく、平地部からも隔絶したこの立地からは、片山城が集落や地域支配者の拠点と連携して恒常的に機能していたとは考えにくい。何らかの臨時的な緊張下において築かれたか、あるいは地域支配の拠点とは異なる特定の目的を担っていた可能性が考えられる。

　そこで注目されるのは、城の北から尾根を登り、主郭の下端を通って掘切Ａの南へと導くように犬走り状の造作や帯曲輪群が配置されている点で、それは城の中を南北に貫く道が存在することを窺わせる。城の東には現在も円興寺越えと呼ばれる峠道が通っているので、往時はこの道を取り込む形で城が設けられ、通行を制御する機能を果たしていた可能性も考えられよう。

　ともあれ、峠道を抑えることの意義をはじめ、築城主体や築城時期の解明は、今後に期するところが大である。円興寺峠までは、東海自然歩道で比較的容易に至ることが出来るが、特に堀切Ａより北は道と呼べるようなものはないので、木枝をかき分けながら歩かねばならない。また、大手は北かもしれないが、城の北端付近は藪がひどく、正面からの攻略は相応の覚悟が必要である。

（横幕大祐）

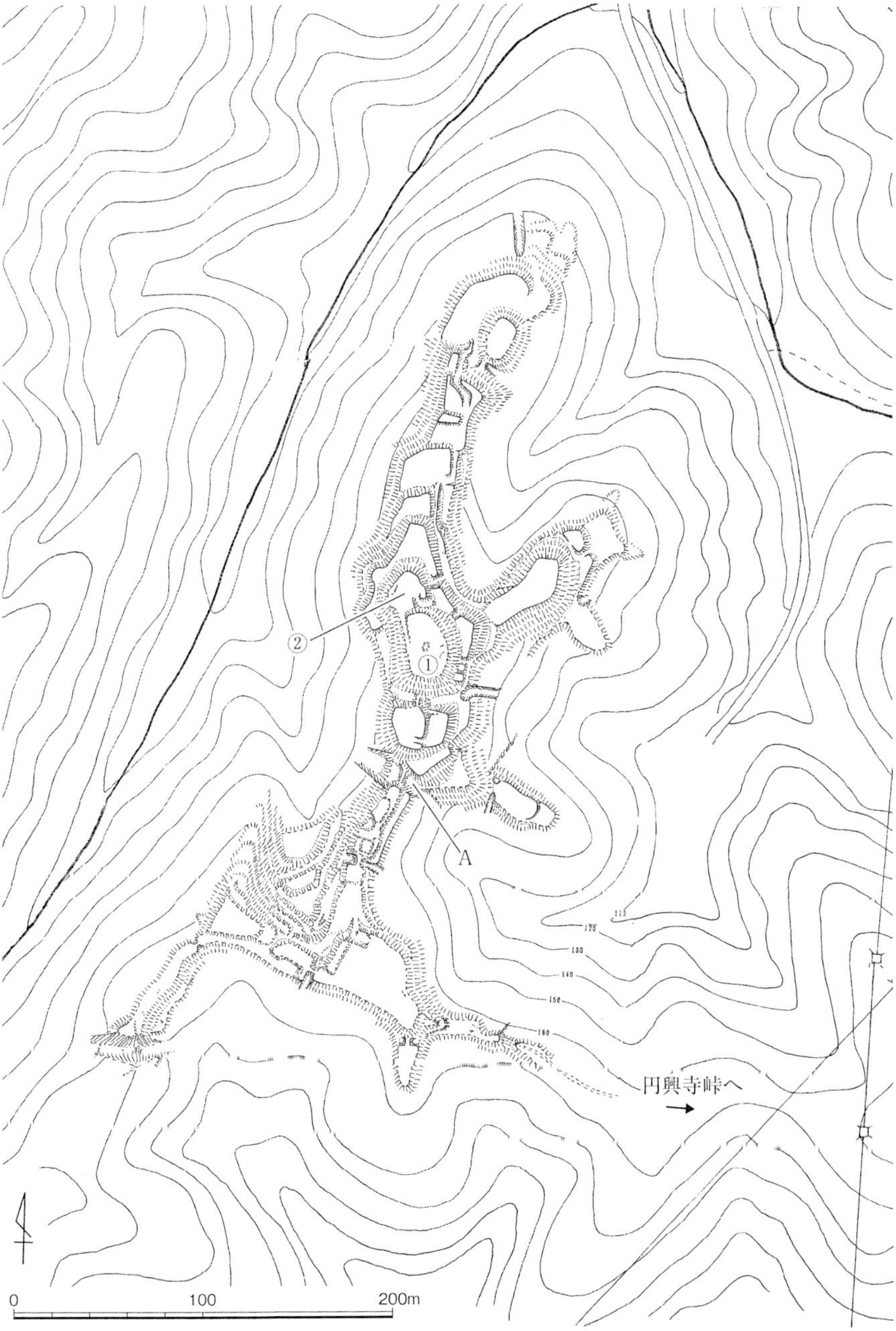

片山城跡概要図（作図：髙田　徹）

6 山口城《やまぐちじょう》・法林寺城《ほうりんじじょう》・祐向山城《いこうやまじょう》 ★

所在地　本巣市法林寺
築城時期　十六世紀前半か
標　高　山口城三四五ｍ・法林寺城三四一ｍ・祐向山城三七四ｍ
主な遺構　曲輪　堀切　土橋

濃尾平野のへりにあたる船来山を越え、国道一五七号を遡ると、法林寺の集落が現れる。山口城、法林寺城、祐向山城は、岐阜市側の掛洞城を含めると、法林寺谷から濃尾平野に臨んで、西から東へ一枚岩のように、権現山、祐向山の尾根上に築かれている。ここは、谷汲街道と根尾街道の交差する交通の要所であり、最も急峻な高い山で、山頂からは法林寺の集落はもちろん船来山、濃尾平野を一望することが出来る。よく澄んだ晴れた日には、岐阜城や名古屋のセントラルタワー、鈴鹿山脈まで見渡すことが出来る。現在は文殊の森公園として整備され、三つの城が尾根伝いに散策できるほか、法林寺谷の山麓からも林道が整備され、祐向山城へ登ることが出来る。これらの山城が相互にどのように関連していたかは不明であるが、先の立地から考えると、岐阜市側や山県市側、濃尾平野を臨んで、相互に関連して、展望と防御を担っていた可能性もある。

山口城は、権現山の西端山頂に立地する山城である。戦国武将古田織部の生誕の地と伝えられ、山麓西側には山口城主居館跡もあるが、実際に古田織部が住んだかどうかの物証が無く、不明である。山頂には削平された平場が残り、曲輪を造成したと考えられる。主郭平坦部の周りに幅二～六メートルのテラスが巡っており、主郭を取り巻く腰曲輪を形成していたと考えられ、この腰曲輪は明瞭な切岸により、四段に区分されている。南東方向一〇〇メートルの場所には、急激なアップダウンを越えてやや小型の平坦面があり、主郭部と南北合わせて城跡を形成していたと考えられる。

法林寺城は、山口城より東北東方向に七〇〇メートルの山頂にある。山頂の広い曲輪のすぐ西尾根に堀切が入り、この堀切は南北斜面に竪堀状に伸び、土橋が架けられている。また、南南西の尾根筋にも堀切が二本入り、それぞれ東と西との尾根上からの道を意識して造られている。東側の尾根筋には、尾根伝いに数段の小曲輪が形成され、続いている。

根尾川から権現山、祐向山を望む

　祐向山城は、岐阜市境の山頂に築かれている。三つの城のうちで、一番標高が高く、岐阜城方面を望むことが出来る。山頂には楕円形の曲輪があり、北西の切岸は厳しく、法林寺城方面に続く西の尾根筋には、堀内障壁を伴う二本の堀切が入る。

　祐向山城については、この三つの城のうちで、唯一文書資料が残る城である。もとは、山麓に「祐向寺」という中世寺院を擁した遺跡であったとも言われ、各務原市船山北古窯からは、「奉施入　建久五年十月十八日　祐向寺」と刻印された大皿の刻銘陶器が出土している（二〇〇〇　岐阜県文化財保護センター）。建久五年（一一九四）に、某が祐向寺にある祈願のために、大皿を寄進しようと焼かせたものが、何らかの理由で窯中に残り出土したものと考えられる。法林寺谷山麓には、元毘沙門堂があったとされる平場かあり、注連縄が張

山口城・法林寺城・祐向山城へのアクセス
樽見鉄道織部駅下車、徒歩30分。文殊の森公園裏手が登城口。

られたご神木と五輪塔の一部が安置されている。また、上り口から山城へいたる間にも、道すがら小型の平場がいくつも残り、密教系の中世寺院の面影を匂わせている。『滋賀県大般若波羅蜜多経調査報告書　二』（一九九四滋賀県教育委員会）によると、上田上村の若宮八幡宮の大般若経第四百七十六巻、第四百九十三巻には、応永二十六年十月十日、二十七年正月二十五日に、「濃州本栖郡の祐向寺徳杖坊」で筆写したものとの記述があり、祐向寺のことである可能性が高いと考えられる。応永年間（十五世紀前半）当時に、祐向寺内に大般若経を書写する堂があったことや、書写する能力を要した寺院だったことが伺える。

戦国時代になると、祐向山城の名が文書中にも登場するようになる。祐向山城として一番有名なのは、永禄七年（一五六四）に竹中半兵衛に稲葉山城を占領された際、城主斎藤龍興が逃れた城として、「鵜飼・祐向・揖斐」が挙げられていることである（一九九四　横山住雄）。

天文九年（一五四〇）の伊勢神宮の御供米にかかる「斎藤利茂下知状」には、「祐向」という地名が登場する。また、正倉院所蔵の「大井庄年貢結解状」の中には、天文十二年（一五四三）十月十日の文書に、在庄銭を「ユウカウノ城」へ納めたという記述がある（一九九四　横山住雄）。これは、本来「イコウ」と読むところを、漢字からそのまま仮名に宛てたものと考えられ、天文年間当時も在庄銭を納めるほどの勢力を持っていたことが推察される。こうした大きな勢力を持った城が、どのように形成され、どのように発展したのか不明な点が多く、今後の課題は多い。

（恩田知美）

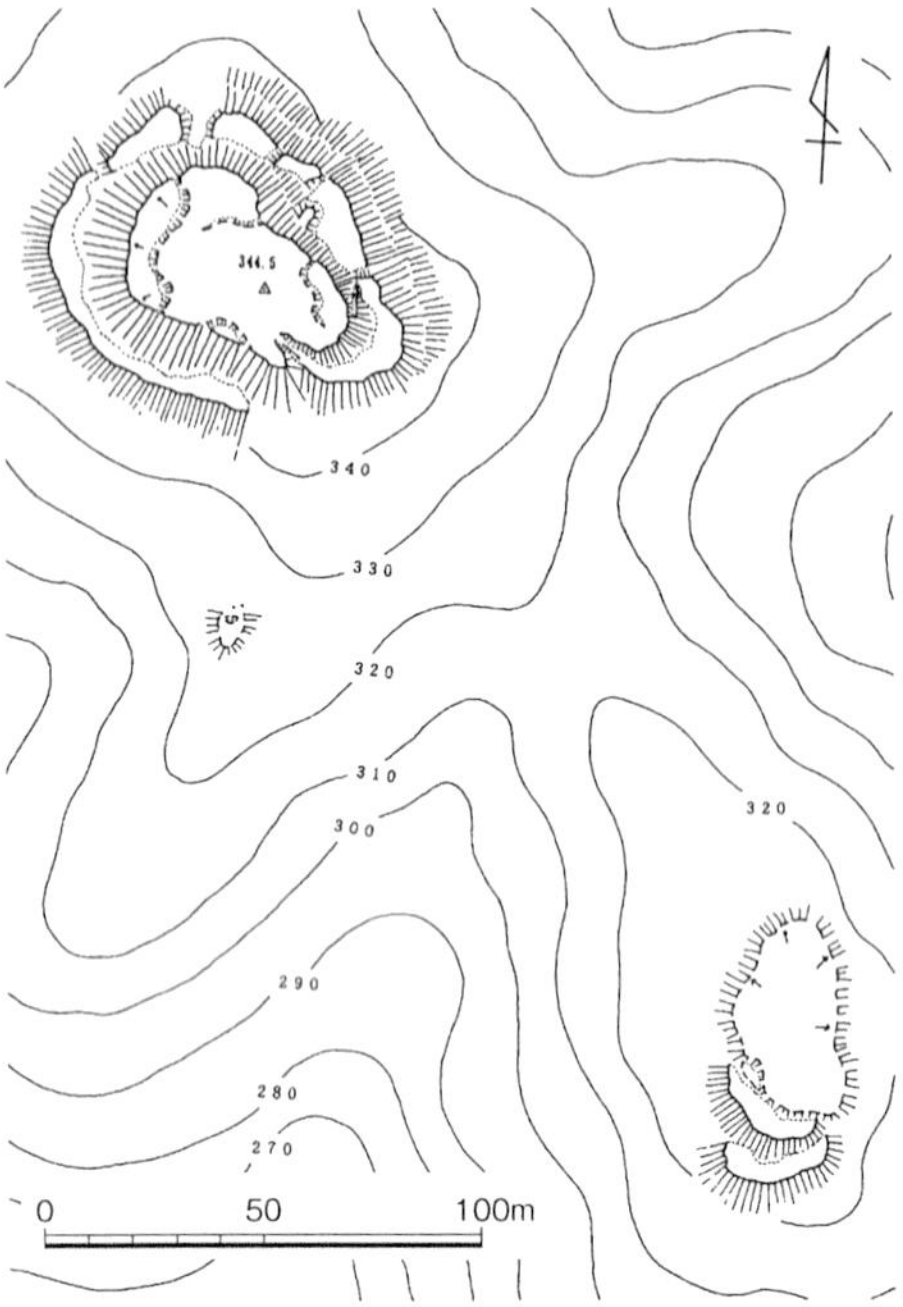

山口城跡概要図（作図：平岩謙二・長屋幸二『岐阜県中世城館跡総合調査報告書』岐阜県教育委員会　2002より）

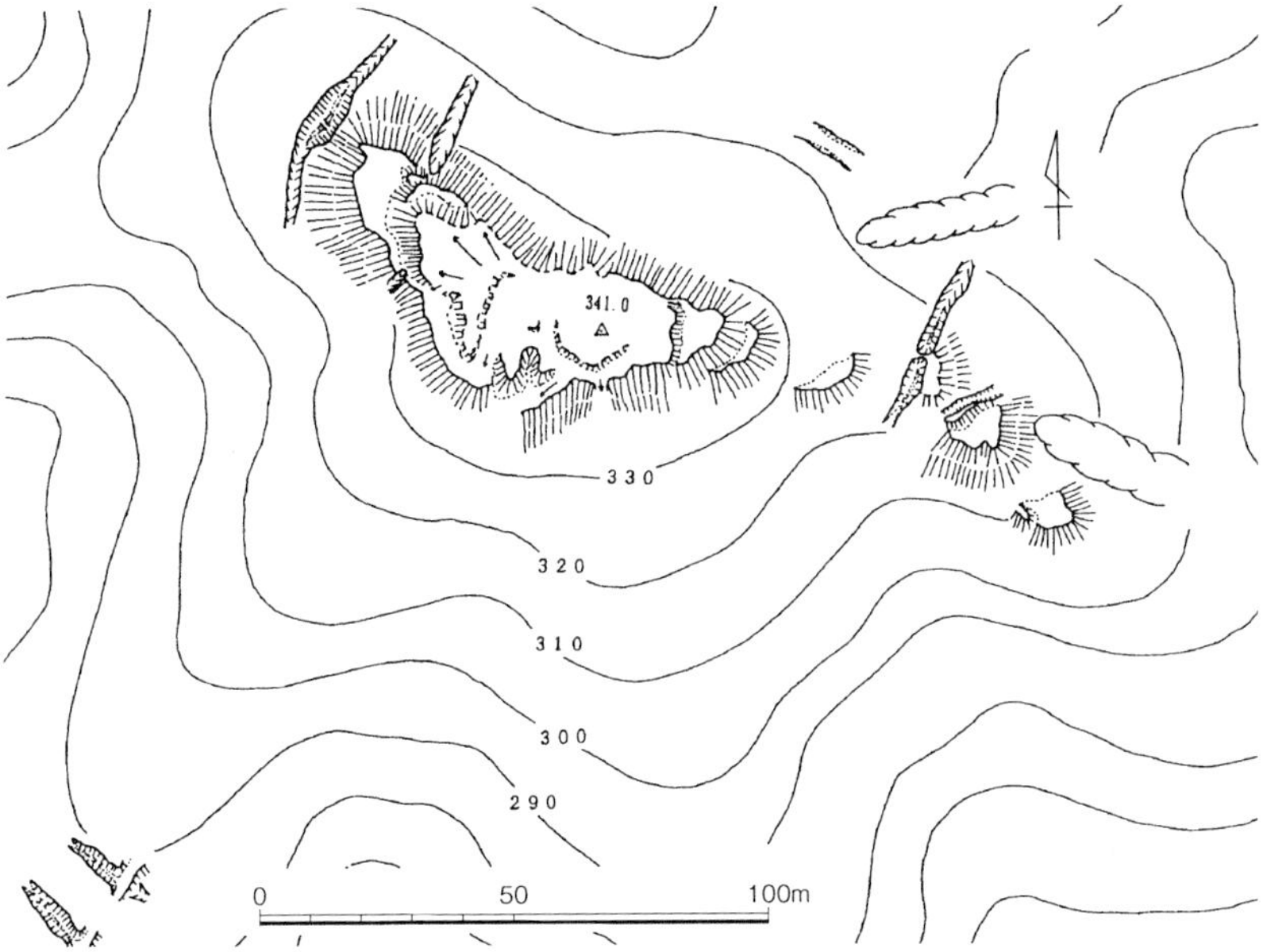

法林寺城跡概要図（作図：平岩謙二・長屋幸二『岐阜県中世城館跡総合調査報告書』岐阜県教育委員会 2002より）

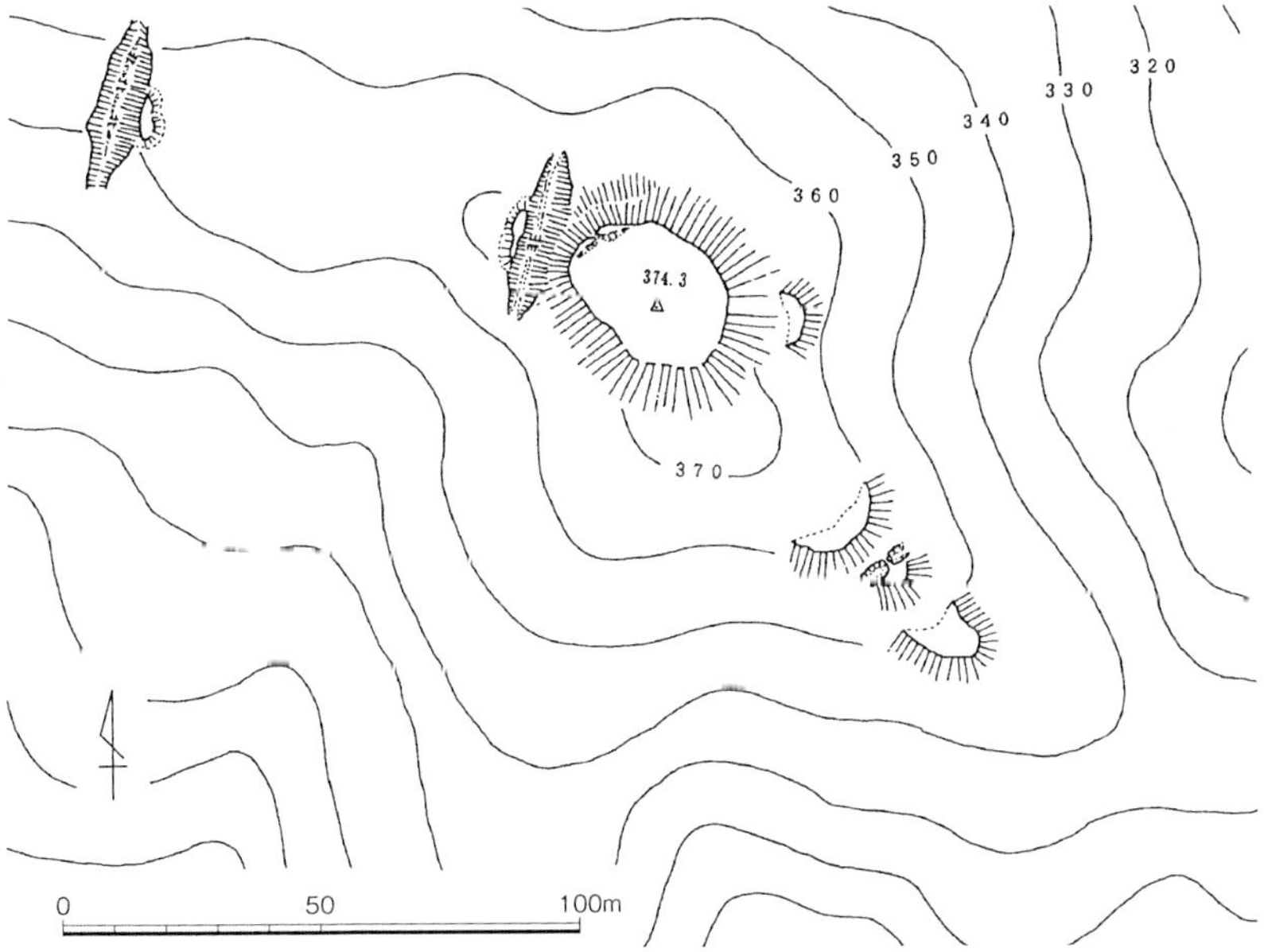

祐向山城跡概要図（作図：平岩謙二・長屋幸二『岐阜県中世城館跡総合調査報告書』岐阜県教育委員会 2002より）

7 岐阜城《ぎふじょう》 ★★★

所在地　岐阜市天守閣・他
築城時期　建仁年間？
標　高　三二九m
主な遺構　曲輪　石垣　巨石列　井戸　堀切

岐阜城（稲葉山城）は建仁年間（一二〇一～一二〇四）に鎌倉幕府執事の二階堂山城守行政によって築かれたと伝えられるが、本格的城郭建設は戦国期、斎藤道三が行ったと考えられる。永禄十年（一五六七）十月、尾張の戦国大名織田信長は稲葉山城を占領、城主斎藤龍興を追放して小牧山から岐阜へ本拠を移す。二年後の永禄十二年（一五六九）、ポルトガルの宣教師ルイス・フロイスは布教の保護を求めて岐阜を訪問するが、著書『日本史』には岐阜の町や山下の館、山上の城が活写されている。信長の後、子の信忠、信孝、池田元助、池田輝政、豊臣秀勝が岐阜城主となり、慶長五年（一六〇〇）、信長の孫織田秀信が城主の時、関ヶ原合戦前哨戦で落城し、その後廃城となる。

岐阜城の所在する金華山は濃尾平野北端、長良川の南岸に聳え立ち、平野のどこからでも仰ぎ見ることができる。西麓岐阜公園内の千畳敷一帯は歴代岐阜城主の館伝承地である。四度の発掘調査で信長時代の巨石を並べた虎口、水路、巨石・石垣、庭園遺構などが発掘された。岩盤や巨石列、石垣などを連ねた遺跡の景観は、フロイスの記す「驚くべき大きさの截断されない石の壁」を彷彿とさせる。ロープウェイ駅脇にある虎口は整備されており、常時見学可。

岐阜城へはロープウェイを利用すれば三分で山頂駅に着く。徒歩の場合、岐阜公園南の岐阜県歴史資料館脇からはじまる七曲り登山道（大手道）が登りやすい。他に百曲り登山道、馬ノ背登山道、めい想の小径（水ノ手道）などがあるが、遺構の分布からいずれも往時の登城路とみられる。馬ノ背登山道は岩が多く、登りには要注意で

上ヶ格子門跡

岐阜城へのアクセス
JR岐阜駅または名鉄岐阜駅からバスで岐阜公園歴史博物館前下車。ロープウェイ約3分で山頂駅着。徒歩の場合、約1時間。

あるが山上への最短ルート。めい想の小径は北斜面を登る道で、長良川越しの絶景を楽しめる。これら登山道沿いには平坦地や石垣が点々と残っているが、遺構の規模と集中度は山上が卓越する。

山頂ロープウェイ駅は七曲り登山道と百曲り登山道の合流地点に位置し、西には煙硝蔵跡（リス村）がある。ここから模擬天守までは約八分の道のり。尾根上と尾根東側の二段のルートに遺構が分布する。ロープウェイ駅

模擬天守へ至る尾根東斜面の石垣

から少し登った上ヶ格子門（一ノ門）跡では倒れた巨石や石垣が観察ポイント。門跡西上は七間櫓（太鼓櫓）跡で、今は展望レストラン。門跡の先は馬場と称される細長い平地。その先、道が階段に変わるところの左手には堀切り（切通し）が尾根を遮断し、橋がかかる。

階段を登り二ノ丸門跡を通って二ノ丸（下台所）跡に出る。見上げると模擬天守は眼前。二ノ丸西上は台所（上台所）跡で、現在気象台の施設が建つ。台所跡西斜面に岩盤を穿った井戸三箇所があり、一番北の井戸（軍用井戸）は見学可能。台所跡と模擬天守は痩せ尾根で連結し、尾根東斜面石垣は残りが良い。尾根西斜面は馬ノ背登山道終点で、付近に複雑な構造の半壊石垣が見られる。模擬天守土台石垣の大半は近代以降の積み直しだが、北西部下段の石垣は古相を留める。ベンチに座ると伊吹山に至る濃尾平野を一望できる。模擬天守の建つ山頂東からめい想の小径を下り、裏門と伝わる分岐地点に至る。そのまま北へ降りるとめい想の小径、東は鼻高ハイキングコースで北東尾根へ続く。

（内堀信雄）

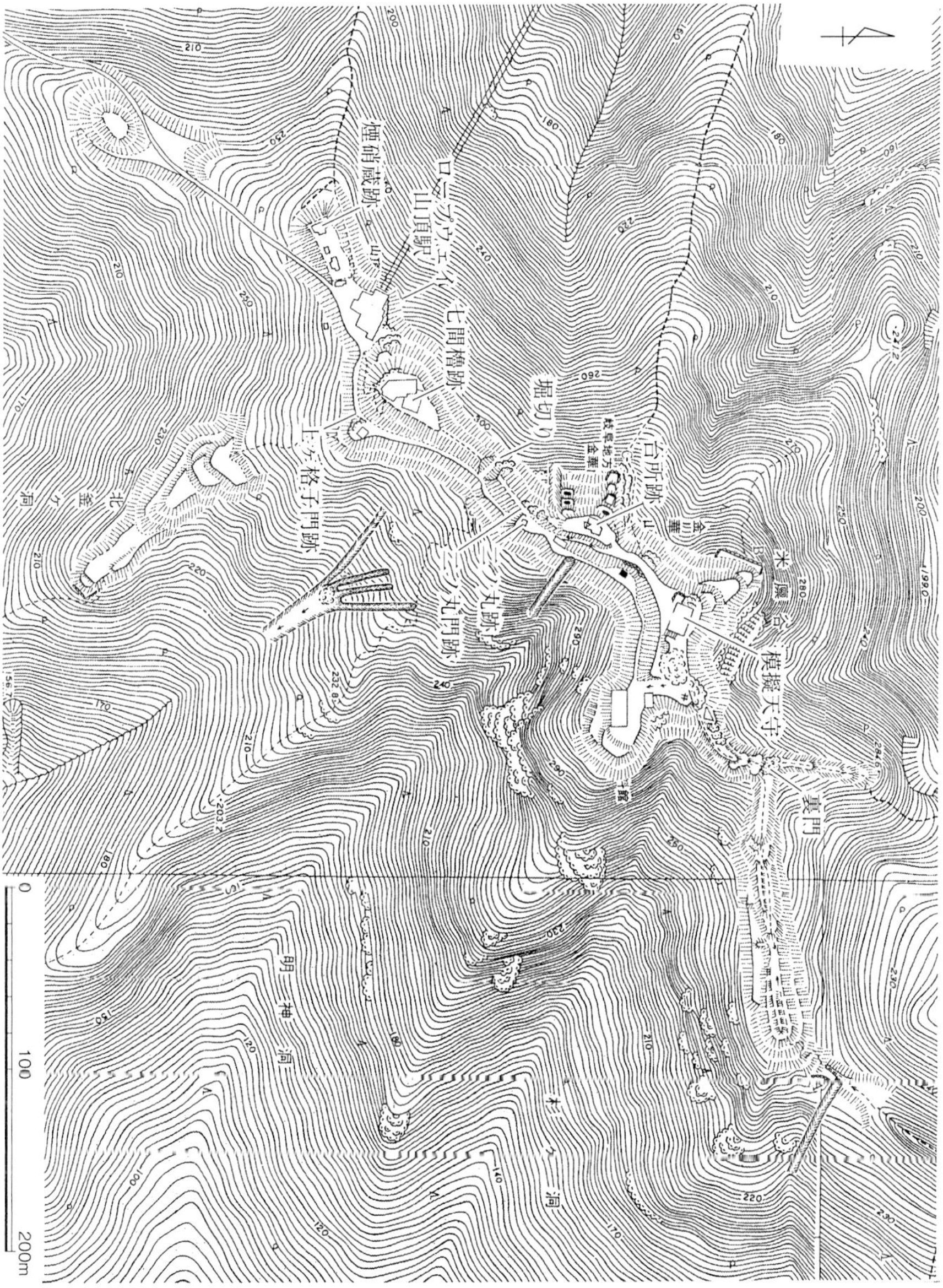

岐阜城跡概要図（作図：中井　均『岐阜県中世城館跡総合調査報告書』岐阜県教育委員会　2003より一部改変）

8 長山城《ながやまじょう》 ★★

所在地 岐阜市芥見、大洞緑山
築城時期 十五世紀後半か
標　高 三〇三m
主な遺構 曲輪　堀切　井戸

長山城は土岐一族長山氏（『美濃国稲葉郡志』）あるいは守護土岐政房の弟長山四郎（土岐元頼）の居城（「宮本家古寺縁起」『芥見郷土誌』所収）と伝えられる山城である。土岐元頼は、明応四年（一四九五）から明応五年にかけて守護代斎藤妙純と小守護代石丸（斎藤）利光の間で繰り広げられた船田合戦で石丸方の大将となったが、敗れ自刃している。

城は岐阜市北東部の権現山西方尾根続きの山上に所在する。山頂に至るには、南麓リフレ芥見側からの南西尾根登山道、西麓高天ヶ原ニュータウンからの北西尾根登山道、北麓の古刹願成寺仁王門西の道を南下し、北東尾根を登る道などがある。なお、平成十四年四月の山火事及びその後の再生事業により山の南斜面の景観は大きく変化している。

芳野神社が鎮座する山頂が主郭である。主郭は南北三五メートル、東西二四メートル。主郭の南に南北二三メートル、南北約一一メートルの副郭が存在する。主郭・副郭間及び副郭南端では尾根を堀切で区切り、土橋を掘り残している。主郭北西尾根を少し下ったところに二段の曲輪が存在する。下段の曲輪の山際には土橋を掘り残した堀切が存在する。下段の曲輪からは尾根が二股に分かれ、それぞれ北西・南西尾根登山道になる。

主郭東下の曲輪（南北一六メートル、東西五メートル）には、九〇センチ前後のチャートの岩が複数集中する。この曲輪と連続して主郭から副郭の東下を帯状に幅三メートル以上の平坦地が取り巻いている。主郭・副郭の東斜面を少し下ったところには石積み井戸を伴う曲輪（南北一五メートル、東西八メートル）が存在する。

主郭（南から）

長山城へのアクセス

JR岐阜駅または名鉄岐阜駅からバスで東芥見下車。リフレ芥見まで徒歩15分。山頂まで約30分。または両駅からバスで光輪公園口下車、山頂まで約40分。

長山城から西方長良川にかけての一帯は「芥見《あくたみ》」と呼ばれ、付近には美濃国刻印須恵器を焼いた史跡老洞《おいぼら》・朝倉須恵器窯跡をはじめとする古代～中世の遺跡が集中する。古代東山道はこの付近で長良川を渡っていたと考えられており、古来、関市など内陸部へ通じる街道や長良川舟運で栄えた交通の要衝であった。長山城主郭南西尾根からは、岐阜城を遠景に小山の間を流れる長良川、郡上街道沿いの集落など芥見の景観を一望できる。

主郭南西尾根からの眺め

長山城の西約二キロ、郡上街道沿いの台地上に立地する芥見長山遺跡は、古代から近世に至る地域の中心集落跡である。発掘調査で長山城の機能していたのと同時代、十五世紀後半〜十六世紀初頭頃の屋敷を区画する溝が検出され、土師器皿（かわらけ）や岐阜市内でほとんど出土しない信楽焼の甕が完全な姿で見つかった。また、芥見長山遺跡の西隣、長良川左岸自然堤防上に立地する芥見町屋遺跡は古代以来の川湊的性格が想定されている。

文明五年（一四七三）正月、前関白太政大臣一条兼良は鏡島に妻東御方を訪ねた折、美濃国守護代斎藤妙椿に招かれ、守護所革手で接待を受けたことや息子竹内僧正（良鎮）の居る芥見庄を長良川を舟でさかのぼって訪問したことが『ふち河の記』に記されている。

竹内僧正や長山四郎の館を特定することは難しいが、芥見長山遺跡付近は有力な候補地と考えられる。長山城や芥見長山遺跡、芥見町屋遺跡は中世芥見庄の景観を推定できる貴重な遺跡群である。

（内堀信雄）

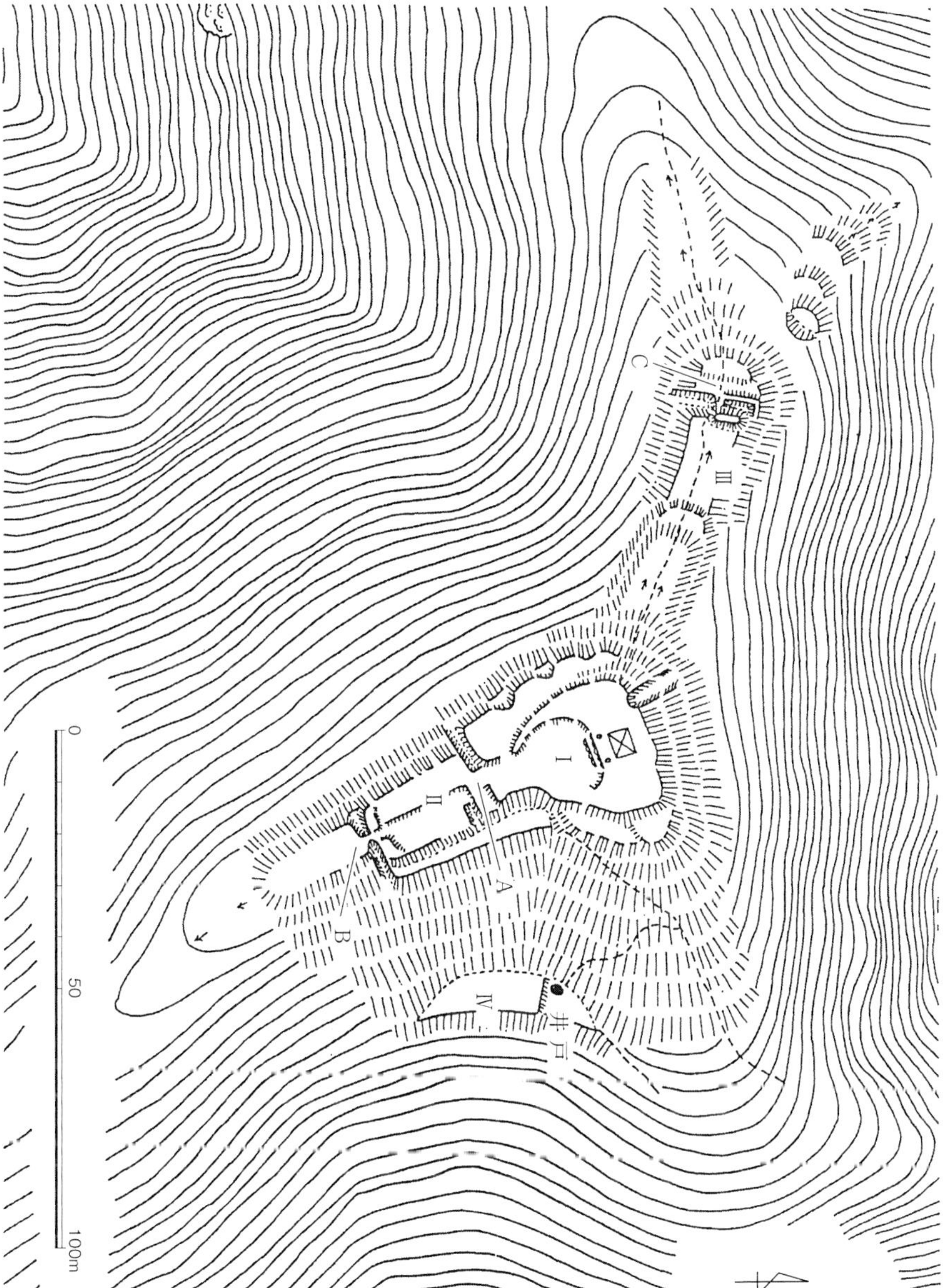

長山城跡概要図（作図：中井　均『岐阜県中世城館跡総合調査報告書』岐阜県教育委員会 2003より）

9 伊木山城《いぎやまじょう》 ★★

所在地　各務原市小伊木四丁目・伊木山
築城時期　一五六〇年頃
標　高　一七三m
主な遺構　曲輪　櫓台状遺構　石垣

伊木山城は、その名称の通り伊木山の山頂に位置する。その南麓直下には木曾川が流れ、美濃国と尾張国との国境を成す。美濃国側には、本城の他、上流に鵜沼城、下流に三井城が、対岸の尾張国側には国宝犬山城が所在する。また、西方には岐阜城が遠望できる。

江戸時代の『美濃雑事記《みのぞうじき》』によれば、伊木山城の様子について、「東の方天守臺《だい》まで五段あり、天守臺東西六間、南北四間三尺、石垣臺形今に存在す。南の方は山なだれて麓に木曾川流る。北の方一面に切岸高く、岩石峩々《がが》たり、麓に小山あり、邊りに鞠ケ野《まりがの》と伝ふあり。諸士の宅趾、古井あり、土居形存在す。」と記され、略図が掲載されているものの具体的ではない。

さて、現状ではどうであろうか。まず、城の築かれた伊木山の山頂は、丘陵全体の中央東寄りに位置し、尾根が東西へ延びる。最高所の主郭と考えられる曲輪は、東西二六メートル、南北一一メートルの規模である。尾根に沿って東西に各二段の曲輪、そして比較的勾配が緩やかな南側に一段の曲輪を付属する。中心の曲輪には、櫓《やぐら》台状遺構と呼ばれる一辺八メートル、現存高六〇センチの高まりが認められ、『美濃雑事記』に天守台と記された部分と思われる。その他、尾根上に堀切《ほりきり》を持っていないことが特徴となっている。

平成十二年度に、各務原市埋蔵文化財調査センターにより伊木山城の範囲確認調査が行われた。そして、城の範囲や規模、曲輪の構造などが明らかにされた。その結果、城全体は、計六段の曲輪で構成された東西九〇メートル、南北三五メートルの規模であることが確認された。注目されるのは、各曲輪の土留めに石積みが施されていることである。石材には、人頭大のチャート角礫《かくれき》が用いられ、残存率の良い箇所では三段、約六〇センチの高さで検出された。本来は、より高く積まれていたものと考えられる。城への石垣導入としては、最初期段階に位置付けられる事例である。東側中段の曲輪上には、土塁《どるい》状の高まりが認められたが、太平洋戦争の時の航空機監視哨《かんししょう》の痕跡である可能性が高い。

出土品には、天目茶碗、端反皿《はそりざら》、土師質《はじ》土器、川原石などがある。陶器の年代は、古瀬戸編年から十六世紀前半となり、後述する伊木山城の活動年代よりも少し古い段階を示している。

伊木山の北麓は、現在、いこいの広場「伊木の森」としてレジャー施設が運営されている。

伊木山と木曾川

このほか、登山道も整備されており、コースを選択して山頂への登山が可能である。発掘調査後は埋め戻され、史跡整備等は行われていないので、あくまでも原状のままとなっているが、城跡として、曲輪や一部の石垣を観察することは可能である。城跡の解説案内板などについては、「伊木の森」側からの登山道入り口に備えられるが、山頂にはない。

伊木山城の来歴については、曖昧な部分が多く諸説が

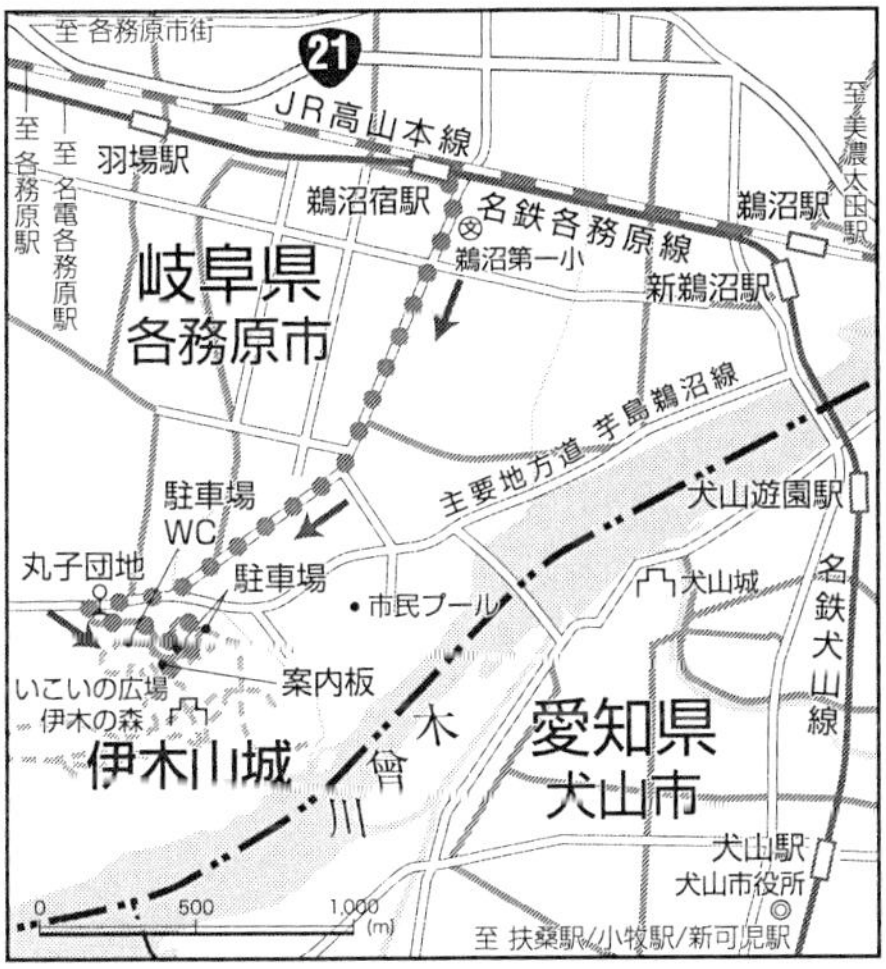

伊木山城へのアクセス

名鉄各務原線鵜沼宿駅下車、徒歩45分。JR鵜沼駅もしくは名鉄犬山線新鵜沼駅からふれあいバスで丸子団地バス停下車、徒歩30分。車利用の場合は、伊木の森駐車場から徒歩20分。いずれも最短の登山道を利用した場合。

ある。江戸時代の『美濃國諸旧記』によると、伊木山城は永禄三年（一五六〇）に織田信長によって攻め落とされ、天正十九年（一五九一）に廃城になったと言う。『信《しん》長公記《ちょうこうき》』には、永禄八年（一五六五）頃の記述に「飛驒川を打越し、美濃国へ御乱入。御敵城宇留摩《うるま》の城主大沢次郎左衛門、ならび猿はみの城主多治見とて、両城は飛驒川へ付いて、犬山の川向に押並て持続これあり。十町・十五町隔て、伊木山とて高山あり。その山へ取上がり、御要害丈夫にこしらへ、両城を見下ろし信長御居陣候なり。」と記されている。つまり、伊木山城は信長の美濃侵攻における木曾川渡河地点の軍事拠点に選ばれ、美濃の斎藤氏に従う鵜沼城の大沢氏や猿啄《さるばみ》城《じょう》の多治見氏攻略のための前進基地とされた。

現在の伊木山山頂

城主についても諸説ある。一説として、織田信長の家臣で池田信輝（恒興）に仕える有能な侍の一人に香川長兵衛（一五四三〜一六〇三）という人物がいて、伊木山の合戦に手柄をたてたことにより信輝から地名に由来する伊木清兵衛の名を賜わったと言う。この伊木清兵衛が伊木山城に居城した時期があったと思われるが、その後、他の領地を与えられるなどして、天正十三年（一五八五）以降は城を離れていったようである。そして同時に、伊木山城は戦国時代の城塞としての役割を終え廃城になっていくと考えられる。

天正十八年（一五九〇）、池田輝政は三河国吉田城へ移り、そして慶長五年（一六〇〇）の関ヶ原の戦い後には、播磨国姫路城の城主となった。その後、伊木清兵衛は徳川家康の命を受け、池田氏を追って播磨国へ向かい、姫路城の支城である三木城を守ることになった。

伊木山城主であった伊木清兵衛忠次は、私利私欲に溺れない強い忠誠心が高く評価され、秀吉や家康からも信任が厚かった。そして、池田家二代、信輝・輝政を補佐し、池田家の全盛時代を築いた人物として有名である。

（西村勝広）

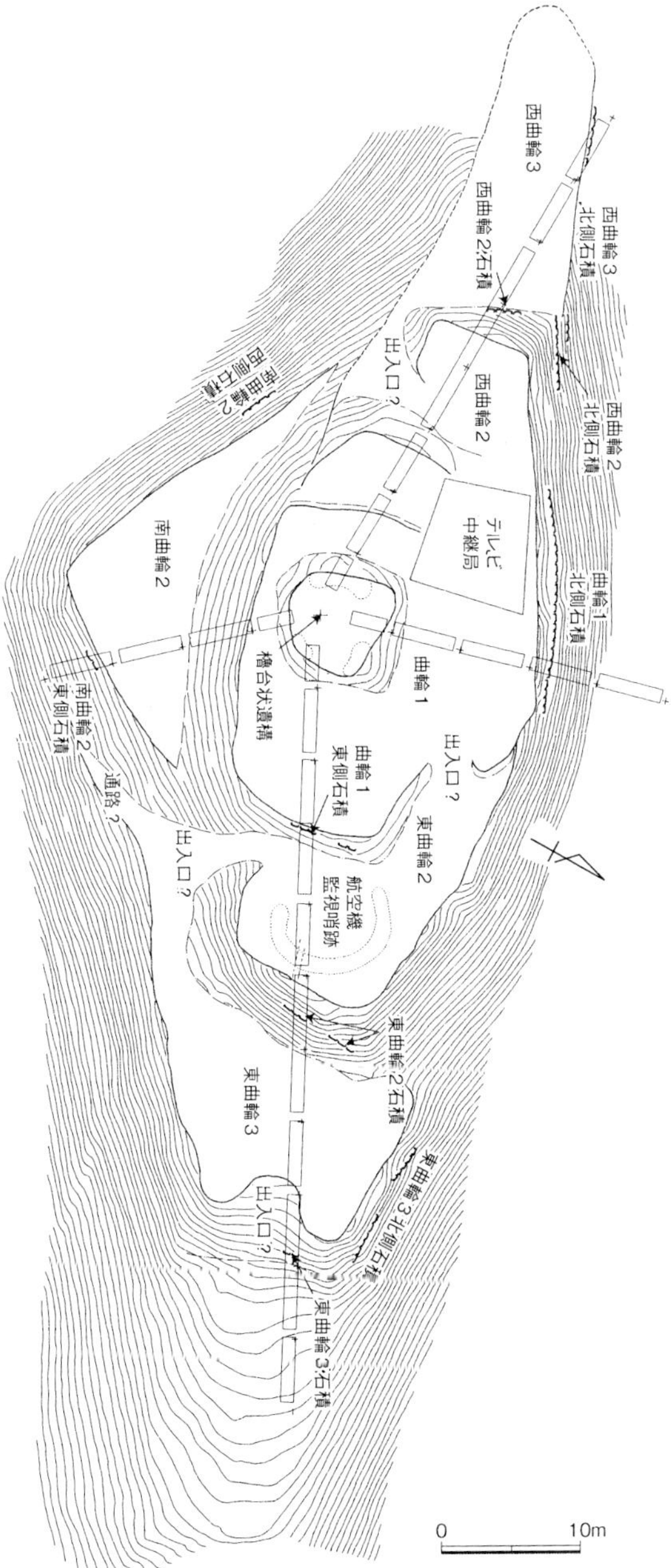

伊木山城跡概要図（各務原市埋蔵文化財調査センター提供）

10 大桑城《おおがじょう》

★★★

所在地　山県市高富町大桑市洞
築城時期　十五世紀後半頃か
標　高　四〇八ｍ
主な遺構　曲輪　石垣　堀切　井戸

大桑城は美濃守護土岐氏の居城として有名である。その創建は詳びらかではないが、『美濃明細記』によると五代守護土岐頼世の子、頼名が大桑氏を名乗っているとや、『新撰美濃志』に七代守護土岐持益が大桑萱野に住したとあることなどから、十五世紀には守護土岐氏と大桑の地に関係のあったことはまちがいない。

大桑城への守護所の移転は天文四年（一五三五）のことといわれている。それまでの守護所は枝広館と呼ばれ、岐阜市城之内遺跡がその推定地と考えられている。ここからは「□□□南へ壱間半　大桑□…□」と記された木簡が出土しており、単純に移転したのではなく、大桑移転後も枝広館が何らかの形で存続していたか、用意周到な移転であったかのいずれかであったことを示唆している。

土岐氏の大桑移転は土岐氏の凋落によるものであったが、南宗寺の『仁岫宗寿語録』によると、「天文二十年大桑乱後…」とあり、移転後わずか十六年後に大桑城で戦いがおこなわれ、翌二十一年頃には守護土岐頼芸が斎藤道三によって追放されている。おそらくそれに伴って廃城になったものと考えられる。なお、『中島両以記文』では斎藤道三が大桑で美濃国中の仕置をおこなったと記されている。

大桑城は標高四〇七・五メートルの古城山に築かれた山城である。しかしその構造は戦国期の山城としては人工的な防御設備をほとんど用いていない。主郭①は大変小規模なもので東辺に削り残した土塁を設けている。この主郭の南西尾根筋には階段状に曲輪が配置されているが、いずれも削平は甘く、幅も狭い。この曲輪間に設けられた堀切㋑は喰違って掘り込まれており、土橋の両側面には石積みが施されている。なお、この尾根筋の南東側斜面を少し下ったところには井戸が設けられており、「霧ヶ井」と呼ばれている。

本丸に建つ城跡碑

このように山頂稜線上に構えられた曲輪などの施設は非常に単純で規模も小さい。しかし、主郭の北方に派生する尾根に挟まれた谷筋には階段状に築かれた曲輪が規則正しく配置されている。その構造は谷筋の中央に道路が一直線に構えられ、道路両側に約二十ヶ所の曲輪が配置されている。これらの曲輪からは十五世紀末から十六世紀前半の国産陶器や貿易陶磁器が表面採集されており、谷筋の曲輪群が防御施設として構えられたものではなく、

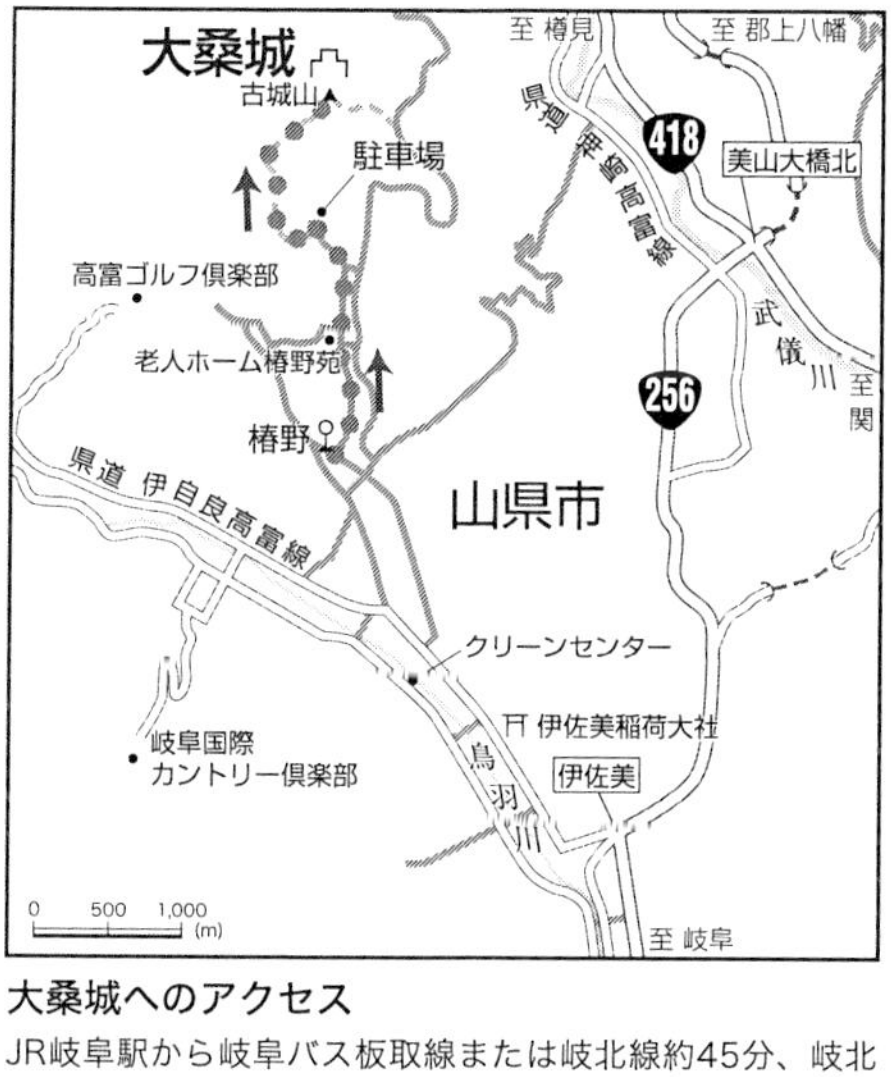

大桑城へのアクセス

JR岐阜駅から岐阜バス板取線または岐北線約45分、岐北病院前バス停でハーバス大桑線（本数少ない）に乗り換え、椿野下車、徒歩20分で登城口。山頂までは徒歩約1時間。車利用の場合は国道256号伊佐美の信号を左折し県道174号を北進する。

屋敷地として構えられた曲輪であったことを示している。またいくつかの曲輪では現在でも地表面に礎石が露頭しており、建物の構えられていたことがうかがえる。こうした礎石のなかには曲輪の縁辺部に等間隔に配置されたものも認められ、屋敷を画する塀の柱を支えた礎石と考えられる。

谷筋に構えられた曲輪群に残る石垣

さらにこの谷筋の曲輪群で注目されるのは曲輪と曲輪の間の切岸が石垣によって築かれていることである。なかには高さ三メートルを測る高石垣も残されている。現在大部分の切岸が土砂に埋没しているが、築城当時はすべての切岸が石垣であった可能性が高い。

このように大桑城の構造は城山の山頂稜線部を加工して山城としたのではなく、むしろ稜線部を巨大な自然の土塁と見立てて、その内側に居住空間としての曲輪群を階段状に配したものであった。こうした構造は近江の守護佐々木六角氏の居城である観音寺城の屋敷配置に酷似しており、守護の山城を考えるうえで注目される。

なお、大桑城跡の南山麓には城下町も構えられていた。『美濃雑事記』には、「市洞の大手、六谷の木戸の間出仕の諸士の鞍馬の往来駱驛たる事阿房宮にも異らず。尚も市場に至り貴となく賤と無く萬銭を用いて萬事を得たり」と、その賑わい振りが記されている。その存在を示す遺構が四国堀で、谷筋を堰き止めるように幅七メートル、長さ一〇〇メートルにわたって空堀と土塁が残されている。その名の由来は越前の朝倉氏が四ヶ国の人夫を使って掘ったという伝承による。

大手からの登城ルートは急峻な山道となっており、北側の美山側からは比較的ゆるやかである。（中井　均）

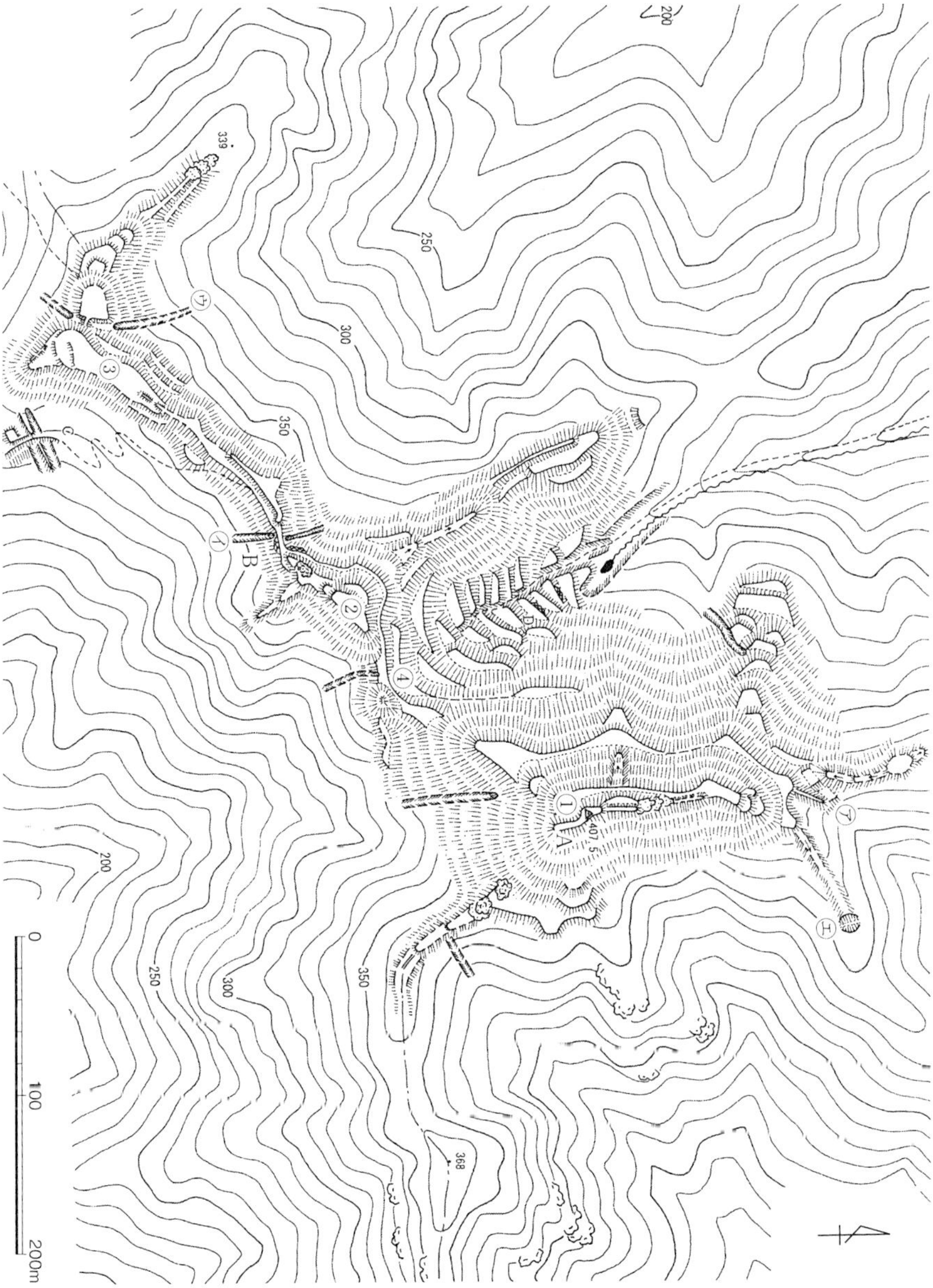

大桑城跡概要図（作図：中井　均）

11 小野城《おのじょう》

★★★

所在地　関市西神野・美濃市樋ケ洞《ひがほら》
築城時期　十六世紀後半
標　高　四二三m
主な遺構　曲輪　土塁　堀切　竪堀　石垣　井戸

小野城（本城山《ほんじょうさん》城）は関市と美濃市にまたがる標高四二三メートルの急峻な本城山にある。山頂は眺望が良く、武儀郡全体が見渡せ、岐阜城、大桑城、祐向山城等も見ることができる。山中には、白瀧・神瀧などの瀧があり、不動明王が祀られ、浅間菩薩・行基等の伝承が残る。大《おお》仏《ぼとけ》（四三五メートル）を経由して高沢山日龍峯寺《たかさわさんにちりゅうぶじ》への縦走路も通り、かつては信仰の山であったようだ。

城主については、近世の古文書等から、斎藤八郎左衛門入道宗雄といわれている。この人物が、汾陽寺《ふんようじ》文書の八郎左衛門入道宗雄であるとするならば、この小野城主は、武義上使中に汾陽寺に対して臨時の諸役を懸けてはならないと命令を下すことのできる人物ということになる。八郎左衛門入道宗雄発給の文書はもう一通ある。それは池田町龍徳寺《りょうとくじ》文書天文四年（一五三五）八月十九日付長井八郎左衛門入道宗雄禁制である。天文四年に軍事指揮官として池田に進駐したときのものである。管見では彼に関する文書は、この二通のみであるので、斎藤八郎左衛門入道宗雄は長井を名乗り天文四年を前後に活躍した人物と考えられる。おそらく斎藤道三の一族であったろうか。

築城の時期については、「香林寺記」（新長谷寺文書）は、斎藤八郎左衛門尉利直入道宗雄が天文七年（一五三八）の春、本城山に城郭を構えようとして、願文を不動尊の前に置いて誓願したと記している。天文七年築城という記述は、禁制の天文四年に近い。また金沢市立図書館所蔵文書の斎藤道三書状写によると、天文六年に斎藤道三は迫間（関市）で合戦している。斎藤道三の影響下に入っている。斎藤道三の一族と考えれば、天文七年築城は生きるのではないか。なお香林寺は本城山(小野城)の真下、八神《やかい》に現存する真言宗寺院で、かつては本城山の山内にあったという。

　落城の時期については、貞享三年(一六八六)の「訴状」(とち洞山論『美濃市史料編』)は大永七年(一五二七)、「香林寺記」は天文年間、『新選美濃志』は天文二十三年(一五五四)としている。少なくとも大永七年の落城は早すぎる。落城は天文年間の後半以降というのが妥当なところではなかろうか。『武儀郡古蹟名勝誌』(大正六年)は、城は上有知《こうずち》城主佐藤氏によって滅ぼされたと記している。上有知佐藤氏の所領は五千貫、その中に小野・西神野・志津野《しつの》が含まれており、上有知佐藤氏が滅ぼしたという蓋然性は高いと思われる。

八神から見た小野城

　小野城への登山道は幾つもあるが、八神からが登りやすい。薬師堂の横の登山口から五十分程で山頂に着く。登山道は整備されており、富野小学校が設置したCDの道標は見やすく登山者には大変ありがたい。

　四二三メートルの山頂を中心に七つの尾根に曲輪が広がる極めて規模の大きい遺跡である。山頂の主郭は、南北一〇メートル東西三〇メートルの細長い曲輪で、岩が残っており、完全に削平されていない。南の斜面は断崖絶壁となっており、曲輪はない。西の肩の部分に曲輪が

小野城へのアクセス

JR岐阜駅前の岐阜バス14番乗場、岐阜関線約50分で関市栄一丁目バス停着。名古屋からは名鉄バスセンターから美濃市行き高速バスで約1時間。関市栄一丁目バス停着。ここで川合車庫行きに乗り換え、西神野バス停下車、徒歩30分。上八神薬師堂左手の道が登城口。

ある。主郭を東から北に二段の曲輪が巻き、下段の曲輪には井戸・石垣が残っている。

七つの尾根のうち、東南に延びる尾根は、急峻ではあるが、八神からの最短のコースとなっている。まず石垣が築かれ、主郭までは幾段かの曲輪が設けられている。西南に延びる尾根は、岩場があり急峻であるが、堀切が施されている。関市小野からの登山道が登ってきている。西の肩から延びる尾根は急峻であり、その下には鉄塔があるが、鉄塔の工事のためか、堀切等の防御施設は確認できない。この鉄塔の近くから等高線に沿って北側を半周する裏道がある。北に延びる二の尾根を探訪するのに便利な道である。この北に延びる二つの長い尾根は幾つかの曲輪を設けている。いずれも堀切はないが、先端は急峻な崖となっている。日龍峯寺・大仏につながる東の長い尾根の中間部に南に向かい竪堀が一つ入っている。八神からの登山道が近くを通っており、その道への防護のためだろうか。鞍部に堀切が設けられ、ここまでが小野城城内の東の端となっている。さらに一五メートル東にもう一つの堀切がある。これは八神から白瀧不動に向かう参詣道の峠で、堀切というよりは切通しと考えられる。切通しから北側の谷に沿って暫く下ると白瀧があり、不動明王が祀られている。瀧には美濃市樋ヶ洞からの参詣道が登ってきている。もとに戻って、この切通しから大仏に向かって尾根を一五〇メートル程登って行くと段があるが、段の下に関市藤谷・八神大洞からの大手道と地元の人が称する道が登ってきている。段の上には曲輪があり、曲輪の東端は土塁と堀切がある。出丸と考えられる。東の大仏側に備えての、最初の防御施設である。堀切は深さ三メートル程で、堀底には土橋状のものが三つ見受けられる。

東の大仏前に備える最初の堀切

東西約五〇〇メートル南北三〇〇メートルに広がる非常に規模の大きな山城であるが、伝承も少なく、城主斎藤八郎左衛門入道宗雄は斎藤道三の一族と考えられるが、いまひとつよく分からない人物である。小野城の総合的な調査研究が待たれる。

（古田憲司）

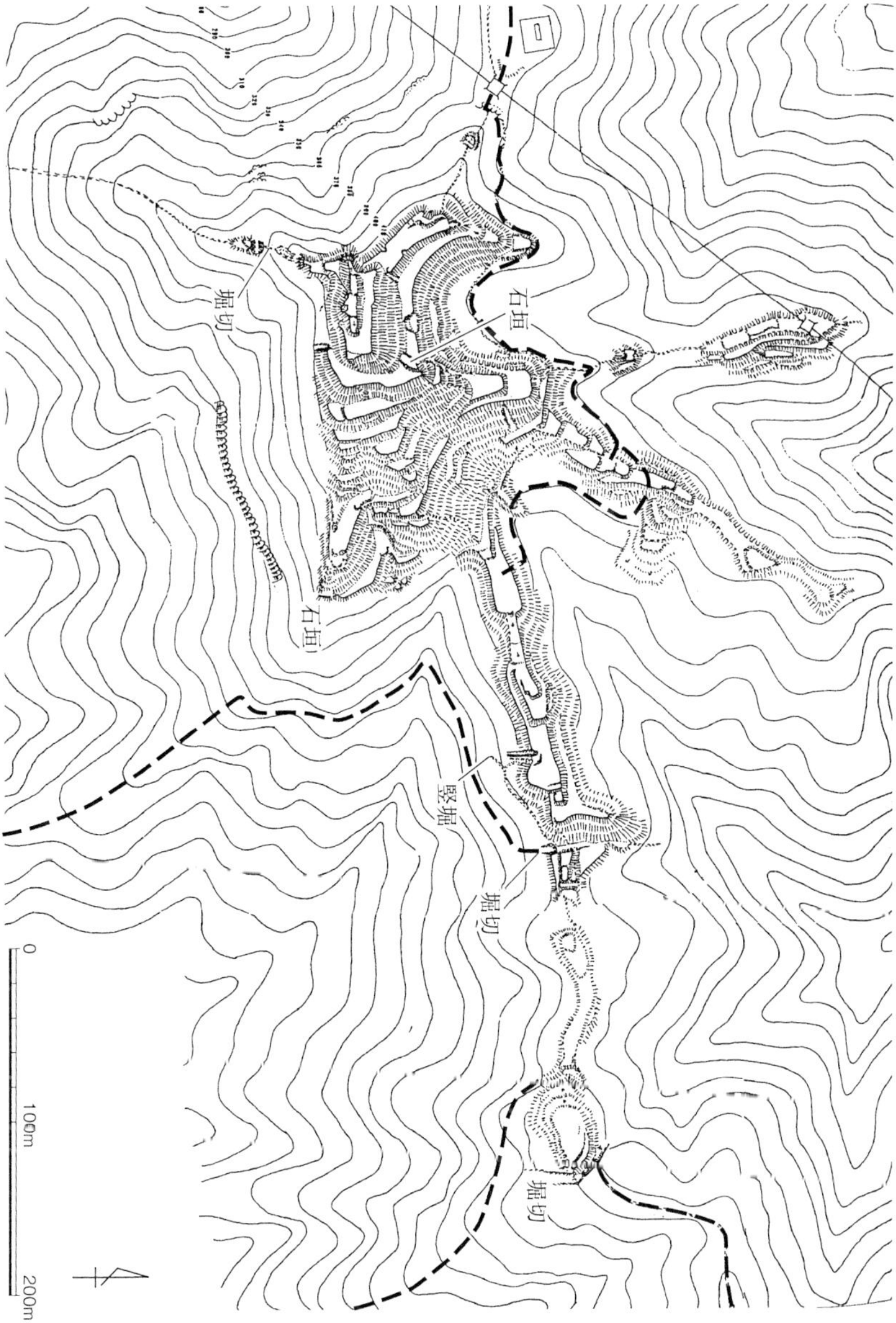

小野城跡概要図（作図：髙田　徹『岐阜県中世城館跡総合調査報告書』岐阜県教育委員会 2003を一部改変）

12 関城《せきじょう》 ★

所在地 関市安桜山
築城時期 天文年間（一五三二～五五）
標　高 一五二m
主な遺構 曲輪　竪堀　井戸

関城は標高一五二メートルの安桜山《あさくらやま》の山頂にある。安桜山は市街地の背後にあり、町に面した南の斜面はチャート質の岩肌が露出し、急峻である。山頂付近とその北側の斜面に曲輪が設けられている。安桜山を中心に南に広がる市街地を囲むように、南北に吉田川《きった》（東端）・関川（西端）が流れ、いずれも津保川に注ぎ、あたかも町を防御する堀の役割を果たしているようである。

関は鎌倉時代末期から町場が形成されていた。飛騨街道・東山道が交差し、人・物の流れの結節点であった。美濃において最も大きな町の一つであったと考えられる。室町時代になると鍛冶が集住し、里民の過半を占めるようになり、打刃物の町として有名であった。特に剃《かみ》刀《そり》と小刀《こがたな》は天下にその名が通り、剃刀は作者銘入りのブランド品であったし、小刀は明の人々からも高い評価をうけていた（茅元儀著『武備志』）。大工も輩出し、飛騨の久津《くづ》八幡宮（下呂市萩原町）の建立には、関の番匠武沢茂右衛門利久がかかわり、各地の神社建立に関の大工が腕をふるった。信濃や甲斐などの旅人の定宿《じょうやど》もあり、宿場として繁栄した町でもあった。また時宗が鎌倉末期から広がり、時宗寺院が存在した。永正十年（一五一三）から永正十四年にかけては、遊行派の本山が二ツ岩《ふたついわ》（関市巾）に建立されている。

南北朝期以降、関の領主は京極氏の一族で、室町幕府奉公衆の鞍智《くらち》氏であった。鞍智氏は石井氏を長吏に任命し、この石井氏が代官として関を実質支配していた。寛正二年（一四六一）、鞍智氏の命により、大雄寺《だいゆうじ》（春日神社の神宮寺、廃仏毀釈により廃絶）修復の任をおびてこの地を訪れた京都東福寺の僧太極《たいぎょく》は、安桜山で遊んでいるが、この山に山城があるとは記していない。関の町にものものしさを感じさせない記述となっている（『碧山日録』）。

天文四年（一五三五、横山住雄『斎藤道三』）、あるいは天文十六年（一五四七、勝俣鎮雄『岐阜市史』）、斎藤道三が関に侵攻し、関の町は焼け荒廃するが、長谷川氏・羽淵《はぶち》氏などの商人によって町が再建されたという（『羽淵家系図』）。この時期以後に道三あるいはその関係者によって安桜山に関城が構築されたのではないだろうか。

永禄八年（一五六五）織田信長が犬山から堂洞《どうほら》城（美濃加茂市）に侵攻したとき、関城には斎藤道三の息子、義龍の兄である長井隼人が城主として詰めていた（『信長

春日神社から見た関城跡（安桜山）

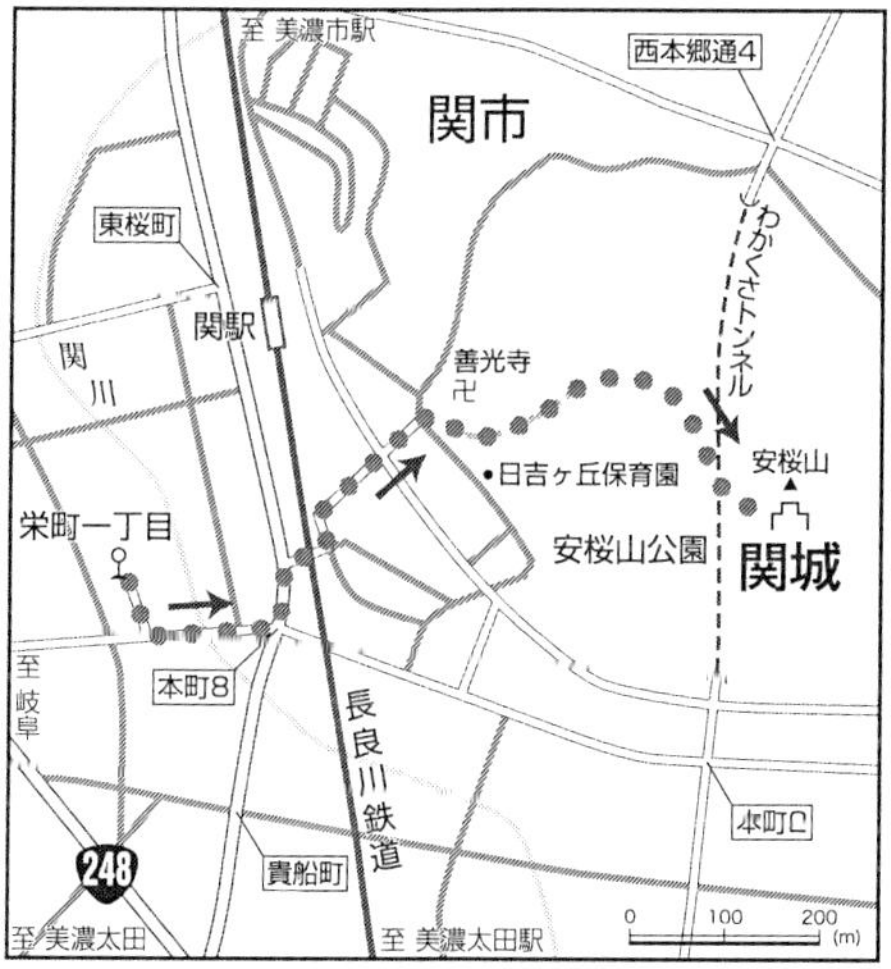

関城へのアクセス

JR岐阜駅前の岐阜バス14番乗場、岐阜関線で約50分、関市栄一丁目バス停下車。名古屋からは名鉄バスセンターから美濃市行き高速バスで約1時間。関市栄一丁目バス停下車、徒歩10分。または長良川鉄道関駅から徒歩10分。善光寺境内に登城口あり。

公記』）。このとき加治田の城主佐藤紀伊守は信長に内応し、反信長派の岸勘解由の籠もる堂洞城は陥落した。佐藤紀伊守と同じように、関町の有力者である羽淵氏も信長に内通していた（「羽淵家系図」）。そのため長井隼人は戦わずして関城から退却したようで、関での攻防戦はなく、関の町は信長の軍勢によって焼き払われることもなかった。

関城の主郭跡　正面木立の向に御嶽神社がある

　近世になって関は大島氏の所領となったが、旗本であったため、城は作られず、町中に陣屋が拵えられ、関城は最終的に廃城となった。

　安桜山山頂に南北一〇メートル、東西三〇メートルの細長い曲輪、主郭が設けられている。この場所は近世には稲荷神社が、明治以降は御嶽信仰の遥拝所となっていた。これらの信仰の場所になったときに整地が行われたと考えられ、当初の姿は不明である。主郭の南の斜面は急峻で曲輪の存在は認められない。善光寺からの登山道は整備されていて、主郭から東西に延びる尾根に二つの曲輪が存在するが、この道路の建設のため改変が行われており、元の姿は不明である。大手道は元の市役所、トンネルの横から登る道ではなかったか。主郭の北の斜面は保存が良好で、二つの腰曲輪、一つの竪堀、その竪堀を挟んで、五メートル幅の曲輪が二つ残っている。また主郭の西の端から北に延びる尾根に六つの曲輪が造られている。

　印象としては規模が小さく、永禄八年信長の侵攻のなかで大急ぎで防御の施設が造られたのではないかと考えられる。

　関の町は、道路の拡幅・トンネルなどの工事が行われ、古い町並みが消えつつあり、安桜山、新長谷寺、町並などの総合的な調査研究が待たれる。

（古田憲司）

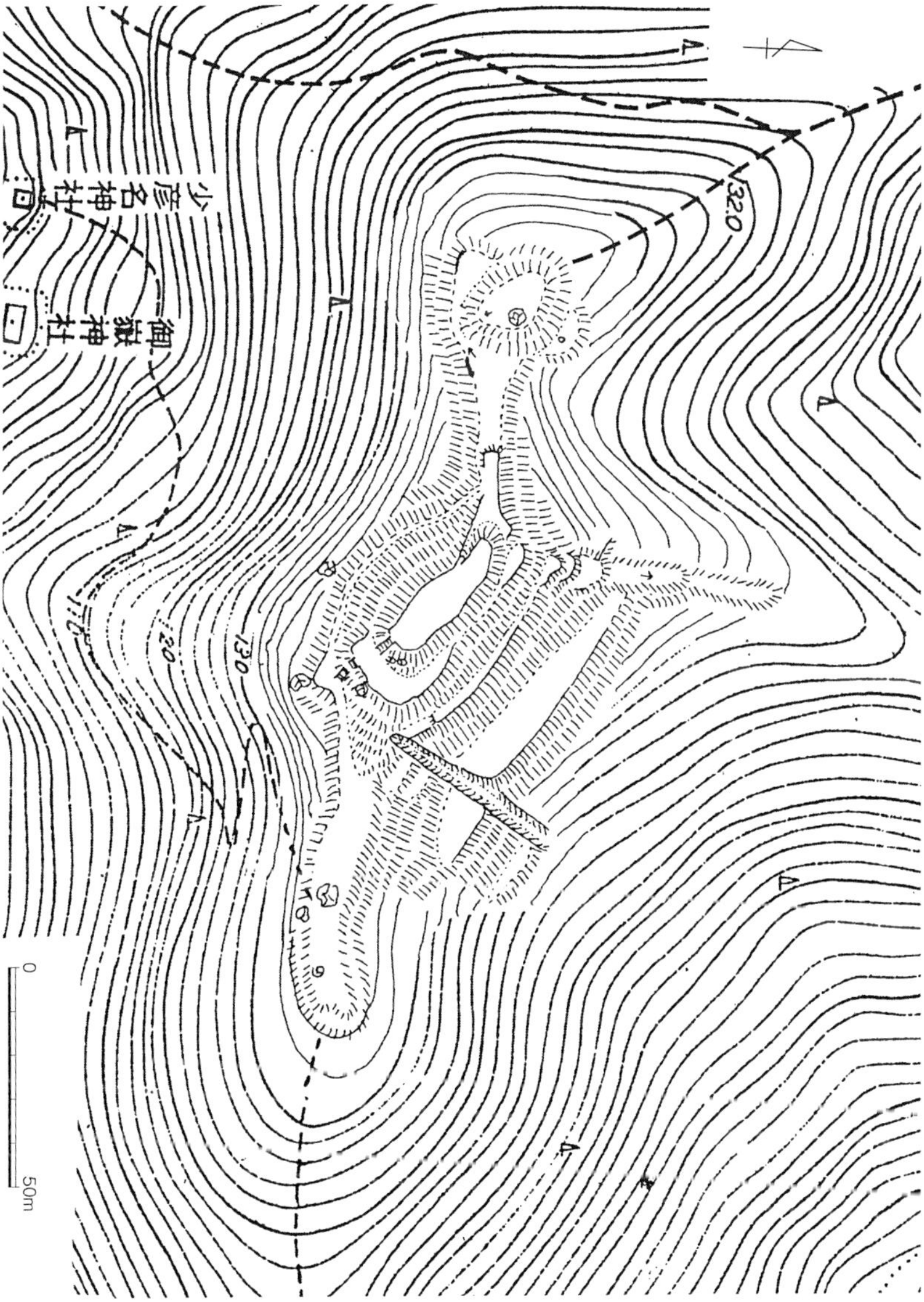

関城跡概要図（作図：石川浩治『岐阜県中世城館跡総合調査報告書』岐阜県教育委員会　2003より）

13 鉈尾山城《なたおやまじょう》 ★★

所在地　美濃市曽代
築城時期　十六世紀後半
標高　四三七m
主な遺構　曲輪　堀切　石垣

鉈尾山《なたおやま》は海抜四三七メートル、チャート質の岩山で、西と東は特に断崖絶壁となっており、高い防御性を備えた山城である。『上有知《こうずち》旧事記』は「釣かべの御要害に御構えなされ、鉈一丁にて何千騎にても防ぎ申す」と記している。釣壁の縄を鉈で断ち切り、壁を断崖に落として防御するというわけである。七尾山がなまり、鉈で縄を切ることから鉈尾山と呼ばれるようになったともいわれている。上有知佐藤氏三代の居城である。現在は古城山と呼ばれ、営林署が管理している。

初代佐藤六左衛門は、名乗も清信・秀信・方信など確定しがたく、不明な点の多い人物である。永禄六年（一五六三）に死去し、法名は保寧院殿育山宗隆大居士。保寧院は保寧寺のことで、下渡の下、長良川河畔の「古町」・「古城跡」の近くにあった。現在も「保寧寺」という小字名が残っている。

二代佐藤六左衛門方秀は織田信長の馬廻りとして活躍した。『信長公記』には、元亀元年（一五七〇）の浅井氏の小谷城攻め以降、たびたび登場する。本能寺の変の後、方秀は三法師秀信をおす秀吉についた。岐阜城主織田信孝にくみし立花山《たちばなやま》を固める郡上八幡城主遠藤慶隆と対峙した。立花山は高山《たかやま》（美濃市立花）のことか。佐藤方秀は金山城主森武蔵守長可《ながよし》とともに立花山を攻撃し陥落させている。方秀は秀吉につくことによって、武儀郡の大半を領有するに到った。その石高は二万五千石といわれた。「軍書」（清泰寺文書）では「五千貫」とある。現在の美濃市の大半、洞戸・板取・下之保（いずれも関市）にあたる。晩年は以安寺山《いあんじやま》下に隠居し、文禄三年（一五九四）七月に没した。法名は以安寺殿泰岑以安大居士。

三代才次郎方政は古町にあった屋敷を、「小倉山之北ノ淵ノ上ニ移ス」（軍書）とあり、鉈尾山の東南に延びる尾根の端に、屋敷を移転させた。また「曽代・口野々・なだお坂ハ其時之家中屋敷也」、「此節町屋敷も上条・尾崎・今之殿町へ過半引越ス、天正年中也」（同書）とあって、鉈尾山城を中心とした新しい城下町を作ろうとしていたことが分かる。慶長五年（一六〇〇）関ヶ原の合戦で、方政は西軍に属し、その前哨戦である岐阜城の攻防戦で敗れ、さらに元和元年（一六一五）大坂の陣で豊臣方につき、上有知鉈尾山城主佐藤氏は、三代で滅びることになった。

美濃市運動公園から見た鉈尾山

鉈尾山城へのアクセス

名鉄バスセンター（名古屋）から美濃市行き高速バスで約2時間、長良川鉄道美濃市駅着。ここで牧谷行・八幡行バスに乗り換え、道の駅美濃にわか茶屋バス停下車、徒歩15分で登城口。または長良川鉄道梅山駅から徒歩30分で登城口。美濃市運動公園内の弓道場横と同公園下の毛鹿洞池横の２ヶ所に登城口あり。

鉈尾山城へは、美濃市運動公園から登るのが便利である。弓道場横と毛鹿洞《けじかぼら》に登山口がある。いずれも頂上までは五〇分から六〇分かかる。毛鹿洞からのコースは、南の尾根の道、大手道にあたり、比較的なだらかな登坂となる。弓道場横からのコースは北の尾根を通り、急峻な道となっている。登山道は整備され、案内板もしっかりしていて登りやすい山である。

石垣　算木積となっている

海抜四三七メートルの山頂に、南北三〇メートル、東西二〇メートルの主郭が築かれている。主郭の西側は断崖絶壁で曲輪はない。東側には石垣が施され、かなり崩れてはいるが、その跡が残っている。東側も全体としては急峻であるが、尾根が一つあり、曲輪が二段設けられている。下の曲輪の中央に口野々からの道が登ってきており、その防御のために設けられたと考えられる。北の尾根には連郭状に五つ曲輪が設けられている。また石垣の跡が見受けられるところがある。南の尾根は大手道になっていて、比較的なだらかである。三段目の曲輪には東・南・西の斜面に石垣がめぐらされている。南に面した石垣が良く残っている。高さ二メートル、長さ八メートルあり、算木積が確認できる。石垣の東側に道を通しており、大手口と考えられる。さらに六メートル先の西斜面に竪堀が施されているが、通路は平坦地となっており、堀切にはなっていない。

郡上街道と上有知経由の飛騨街道に睨みをきかす位置にあたるが、長良川河畔の上有知古町からは数キロ離れていて、城下町経営をおこなうには困難な場所である。才次郎の時代に新しい町作りをしようとしていたが、どこまで行ったのか。金森長近の城下町作りとの関係はどうなのか。これらの研究が待たれる。

（古田憲司）

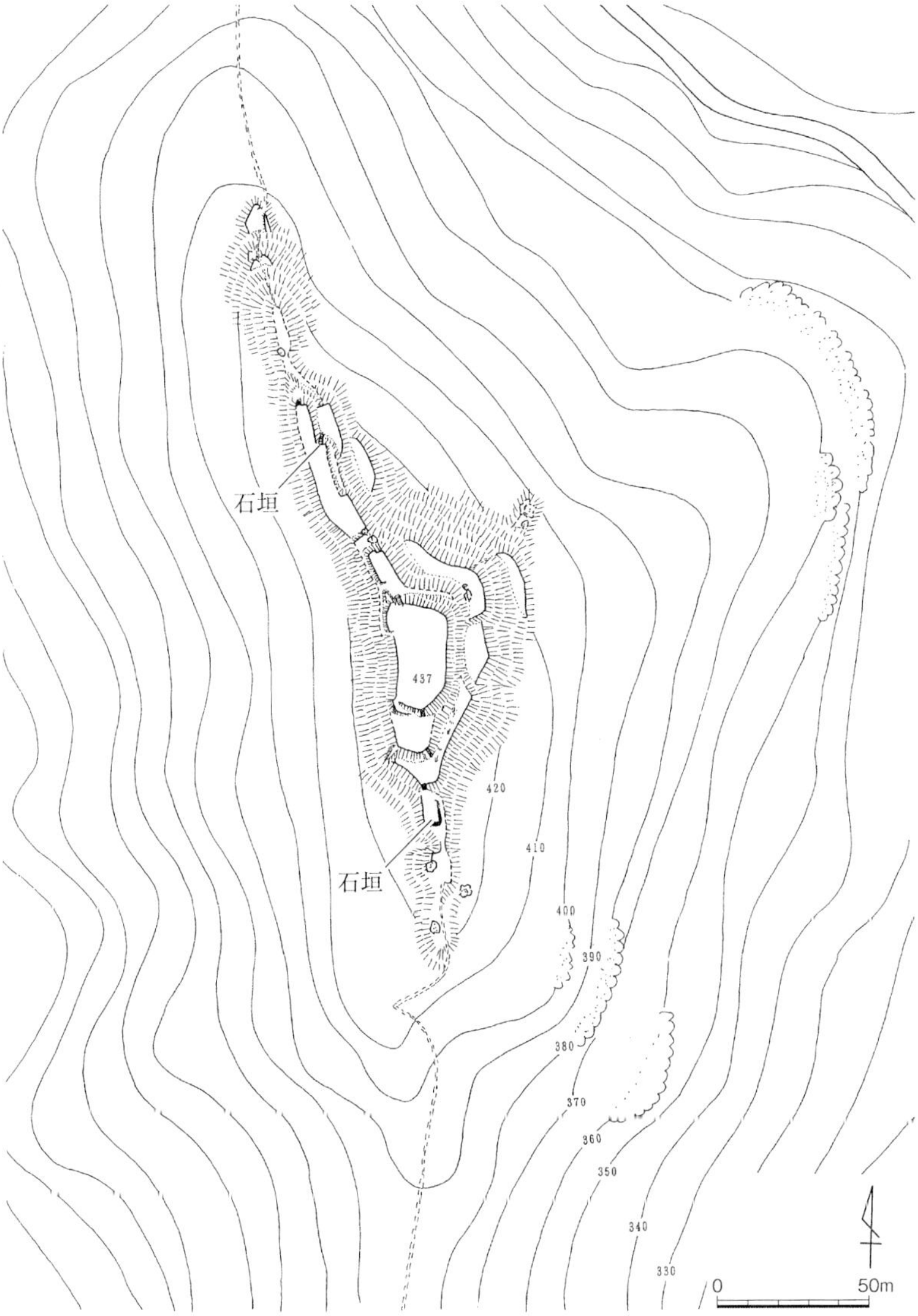

鉈尾山城跡概要図（作図：髙田　徹）

14 小倉山城《おぐらやまじょう》 ★

所在地 美濃市殿町
築城時期 慶長五年～十一年（一六〇〇～〇六）
標高 一〇〇m
主な遺構 曲輪　堅堀　石垣

小倉山城主金森長近は、年若くして織田家に仕え、天正三年（一五七五）越前の一向一揆を平定し、越前大野城主となった。本能寺の変後、豊臣秀吉に仕え、天正十三年（一五八五）飛騨を平定し、飛騨高山城主となったが、その後飛騨は養子の可重《ありしげ》に譲った。関ヶ原の合戦には東軍として出陣し、その恩賞として飛騨の口郡である武儀郡の大半二万石を拝領した。その本拠として小倉山山麓に城、その南の丘の上に城下町を造営した。慶長五年（一六〇〇）にこれらの建設が始まり、慶長十一年（一六〇六）には一応の完成をみた。この年に、町人らが長良川河畔の古町から新しい町へ町越しを行っている。

長近は慶長十三年（一六〇八）八十五歳で死去した。法名は金竜院殿前兵部尚書法印要仲素玄大居士、墓は京都紫野大徳寺龍源院にある。慶長十六年跡継ぎの長光が六才で死去し、七才未満を理由に上有知金森藩は改易された。上有知金森氏の支配はわずか十一年であった。

上有知金森藩廃絶の後、一時幕府領であったが、元和元年（一六一五）から尾張藩領となった。尾張藩は、国奉行所を設け、現地の支配は代官の下役である手代が行った。手代は上有知の町中の陣屋に住み、小倉山城は廃絶のままとなっていた。しかし天明元年（一七八〇）尾張藩は機構改革を断行し、同三年に上有知に代官所が置かれ、代官が常駐して行政にあたるようになった。この代官所は小倉山城の城内に設置された。このとき城跡の改変が行われたと思われるが、詳しいことは不明である。

明治になると城内に小学校が建てられ、また小倉山城は公園となった。明治四〇年より近代化の工事が進み、滝や小動物園が設置され、さらに埋め立て等の工事も行われた。また長良川に面する断崖に桟道《さんどう》が設けられるなど、大改変が行われた。また最近になっては、観光のため山頂に展望台が設けられ、そのための工事車両用の道路が付けられ、花見の季節には、店が作られるなど、大きく変貌をとげている。

この小倉山城は、美濃市の市街地、標高一五九メートル、周囲一二〇〇メートルの小山の山麓にある。北側の背面は急峻な岩の壁と長良川、東は鉈尾山麓と峰でつながっていた。現在この峰の一部は切り通しとなり、国道一五六号が通っている。西は深い谷、南側の正面は長之瀬《ながのせ》川が東西に流れる湿地帯で、天然の堀をなしていた。長之瀬川は現在暗渠となり、国道一五六号に沿って流れている。

本丸の城壁　横矢が見られる

城は山の南の斜面を切開いて二段とした。上段は本丸にあたり、東西約七〇メートル、南北約四〇メートルの広さがあり、南側を高さ約五メートルの石垣で囲っている。石垣の中央部が横矢折れになっていて、この城の石垣の特徴となっている。本丸には、明治になって滝や池が作られ、櫓風の建物と土塀が建っている。本丸の東

小倉山城へのアクセス

名鉄バスセンター（名古屋）から美濃市行き高速バスで2時間、美濃小倉公園前バス停下車、徒歩5分。または長良川鉄道梅山駅から徒歩15分。

小倉山城東の境となる竪堀

側に曲輪跡があるが、かつて料亭があり、その鉄筋コンクリートの建物の中には、森林組合とシルバーセンターの事務所が置かれている。改変が甚だしく元の姿を推測するのは難しい。この曲輪のすぐ東に幅四メートル深さ二メートルの竪堀が一本通っている。『上有知旧事記』には「御城構ハ北ハ小倉山之内ニ堀切之跡アリ」とあり、この竪堀は小倉山城の東の境界線と考えられる。現在は大半が埋もれているが、動物園の檻の東の坂道に痕跡を確認することができる。竪堀からさらに東に行くと、善光寺（明治期に広島県尾道から移転）や個人の別荘（明治以降の建築）があり、その立地は曲輪の上にある。これらは前領主佐藤氏時代の屋敷跡と考えられる。二の丸は本丸の下に位置し、東西約一〇〇メートル、南北約三〇メートルの長方形をなし、その南は二段の石垣になっている。現在は駐車場として利用されている。その西の低いところに、三の丸があり、現在美濃市立の図書館が建っている。

　小倉山より二五〇メートル西の小山は出丸で、金森家の菩提寺清泰寺《せいたいじ》がある。清泰寺は臨済宗妙心寺派の寺院で、旧領主佐藤氏の菩提寺であった保寧寺・以安寺がもとになって成立した。同寺には長近・長光父子の位牌、長近を祀った金森大権現社、また長光と佐藤氏の墓がある。清泰寺前を南へ二〇〇メートルほど行くと、八幡神社の赤い鳥居の前に出るが、このあたりの地名を総門といい、小倉山城の玄関、総門があった場所である。

　天守はなく、規模の小さい城である。城造りより、町造りに重点を置いたのか、この時造られた町並は、現在も目の字の町並として残っている。金森氏の城造りは、ゼロから出発したのではなく、前領主佐藤氏の造った土台があったと考えられる。このことは小倉城跡・上有知城下町を見る際の重要な視点である。

（古田憲司）

小倉山城跡概要図（作図：髙田　徹）

15 八幡城《はちまんじょう》 ★

所在地　郡上市八幡町柳町
築城時期　永禄二年（一五五九）
標高　三五〇m
主な遺構　曲輪　天守台　堀切　石垣

東海北陸道で郡上八幡インターチェンジが近づくと、東側の丘陵上にそびえる白亜の天守が見えてくる。昭和八年に建設された八幡城模擬天守である。模擬天守は四方どこからでも美しく見えるよう、方向性も考慮されて建設されている。したがって郡上八幡の町からは、どこからでも雄姿を見上げることができる。城跡への標識も街角のあちこちにあり、道に迷う心配はない。

永禄二年（一五五九）、東常尭《とうのつねかた》の籠もる赤谷山城（東殿《とうどの》山城《やまじょう》・郡上市）を攻めるにあたり遠藤盛数は八幡山に陣を置いた。東氏を滅ぼした盛数は、改めて八幡山に八幡城を築いた。天正十六年に盛数嫡子の慶隆が美濃小原《おばら》（加茂郡白川町）に転封されると、替わって稲葉貞通が入城する。山上部に残る遺構のほとんどは、貞通によって完成されたと考えられる。慶長五年（一六〇〇）の関ヶ原の合戦では、当初西軍に属した貞通に対し、東軍側となった遠藤慶隆が金森可重《ありしげ》の応援も得て八幡城を包囲し攻め立てた。

戦後、慶隆は八幡城主に復帰する。以後城主は遠藤氏五代、井上氏二代、金森氏二代の後、宝暦八年（一七五八）より青山氏六代が続いて明治維新を迎える。

山上へは歩道（一部車道と重なる）を登って約十分で到達できる。乗用車ならば一方通行の車道を上って堀切Aの駐車場に至ることができる。ただし大型車は通行できないので、注意が必要。

堀切Aは幅二十メートル近くあり、深さは約八メートルと広く、極めて遮断性が強い。背後（北側）に高所が続くための処置である。堀切Aの北側にも堀切Bを単独で入れて、背後からの侵入に対処している。実際、関ヶ原の合戦では背後の尾根続きである滝山に金森可重は陣所を置いて、八幡城を攻めている。堀切Aの南西隅には「首洗い井戸」（C）があり、関ヶ原の合戦時に討ち取った敵方の首を洗ったとの伝承を持つ。

堀切Aの南側、東西約八十メートル、南北約一〇〇メートルの石垣で囲まれた範囲が山上の城郭である。山上の城郭は一口にまとめるのならば、近世城郭としては小規模で、かつ縄張も技巧性に乏しい。虎口も平入《ひらいり》が主であり、松之丸西側の虎口Dが高低差を利用し、通路を屈折させる程度である。石垣も直線的あるいは地形に応じて湾曲した部分が多い。横矢掛かりを意識した塁線の折れ、張り出しは天守台周囲や松之丸の一部に見られる程度である。また天守台付近は連郭状に曲輪を連ね、単調な感

八幡城模擬天守　南面

八幡城へのアクセス
長良川鉄道郡上八幡駅から東方へ、徒歩約40分。車では山上堀切の駐車場(無料)まで進むことができる。ただし車道は一方通行で大型車の進入はできない。

は否定できない。

こうした縄張は、稲葉期あるいは遠藤期に築かれた様相を伝えている可能性が高い。畿内を中心とした織豊系城郭、あるいは近世城郭と比較すると違いが目立つ。もっとも地方色、あるいは築城者の趣向の表れと見る余地はあり、八幡城の特徴・見所とも言えよう。

さて山上の城郭の中心にあるのが天守台Eである。天守台は東側に張り出しを持つ不整八角形である。このため一階平面が方形である模擬天守は、天守台よりも一回り小さく建てられている。模擬天守は当時現存していた大垣城（大垣市）をモデルに、木造で建設された。すでに建設後九十年以上経過しており、町並みにも調和している。昭和六十三年に郡上八幡町の有形文化財に指定されている（現在は郡上市指定有形文化財）。

模擬天守からみた本丸　南側

天守台は本来穴蔵を伴っていたが、今は目にすることができない。江戸期には天守が存在した形跡はない。山上の城郭は狭く、殿舎群を確保できる十分なスペースはない。ひょっとしたら天守は殿舎群と一体になった、例えば高山城（高山市）のような構造であったのかもしれない。山上には、江戸中期になると門・塀、そして櫓二つ（いずれも単層）が存在する程度であった。替わって城郭の中心は西側山腹の曲輪群に移っており、Ⅰ付近が本丸と呼ばれ、Ⅱ付近が二之丸と呼ばれた。恐らく早い時期に山上の城郭は、狭隘さから十分機能しなくなり、殿舎や天守は解体されたのではないかと思われる。

本丸には御殿が置かれたが、一部に多門を巡らす程度で重層的な櫓は存在しなかった。象徴的な建築であったのは、F付近に存在した大手二之門であり、城内唯一の櫓門であった。本丸は現在岸剣神社境内等となり、石垣も一部残されている。ただし、山上の城郭も含め石垣の多くは、後世の積み替えを受けている。現状では、少なくとも築城当初に遡りそうな石垣は認められない。（高田　徹）

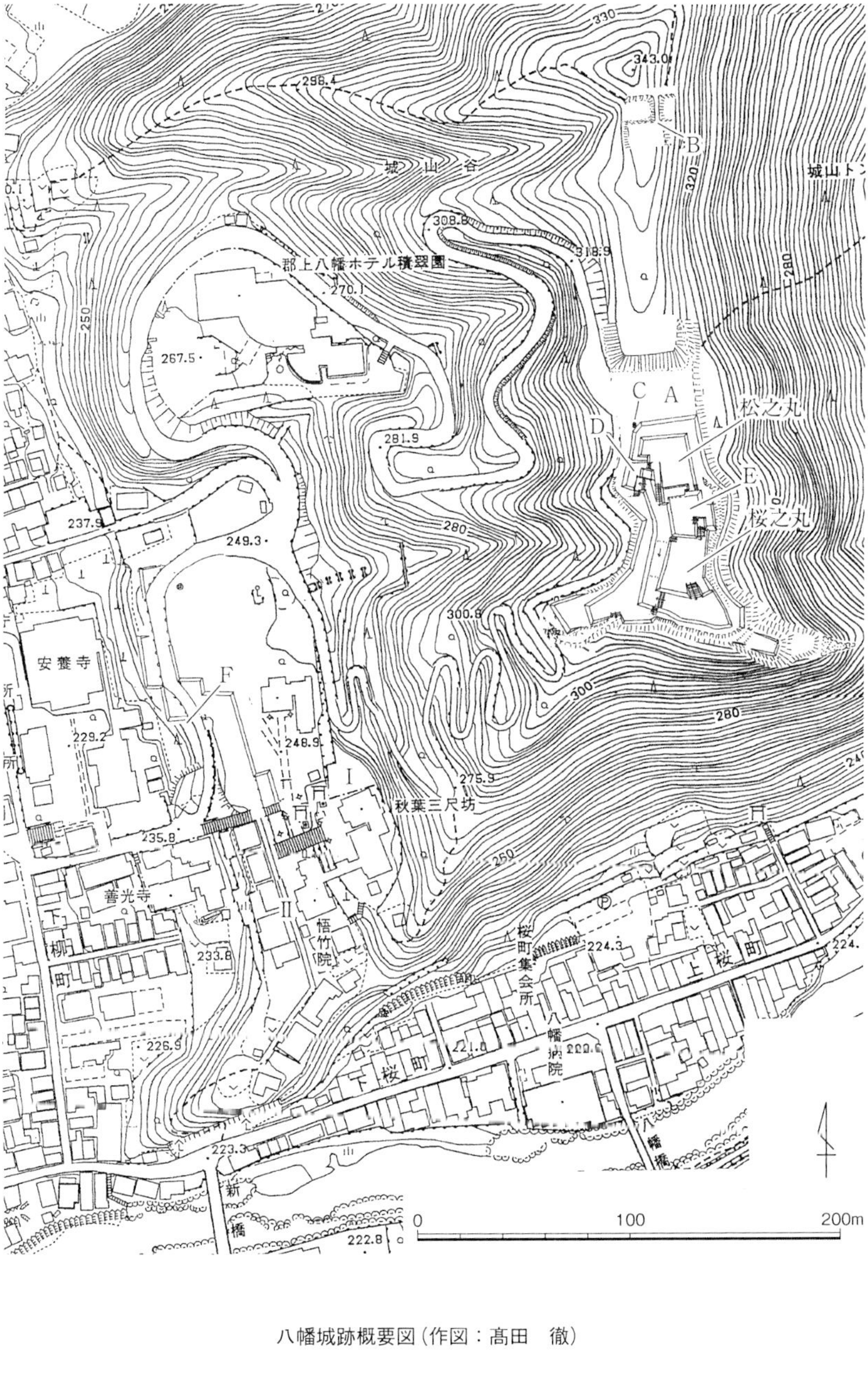

八幡城跡概要図（作図：髙田　徹）

16 東殿山城《とうどのやまじょう》 ★★★

所在地　郡上市八幡町島谷
築城時期　天文十年（一五四一）
標高　五二〇m
主な遺構　曲輪　石垣

東殿山城とは、城主であった〝東《とう》氏の殿様の山城〟と言う意味である。現在遺跡名となっているが、本来は廃城後に唱えられるようになった呼称である。当時は赤谷山城と呼ばれていた。

篠脇《しのわき》城主であった東常慶《とうのつねよし》は、天文九年（一五四〇）に越前国の朝倉軍の攻撃を受けた。辛くも朝倉軍を撃退したが、翌十年には居城を赤谷山に移した。『遠藤家御先祖書』によれば「城地不宜様ニ思召」たのが、移城の理由であるという。東氏時代の篠脇城の構造は明らかではないが、比高約一八〇メートルの篠脇城に対し、東殿山城は比高約二八〇メートルとかなり高い。しかも後述のように痩せた尾根上に選地しているので、曲輪の面積は狭隘ながら、四方に対する遮断性は極めて優れている。限定された兵力が籠城し、堅固に持ちこたえるだけの選地を企図して移城したのは疑いない。

永禄二年（一五五九）に東氏一族で家臣であった木越《きごし》城《じょう》（郡上市）主遠藤胤縁《たねより》は、八朔の祝いに赤谷山城を訪れた帰路、常尭《つねたか》（常慶の嫡子）によって射殺された。報復に胤縁嫡子の胤俊は、胤縁弟である盛数（刈安城主…郡上市）と共に赤谷山城に攻め寄せた。十日あまりの攻防の末に城は陥落した。常尭は落ち延び、常慶は討死したとも、落ち延びたとも言われている。城跡の東側にある谷を「地獄谷」というのは、落城時に城内の人々が転落し、さながら地獄絵巻の如くであったことに因むと伝えられる。

東殿山城は、八幡城の南側正面にそびえる山で位置的にはわかりやすい。北側山麓は現在愛宕公園となっており、公園の一角には愛宕神社が鎮座する。愛宕神社から東側へ上がったところに「五人塚」がある。慶長五年（一六〇〇）の関ヶ原の合戦時、八幡城を攻めるため遠藤慶隆軍が付近（愛宕山）に陣を置いた。出陣先の犬山城（愛知県犬山市）から戻った八幡城主稲葉貞通は、慶隆軍の陣所を急襲して潰走させた。この時、討死した遠藤方の諸士五人を弔ったのが五人塚である。

五人塚から南側へ、尾根上に伸びる道がある。この道をしばらく登ると、東西約二十メートル、南北約十メートルの平坦地がある。内部に小さな祠が建っており、かたわらに「八幡町赤谷山城」と記された標柱が立つ。ここは東殿山城の一角である可能性もあるが、先に述べた慶長五年時の遠藤軍による陣所跡である可能性も考えら

八幡城からみた東殿山城

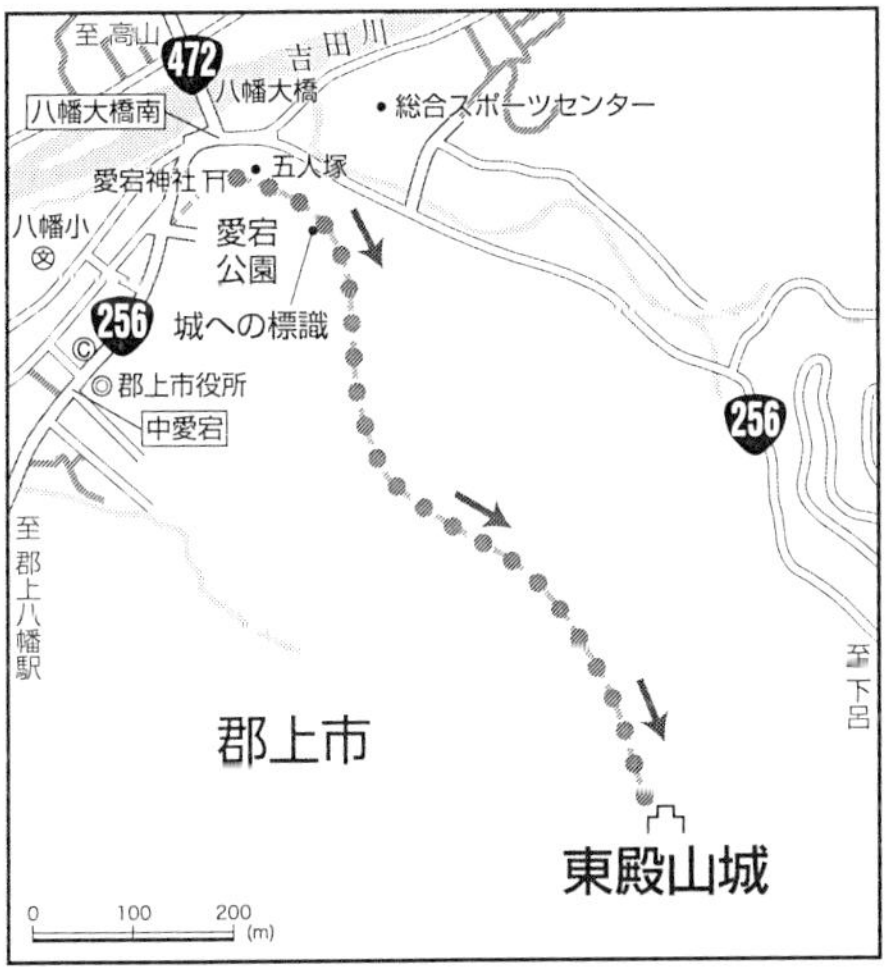

東殿山城へのアクセス

長良川鉄道郡上八幡駅から東方へ徒歩約40分で愛宕公園に至る。愛宕公園内の「五人塚」東側に続く尾根道をひたすら登ること約60分で主郭に到達。途中急斜面もあるので注意が必要。

れる。ここからいったん南側の鞍部に下ると、急傾斜が続く山道が続く。途中は岩場が露出し、補助ロープも張られている。

急な痩せ尾根をしばらく登ると、やや平坦なⅢ部分に到達する。Ⅲは斜面側が緩やかに傾斜し、現状のみでは曲輪跡と見なして良いか、いささか躊躇われる。Ⅲより約一〇〇メートル上がると、Ⅱの曲輪群が続く。頂部の曲輪は比較的平坦で曲輪らしいが、周辺部の曲輪はやや平坦さを欠いている。Ⅱより約八〇メートル上がると、主郭Ⅰに至る。主郭Ⅰは約一五メートル四方と狭隘で、しかも内部に段差を残す。注目されるのは東側斜面に残る石垣である。石垣はほぼ垂直に、五〇センチ前後の石材を積み上げている。石材は付近で得られるチャートが主体である。高さは約一・五メートルで、およそ八メートルにわたって続く。石垣の裾は急な斜面で、防御上あえて石垣を用いるべき場所でもない。岩肌が表れ、狭隘な山上に平坦面を確保すべく、盛土の土留として石垣が用いられているのである。石垣のない部分にも本来盛土がなされていたが、急峻な地形であるため、廃城後に流出したのであろう。

東殿山城石垣

主郭Ⅰの南側は垂直状に切り立った断崖となっている。自然地形ながら遮断性は極めて強い。断崖裾から見上げると、裾部はオーバーハングしている。ただし断崖裾に下りるのは、かなり危険である。

曲輪群Ⅱにある分岐点で、「赤谷」方面の標示に従って谷に下りると「水呑場」と伝えられる石垣がある。

なお東殿山城から南側尾根続きに約二〇〇メートル離れた付近、標高五七八メートルの頂部（現在、こちらは東殿山と呼ばれて紛らわしいので注意）は、犬吠山城《いんなきやまじょう》跡と伝えられている。犬吠山城は応永十六年（一四〇九）に東氏九代の益之（常縁の祖父）によって築かれた。現状はやや平坦になった自然地形となっていて、はっきりした形で城郭遺構は認められない。

（高田　徹）

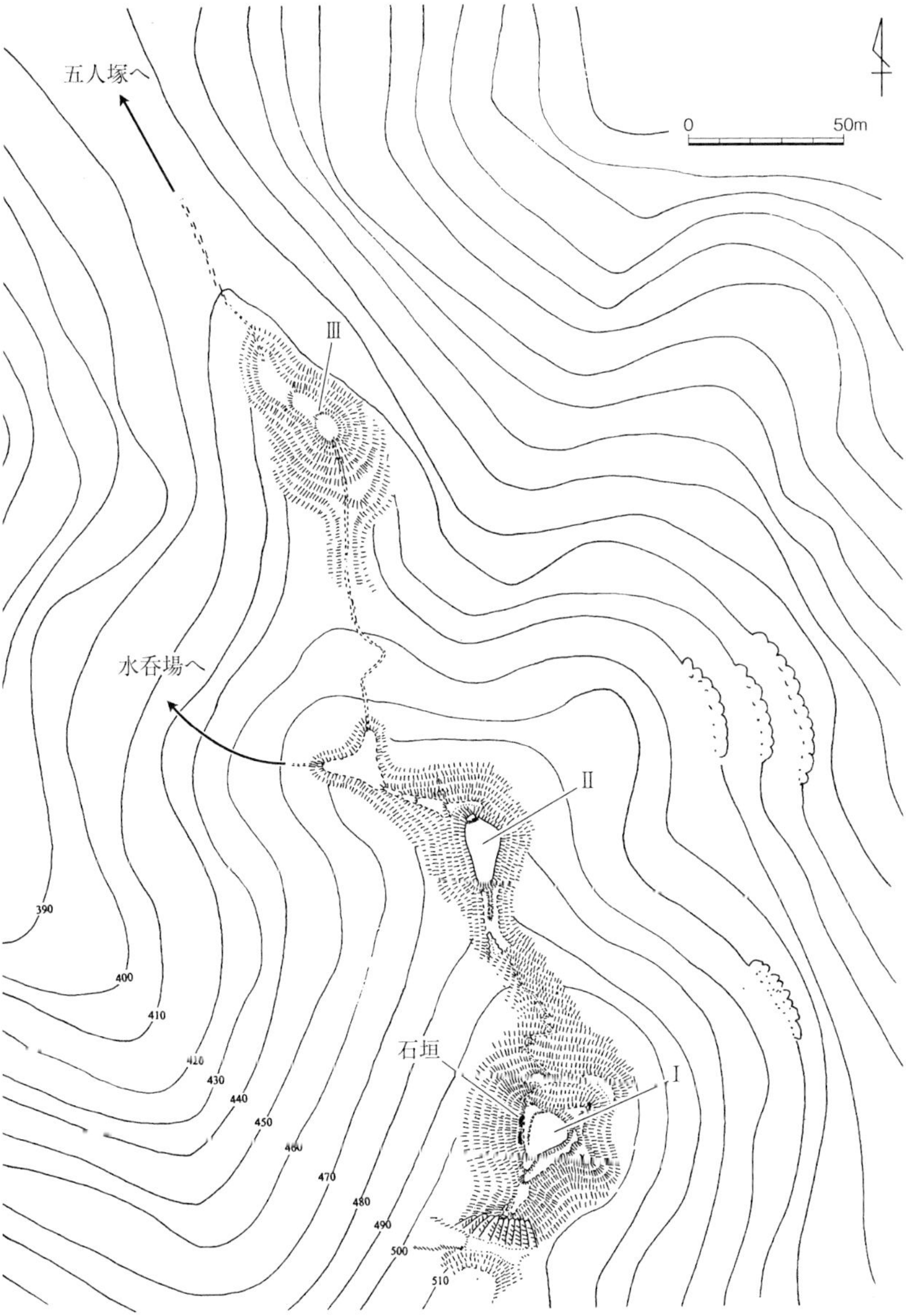

東殿山城跡概要図（作図：高田　徹）

17 篠脇城《しのわきじょう》 ★★

所在地　郡上市大和町牧
築城時期　正和元年（一三一二）
標　高　四八六m
主な遺構　曲輪　土塁　畝状空堀群　堀切　竪堀　櫓台

　篠脇城は、南北朝期に郡上郡山田荘地頭であった東《とう》氏村によって築かれたという。東氏は千葉氏一族で、下総国東荘（千葉県東庄町）を領したことから東氏を名乗るようになった。応仁二年（一四六八）東氏村が守る篠脇城は、美濃守護代である斎藤妙椿《みょうちん》の攻撃を受けて落城した。氏村弟であった常縁《つねより》が落城を悲しみ詠んだ和歌が発端となり、妙椿が常縁に篠脇城を返還したという話は著名である。東氏は歴代和歌に長じ、常縁は「古今《こきん》伝授《でんじゅ》」を確立した人物としても知られている。天文九年（一五四〇）東常慶が城主であった時、篠脇城は越前国の朝倉義景軍の攻撃を受けた。なんとか猛攻を食い止めたが、翌十年に常慶は東殿山城《とうどのやまじょう》（郡上市）を新たに築いた。これに伴い、篠脇城は廃城になったと言われている。ただし現在残る遺構は東氏時代に築かれたとは考えがたく、東氏が去った後に何者かによって改修を受けていると考えられる。

　東氏の居館跡は篠脇城北麓、古今伝授の里フィールドミュージアムから栗巣川を隔てた南側にある。江戸末期に描かれた絵図によれば東西を土塁で囲まれ、左右は矢場・馬場跡と伝えられていた。

　居館跡は昭和五十五年から発掘調査され、庭園跡や建物跡が検出された。このうち庭園は、昭和六十二年に〝東氏館跡庭園〟として名勝に指定されている。東氏の住んだであろう主殿遺構は発掘調査では見つからなかったが、庭園北側一帯に存在したはずである。

　庭園の南側に篠脇城への登り口がある。脇に置かれた杖を借り、山道を登る。山頂が近づくと、正面に巨大な竪堀が目に入る。竪堀から南側へ回り込む道を進むと、上方斜面に奇妙な凹凸地形が続く。これは畝状空堀群《うねじょうからぼりぐん》の遺構である。畝状空堀群は竪堀を複数並べ、竪堀と竪堀の間を畑の畝のように盛り上げた遺構である。ちょうど斜面がトタンの断面のようになっていて、斜面を上がってくる敵の移動を阻止する。戦国時代末期に、ほぼ全国各地の城郭で構築された。岐阜県では飛騨地方、旧恵那郡、西濃地方、そして旧郡上郡の城郭に見られる。中でも篠脇城の畝状空堀群は巨大かつ整然さが認められ、見応えがある。畝の上部は横堀状になっている。篠脇城の畝状空堀群は、地元では「臼の目堀」と呼ばれてきた。

　個々の堀の深さは二メートル前後、幅は約八メートルほどである。堀底は埋まって断面がカマボコ形になっている。当初は堀底がV字状に切り立ち、深さも一層深かったはずである。さらに畝部分も山形に尖り、土が盛

東氏館跡庭園

篠脇城へのアクセス

長良川鉄道徳永駅より東方へ徒歩約30分。車の場合、古今伝授の里フィールドミュージアムに駐車可能。東氏館跡庭園南側に登城口あり(説明板・杖あり)。登城口から約30分で主郭に到達する。

られていたと考えられる。恐らく堀底と畝の頂部とは三メートル近くあり、堀底は極めて歩きにくく、両脇には畝がそびえていたはずである。しかも内部は傾斜している。堀底を歩いて攻め寄せようとすれば難儀する上、視界が開けるのは堀の上部と下部だけである。そして堀の上部には、城を守る兵の存在が予想される。城を守る立場からすれば、矢を射るか投石すれば、逃げ場のない敵に対して多大なダメージを与えたはずである。

畝状空堀群

　畝状空堀群は遮断性において効力を発揮するが、篠脇城ほどの規模・構造となると、相当の時間と労力を要して構築されたであろう。であるから一般的には、畝状空堀群は弱点となる要所に集中して築かれる程度である。篠脇城は北側の一部を除き、ほぼ全体に築かれており、築城者像について様々な推測を巡らしてくれる。

　次に曲輪内部を歩いてみよう。曲輪内部はおよそ三段で構成され、それぞれが切岸で区画されている。畝状空堀群がぐるりと巡らされているのとは対照的に、内部は意外にシンプルである。ただし、南側は尾根続きとなるから土塁を設け、土塁の先端部を櫓台としている。そして土塁・櫓台の裾には堀切を入れている。堀切は二重堀で、中間の土塁部分にも高低差を付ける。

　注意されるのは、櫓台は堀切部分に対して突き出し、東側斜面をほぼ見下ろしている点である。櫓台から東側斜面（竪堀）部分には横矢が掛かる構造になっている。また櫓台の西側斜面に伸ばされた竪堀の下方には、さらに互い違いになるよう竪堀を伸ばしている。尾根続きは敵侵入の足場となるだけに、厳重に遮断するよう意図している。櫓台直下の堀切の南側先には、さらに堀切が二本ある。堀切に挟まれた間には段差が付けられている。

　目を転じて北東斜面には井戸跡がある。今も水がしみ出している。

（髙田　徹）

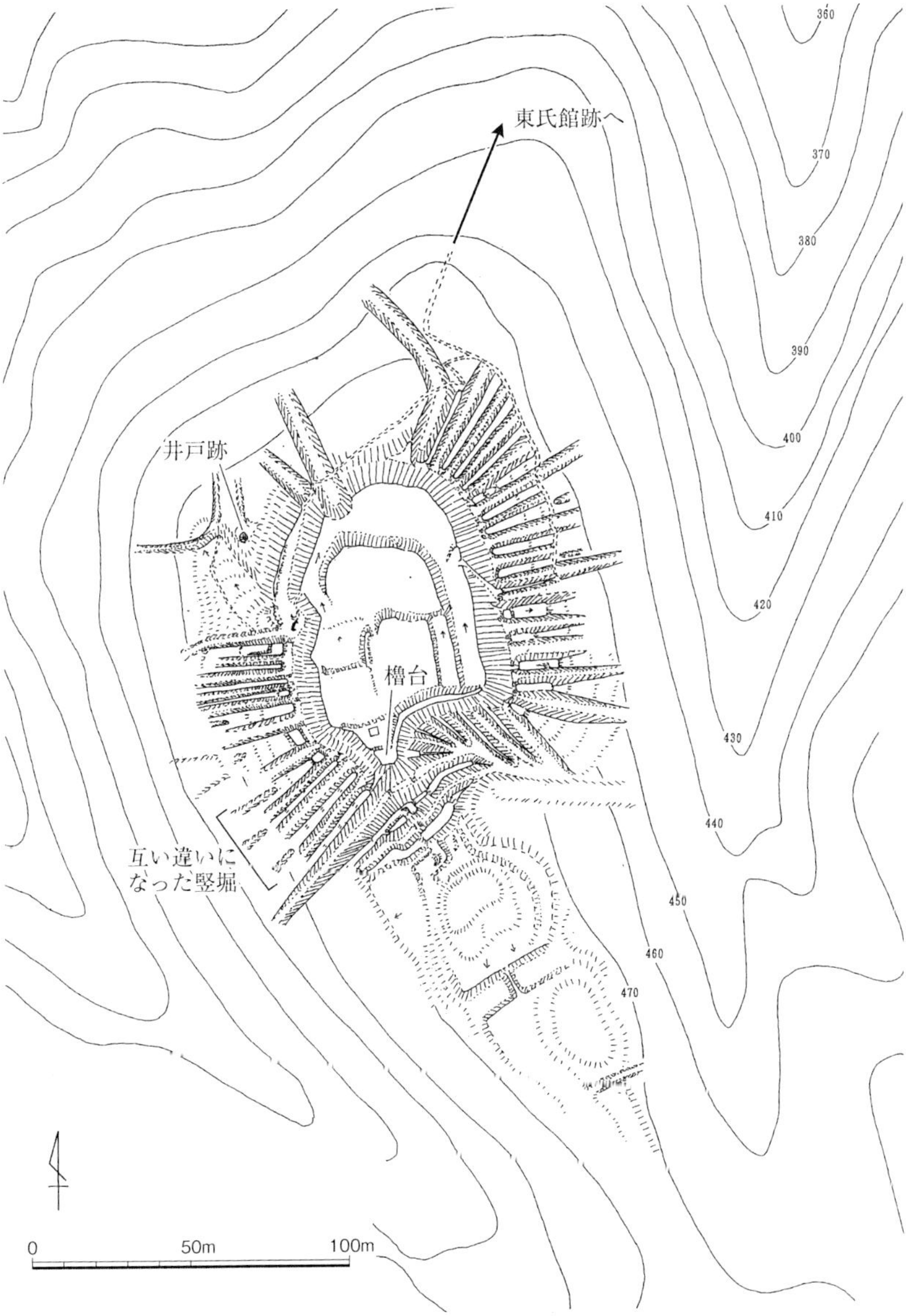

篠脇城跡概要図（作図：髙田　徹）

18 猿啄城《さるばみじょう》

★★★

所在地　加茂郡坂祝町勝山
築城時期　十五世紀か
標高　二六五m
主な遺構　堀切　曲輪　石垣　土橋

猿啄《さるばみ》城は加茂郡坂祝《さかほぎ》町勝山に所在する。城山の麓には近世中山道が走る。

猿啄城の起源については、関市の「龍泰寺文書」に応永一四年（一四〇七）に西村善政が「猿喰城」の城主とある。猿啄の表記は古くは猿喰であったのだろうか。西村善政は嘉吉元年（一四四一）に木曾川対岸にある大泉寺での催事中に、田原左衛門頼吉に攻め滅ぼされたとある。龍泰寺門前には西村善政の首塚と伝わる碑がある。その後、『新撰美濃志』によると田原氏は、同じ一族の出身である多治見修理《しゅり》によって城を奪われたとされる。

少し時代が下って、織田信長の中濃侵攻において猿啄城と多治見氏が登場する。『信長公記』によれば木曾川を越えて美濃国へ侵攻した織田信長は、現在の各務原市にある「伊木山《いぎやま》」に陣を置き、宇留摩（鵜沼）城を落とし、木曾川の上流にある猿啄城へも攻め込んだ。猿啄城の背後にある「大ぼて山」へ丹羽長秀が攻め上り、水の手を奪って城の上と下から攻め寄せたため、城主の多治見氏は降参し、退散した。多治見氏は、その後、信長方についた加治田城（富加町）を包囲するため美濃斎藤方の長井隼人によって、「堂洞」取出に岸勘解由とともに配備されている。

猿啄城の落城後、信長は城の名を「勝山」と改め、家臣の河尻秀隆を城主とした。勝山は現在この辺りの地名となっている。坂祝町酒倉にある長藏寺は、永禄年間の河尻秀隆創建と伝わる。その後、天正三年（一五七五）に秀隆は岩村城主となり、この頃に城は廃城になったと推測される。

猿啄城跡は、「城山」と呼ばれる木曾川に面した急峻

猿啄城跡遠景

な山上に位置している。木曾川が山下を東から西へ、その川沿いに近世中山道が、現在は国道二一号が山裾を東西に走っている。木曾川を少し下ると栗栖の渡しがあり、犬山方面と鵜沼、美濃加茂方面を結ぶ重要な交通路となっていた。また城山のすぐ南東側で加茂野台地や富加、さらにその奥の山間地へとつながる道が分岐している。城跡が立地する場所が、重要な交通路が交わる要地であったことが推測される。

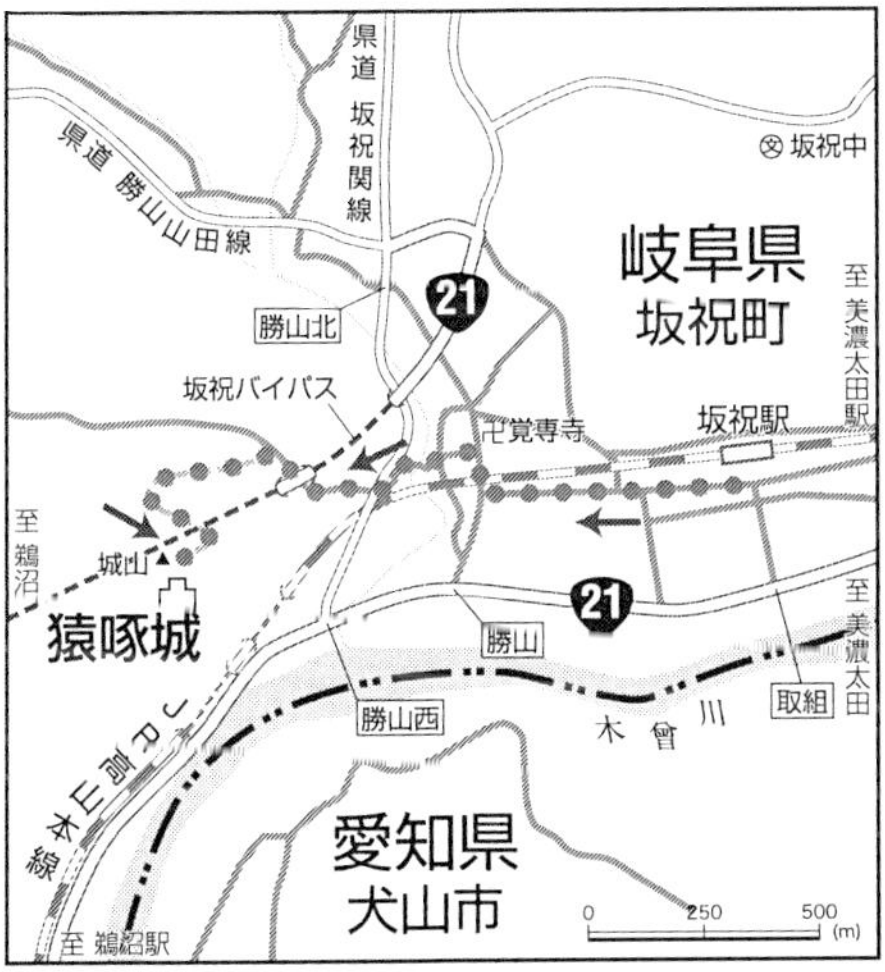

猿啄城へのアクセス

JR坂祝駅下車、西へ600m、突き当りを右へ100m程で看板あり。ここを左折、道なりに300mで登山口。10台程駐車可。城跡まではここから約30分。

山頂の主郭には現在櫓風の展望台が建っており、健康作りを兼ねて登山道を登る人が絶えない。

登山口から三〇分ほど登ると山頂の主郭に至るが、その途中にも、主郭北側に広い曲輪が確認されている。主郭の法面の一部には石垣も積まれている。山頂部からの眺望は爽快で、木曾川の流れと、南西は犬山や各務原方面が、東は美濃加茂から可児方面までを見渡せる。主郭から南西へと道を進むと幅約八メートルの堀切がみられる。

堀切

城郭遺構や石垣などは小規模であり、織田信長による侵攻のあった永禄七年前後の様相を残し、その後に改修の手が入っていない可能性が高いと考えられており、この頃の美濃国の城づくりを考える上で貴重な資料といえる。

さらに山麓には昔、「内町」という字があり、そこには石垣が組まれた区画が存在し、城主屋敷があったと伝わっている。石垣は今も残り、近代以降のものと推定されているが、地籍図による地割りの調査から家臣団屋敷が存在した可能性が指摘されている。さらに川を隔てた東にある字「北新町」「中新町」には、城下集落が存在した可能性も指摘されており、山上の城と山麓の居館・集落の構造を考える上で重要な事例といえる。

（島田崇正）

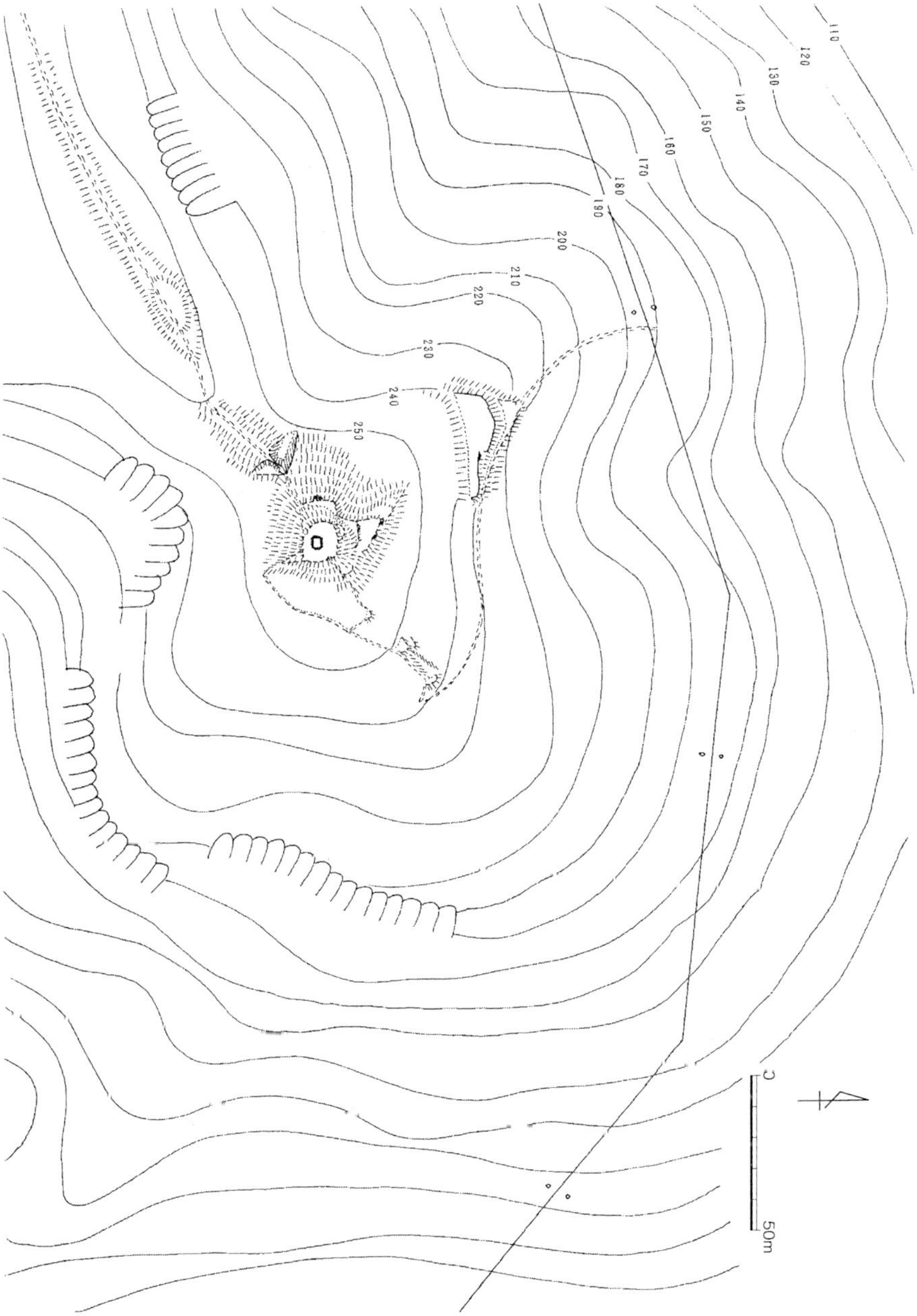

猿啄城跡概要図（作図：高田　徹）

19 加治田城《かじたじょう》 ★★

所在地　加茂郡富加町加治田
築城時期　十六世紀
標　高　二七一m
主な遺構　曲輪　横堀　竪堀　虎口　石垣

加治田城は、関市と美濃加茂市の間、加茂郡富加町に位置している。織田信長の中濃攻略の足掛かりとなった重要な地であり、その経緯は『信長公記』や近世軍記物『堂洞軍記』『南北山城記』などに詳しく記載されている。

『堂洞軍記』などの近世の軍記物には、美濃斎藤方についていた関城の長井隼人、堂洞城の岸勘解由、加治田城の佐藤紀伊守は反信長を誓い、三城の盟約を結んでいたが、加治田城主の佐藤は内々に信長と通じ、信長の侵攻に際しても信長勢に加勢し、堂洞城に攻め込んだとされる。美濃斎藤家への忠誠を貫いた岸勘解由と、時勢を察し生き抜いた佐藤紀伊守の対照的な生き様を、様々なエピソードを絡めて描いている。

一方、『信長公記』によると、佐藤紀伊守と子息右近右衛門が、崖（岸）良沢という家臣を織田信長に遣わし、内応の意を伝え、それを喜んだ信長は、兵糧を蓄えておけと黄金五十枚を遣わしたとある。その後、宇留摩（鵜沼）と猿啄城が信長によって攻め落とされ、美濃斎藤方の長井隼人正が、加治田城から二五町隔てた堂洞に「取出」を築き、岸勘解由左衛門と多治見一党を配備したとある。信長方についた加治田を牽制することが目的であったのだろう。そして加治田勢の救援を名目に、織田信長勢が永禄八年（一五六五）九月二八日に堂洞に攻め込んだ。

結果的には、美濃斎藤方であった加治田城が、織田信長に寝返った事で、信長によって鵜沼、猿啄、堂洞などの美濃斎藤方の城が攻め落とされ、信長の中濃侵攻は成功する訳であるが、その過程については『信長公記』と近世の軍記物では若干の違いがある。

信長は翌日の帰陣の時に、長井隼人と斎藤龍興の兵三千に急襲され尾張へ退却した。軍記によれば、翌日の美濃方の急襲が加治田にも及び、加治田の衣丸《きぬまる》（現在は絹丸と表記）で合戦となり、加治田城主佐藤紀伊守の嫡男である右近右衛門が討ち死にしたとある。その後、永

加治田城跡遠景

禄十年に織田信長の家臣である斎藤新五が佐藤紀伊守の養子となることで加治田城主を継ぎ、佐藤紀伊守は伊深（美濃加茂市伊深《いぶか》町）に隠居したとされる。

加治田城跡は富加町加治田の古城山山頂に城郭遺構が分布している。古城山の山下には加治田の町が広がり、山裾を流れる川浦《かわうら》川が堀のように町の南辺を区画している。『信長公記』には堂洞落城後に、織田信長が佐藤紀伊守と佐藤右近右衛門の「両所」（屋敷か）へ立ち寄り、

加治田城へのアクセス

長良川鉄道富加駅から清水寺を目指し、徒歩約1時間で登城口へ。清水寺山門前から城跡まで案内看板あり。清水寺に駐車場あり。

右近右衛門の所へ宿泊、翌日に「山下の町」にて首実検を行ったとある。城下に町や城主屋敷が存在した可能性を推測させる。

佐藤紀伊守が建立した龍福寺

城下を東西に横切る街道は、飛騨と美濃を結ぶ街道であり、加治田は近世には宿場町として発展した。こうした交通の要衝としての機能は戦国期にも遡る可能性がある。城下には「木戸外」や「捨堀」などの地名が残っている。またこの街道から北へ入った山縁の字「上之《うえの》屋敷《やしき》」には城主の居館伝承地があり、現在は公民館(元々は加治田小学校と村役場があった)となっている。さらに公民館から山沿いに西へ二〇〇メートルほど離れた場所には加治田城主佐藤紀伊守が建立した菩提寺「龍福《りょうふく》寺」がある。龍福寺には永禄十年(一五六七)に佐藤紀伊守が寺領を定めた書状などの佐藤家関連文書が残っている。こうした古文書や地名、地割などの検討から公民館から龍福寺にかけての山縁の場に家臣団屋敷が存在した可能性が想定されている。

登山口は、昔は公民館から真っ直ぐに上がって主郭の東側につく追手道を登ることができたそうだが、現在は荒れている。城下の街道を東へ進んだ町はずれに白華山清水寺という寺院があり、そこから登るルートが、案内看板や見学道もあるので登りやすい。看板にそって登ると、古城山の北側の谷に回り込んで城跡の西の尾根に出る。稜線を東へ進むと地形の起伏に富み、途中に曲輪が巡らされ、主郭に至る。主郭には石垣が築かれていたようである。主郭の東側に、虎口や曲輪、竪堀などの遺構が分布している。虎口には石垣も残存している。

山上の遺構は小規模だが良くまとまっている。城下の町並みも往事の様子を想像させるものがあり、町歩きもおすすめである。

(島田崇正)

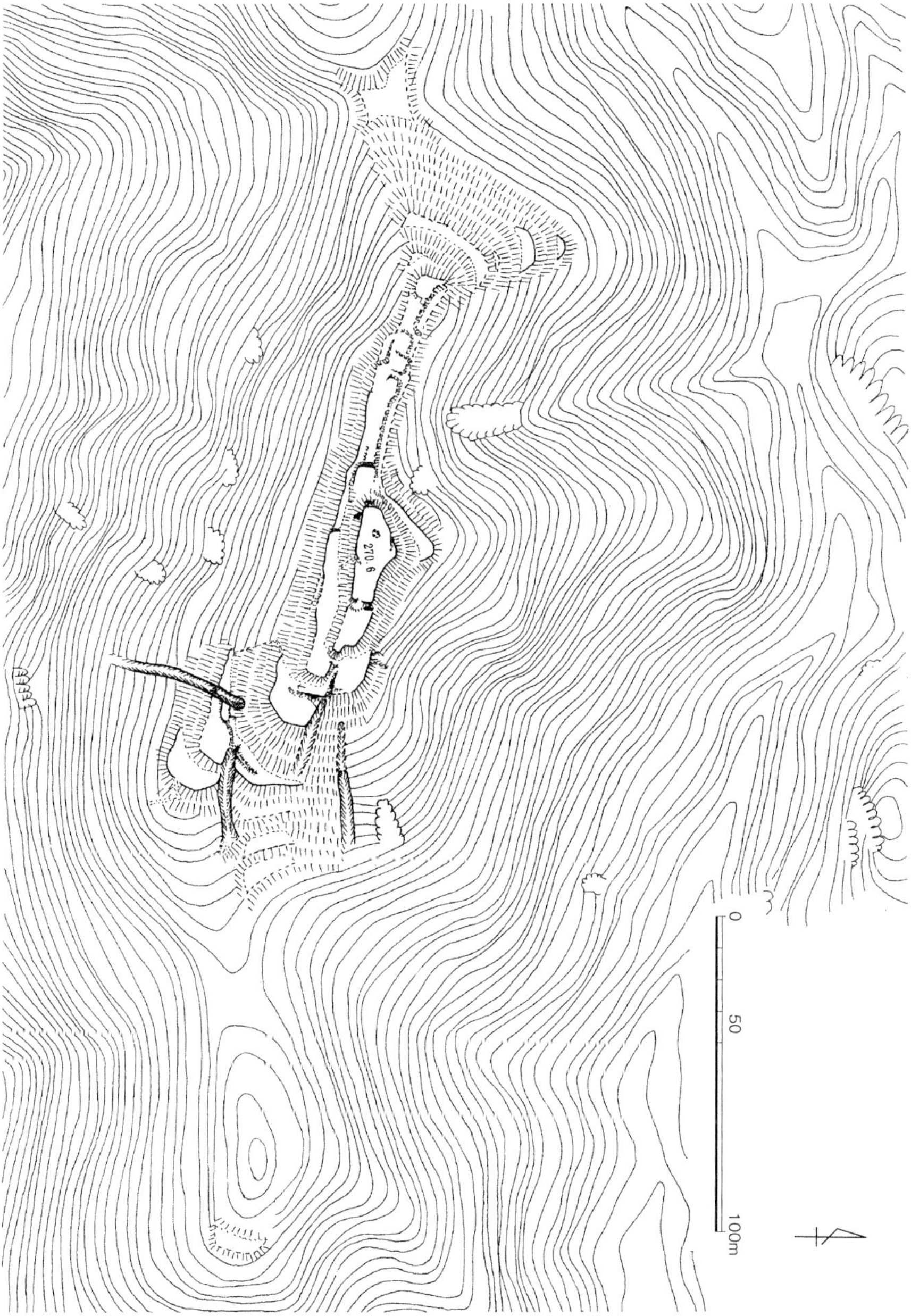

加治田城跡概要図（作図：髙田　徹）

20 米田城《よねだじょう》 ★★

所在地　加茂郡川辺町福島
築城時期　十六世紀
標　高　二六一m
主な遺構　帯曲輪　腰曲輪　横堀　堀切　土塁　石垣

加茂郡川辺町福島に所在する米田城は、「米田富士」と呼ばれる愛宕山の山頂にある。愛宕山から尾根続きの丘陵の中腹あたりに加茂神社がまつられており別名加茂山とも呼ばれる。

山の西側を飛騨川が南北に流れ、山麓の南西あたりで西へ蛇行している。現在は、この場所に川辺ダムが築かれている。南側には飯田川が東の丘陵地から流れ集めた水を愛宕山の山麓南西で飛騨川へ注いでいる。

愛宕山の西で飛騨川に架かる山川橋の少し上流側には「椿渡」と呼ばれていた渡船場があり、大正十二年に旧山川橋が築かれるまでは、飛騨川を挟んだ東西の人や物資を運ぶ重要な交通路であった。戦国期においても米田城の立地が東西の交通路と飛騨川の結節点という要地に立地していたと推測できるであろう。

米田城の築城時期は定かではないが、戦国期には肥田玄蕃允軌休(忠政)が城主であった。天正十年(一五八二)本能寺の変の後に、金山(兼山)城主森長可によって攻められて落城し、以後廃城となったとされる。

肥田氏の後裔は尾張藩士となった。川辺町比久見にある龍洞寺が肥田氏の菩提寺と伝わり、境内には肥田氏の菩提塔が祭られている。米田城跡とともに肥田氏菩提塔は、いずれも川辺町指定史跡となっている。

飛騨川に架かる山川橋の袂から真西に見える小高い山が愛宕山である。山麓沿いの国道を南方向へ行くと東へ曲がるカーブ付近で、加茂神社の標柱と米田城の史跡標柱が国道沿いに建っている。やや登ると加茂神社の鳥居がみえる。鳥居をくぐりそのまま参道を進むと山の中腹あたりに広い平坦地があり加茂神社の境内となっている。

米田城跡遠景（南西から）

米田城遺跡図（川辺町教育委員会）によると、社の東にも竪堀があるとされるが、岐阜県中世城館跡総合調査では明確な城館遺構は確認されていない。

加茂神社拝殿の東脇道を通り、さらに登ると愛宕山山頂に至る。山頂に愛宕社が建てられているが、この部分が主郭部である。

主郭からは、山麓の美濃加茂市下米田や、西を流れる飛騨川とその対岸の水田や集落、美濃加茂市山之上の

米田城へのアクセス

JR中川辺駅から東へ徒歩18分で登城口。国道418号に面した場所にある加茂神社参道入口から城跡の標柱を目印に登る。中腹にある加茂神社東側の脇道をさらに登る。駐車場なし。

横堀跡

丘陵地などが一望にできる。主郭の南から東斜面にはチャート石が点在している。下の曲輪には崩れて落ちてきたようなチャート角礫が転がっており、主郭の斜面には部分的に石垣が積まれていたようである。主郭の北東側には帯曲輪、横堀、堀切、土塁が、南側には六段の曲輪が雁行状に配されている。横堀は残りが良く城跡の遺構の中で一番見応えのある箇所であろう。非常に良くまとまった城郭構造であると評価されている。

『新撰美濃志』には山下に城跡があって、山上は子城とされており、岐阜県中世城館跡総合調査では城主肥田氏の居館は山下にあったと推定されている。

愛宕山南麓を東西に走る国道四一八号を東へ進むと八百津町から木曾川右岸を遡り恵那に至る。西へ進むと美濃加茂市の太田盆地の北端から加茂野台地を走り、関市や武芸川に至る。あくまでも現在の交通からの推測であるが、木曾川右岸の山間小盆地と関を結ぶ東西の交通路と飛騨川の結節点に米田城が位置する点は、米田城の立地的な特徴である。山下の居館の所在地についてもこうした交通路との位置関係から推察していく事も重要であろう。

（島田崇正）

米田城跡概要図（作図：髙田　徹）

21 金山城《かねやまじょう》 ★★

所在地　可児市兼山字古城山
築城時期　天文六年（一五三七）
標　高　二七六m
主な遺構　曲輪　礎石群　虎口　石垣

築城当初の城主である斎藤正義について『金山記全集大成』を要約すると、「正義は、斎藤道三の養子となり、当所に築かれた『掻き上げの城』に置かれた。天文六年（一五三七）、正義は本格的な築城に着手し、翌年入城。自らを斎藤大納言正義、城を烏峰城《うほうじょう》と称した。」という。更に同書によれば、「斎藤氏の勢力伸張は、在来の土岐氏一派にとって脅威である中、天文十七年（一五四八）に正義は久々利城の土岐三河守悪五郎によって謀殺され、烏峰城は落城。その後永禄八年（一五六五）、信長勢力の伸張に伴って、城は森三左衛門可成《よしなり》に委ねられ、城の名を金山城と改めた。」とされる。その後、可成から子の長可《ながよし》へと継がれる間に、可児の諸将である室原城の可児氏や土田《どた》城の生駒氏、今城の小池氏、大森城の奥村氏、久々利城の土岐氏は、森氏に下っていく。

しかし、長可の転封、弟の蘭丸の本能寺討死、長可の天正十二年（一五八四）小牧・長久手での戦死を経て、跡を弟の忠政が継ぐも、慶長五年（一六〇〇）には忠政も転封。金山は犬山城主石川光吉領となり（『新訂寛政重修諸家譜』）、その翌年金山城は破却された。

金山城は、可児市兼山の南側にそびえ迫る急峻な古城山の頂部付近一帯に選地する。木曾川沿いの兼山地区には城下を匂わせる地名が多く、城主ゆかりの社寺も多い。また、明治期の字絵図には街道に面した町屋特有の短冊形地割などが一目瞭然である。森氏は、城だけでなく城下をも整備したことを示している。

最頂部、「本丸」部分の標高は二七六メートルを測り、城下町との比高差は一七二メートルもある。本丸などからは、市内の諸城のみならず遠く木曾川下流の猿啄城をも眺望可能である。また、南側には東山道の推定ルートを見通すこともできる。城は、頂部から中腹、北側山麓の④部分も含め、縄張の総面積は二万平方メートル程。遺構の保存状態も良い、市内最大規模の城郭である。

「本丸」である主郭①では、五棟以上が連なる礎石建物跡や石組排水溝、石敷遺構などが確認され、礎石建物の整地面は二面ある。その虎口は東隅にあって、三方を石垣で囲う桝形である。虎口内の礎石配置から見ると、この虎口の建物構造は虎口全体を覆う形態と思われる。また、廃棄された瓦の出土場所と量は、これら主郭①に関わる建物が瓦葺であったことを示している。主郭①の四周は全てを石垣が取り囲み、北から西にかけての斜面では二―三段に分けて堅固に積んでいる。これに比べ南側

「本丸」の礎石建物跡（可児市教育委員会提供）

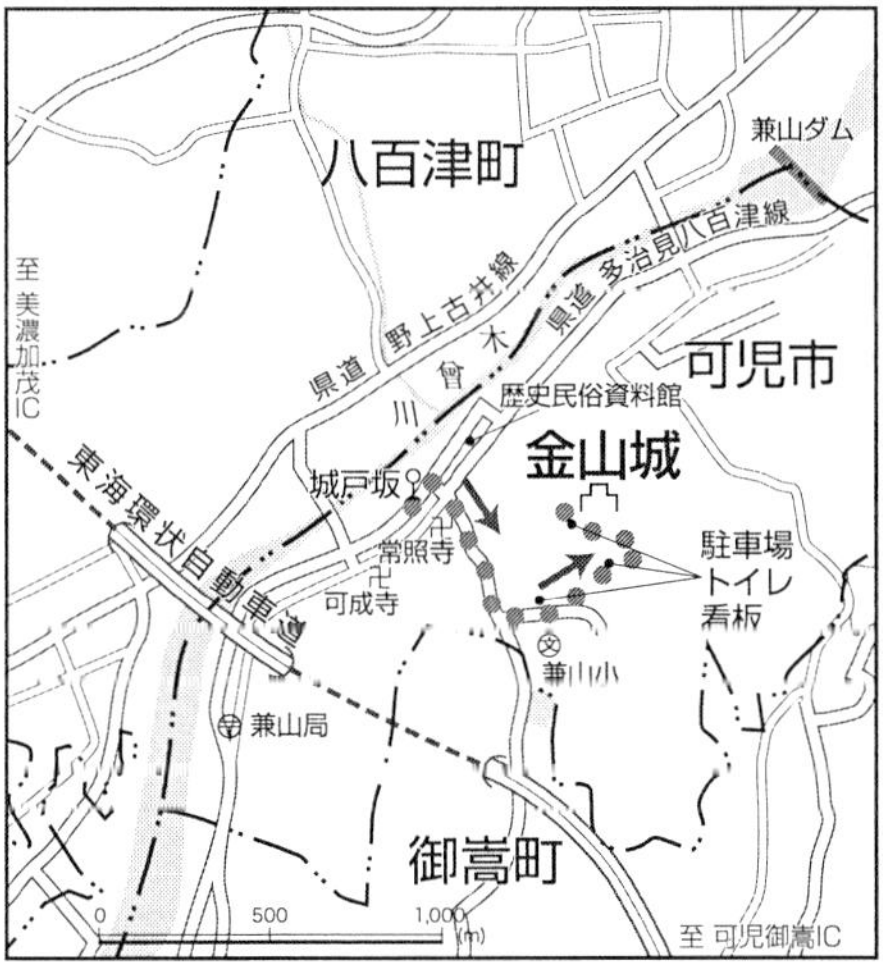

金山城へのアクセス

名鉄明智駅からYAOバスで城戸坂バス停下車、南へ徒歩15分。車利用の場合、東海環状道可児御嵩ICから10分。林道を上り、中腹の出丸に駐車場あり。駐車場付近から登城。マイクロバス以上は麓の駐車場へ。

と東側では、裾部から高石垣を立ち上げている。虎口前面の谷には竪堀も見られる。

　本城では、主な曲輪の全てで建物跡の礎石が確認でき、各々の主要部分は高石垣によって護られている。残された石垣に見る徹底した天場落しや角落しの跡は、破城の実態を明瞭に示すものとして歴史的価値が高い。

「出丸」の高石垣

　主郭の東側には「東腰曲輪」と呼ばれる曲輪がある。「井戸跡」と伝承されていた主郭①の高石垣沿いでは、約九メートル×三メートル、深さ一メートル以上を測る石積の石室《いしむろ》状遺構が検出された。主郭①の南下にある曲輪②（通称「南腰曲輪」）にも桝形虎口が付随し、内回り三方を石垣で囲む。門の礎石もよく残っている。

　この桝形虎口から下った曲輪（通称「二の丸」）の南端にある石組の高まりは、「見張り台」と呼ばれている。南から西に至る眺望はすこぶる良い。更にこの下段の曲輪③（通称「三の丸」）は、虎口を二つ有する。「水の手」と呼ばれるBが桝形を採る大手虎口であり、平虎口のAは西側尾根の「出丸」と呼ばれる曲輪へ向かっている。「出丸」の南辺には高石垣が残り、眺望も良い。

　Bから急峻な北斜面を下る連絡路は、山麓の「米蔵」と呼ばれる曲輪④などへ通ずる。曲輪④の北側には、破却を逃れた良好な状態の高石垣が完存している。尾根上の細長い曲輪⑤は「左近屋敷」と呼称され、その東端は切通しとなり、「大堀切」と呼ばれる。

　隅角等の石垣の積み方や丸瓦に見る痕跡、これまでに出土した陶器類などから、今私たちの眼に映る金山城跡の遺構の大半は天正後期以降、森忠政による整備の結果であろうと推定される。

（長瀬治義）

金山城跡概要図（作図：高田　徹）

22 今城《いまじょう》 ★

所在地 可児市今
築城時期 天文年間（一五三二～五五）頃
標高 一六〇m
主な遺構 曲輪　土塁　堀切　横堀

今城は、可児市今地区集落の南側背後、平地面までの比高差約一五メートルの通称愛宕山に選地している。この舌状に北へ突き出した丘陵支脈の先端部分には、五〇〇〇平方メートル程の広さで、小規模ではあるものの明解な詰城風の遺構が認められる。登城口には天満宮の祠が見られ、頂上部には五〇年程前まで祀られていたという愛宕神社の瓦も残っている。愛宕神社関連の改変が部分的かつ少しはあるものの、全体としての保存状態はすこぶる良い。

この城は、天文年間（一五三二～五五）頃に在地の土豪である小池刑部家継が築いたと伝えられる。小池氏の出自は定かではないが、往時は当地から山越えで尾張の丹羽郡羽黒へと通じていた。同郡余野には鳥羽院の北面武士である小池民部貞利、貞好、貞宗があり、その縁者が当地へ移ったものとも推定されている。小池氏は、元亀元年（一五七〇）に金山城主となった森長可《ながよし》に退去を強いられ、市内西帷子において帰農したという。同地区にある真禅寺には、この伝承の真偽をうかがわせる涅槃図が所蔵されている。居城期間は僅か四十年未満である。

天文年間における可児を中心とした情勢は、可児郡では今城の小池氏の他、烏峰城《うほうじょう》（後の金山城）に斎藤正義、久々利城に土岐悪五郎、大森城に奥村又八郎、土田城に生駒親重、室原城に可児六郎左衛門、上恵土館に長谷川五郎右衛門があった。また、木曾川や飛騨川を挟んだ加茂郡を見ると、米田城に肥田氏が、堂洞城に岸氏が、加治田城に佐藤氏があり、まさに在地の土豪が群雄割拠していた。

図に示す縄張からは、曲輪Iが主郭とみられる。一辺

今城跡を北の集落側から望む

今城へのアクセス

JR下切駅から南西へ徒歩30分。唐澤集会所裏手から登城。

三〇メートル程とさほど広くはなく、平面方形を呈している。この主郭には、西側の曲輪Ⅲ方向以外の三方に土塁を巡らせており、南端に見られる開口部の虎口は土塁が食違い、その先は掘り切られ、土橋で尾根へと接続する。そして、主郭の南辺や東辺など土塁の外側では、この堀切が横堀となって巡っている。

主郭の北側にも虎口が見られ、堀切を隔てて曲輪Ⅱと土橋で接続している。曲輪Ⅱは台形状を呈するがやはり

今城跡主郭Ⅰ東側の土塁と南端の虎口

さほど広くはなく、その北端には、城外へ出る通路が設けられている。

曲輪Ⅰの北西側には、一段低くかなりの落差をもって隔絶され、北西辺に土塁を伴う曲輪Ⅲが配される。曲輪Ⅲは曲輪Ⅱの下段にまで広がる面積をもち、北角に位置する虎口Ａにおいて護りを固めている。この虎口Ａには、曲輪Ⅲの北西辺から連なる土塁が認められ、Ｌ字状を呈し桝形となっている。また、曲輪Ⅲの北東部分である曲輪Ⅱの下段では、三基の五輪塔群と空風輪が三個並んでおり、小池氏関連の墓石と伝えられる。

一見、非常にコンパクトな詰城である。しかし、横堀や土塁による区画、食違いの虎口や桝形虎口の存在には戦国末期の技巧を見ることができ、時期的にも小池氏退去の後に、金山城主森氏の関係によって改修されたのではないかと考えられている。その歴史的経緯については、おそらく天正十二年（一五八四）の小牧・長久手の合戦に関わるものとも推測されている。

（長瀬治義）

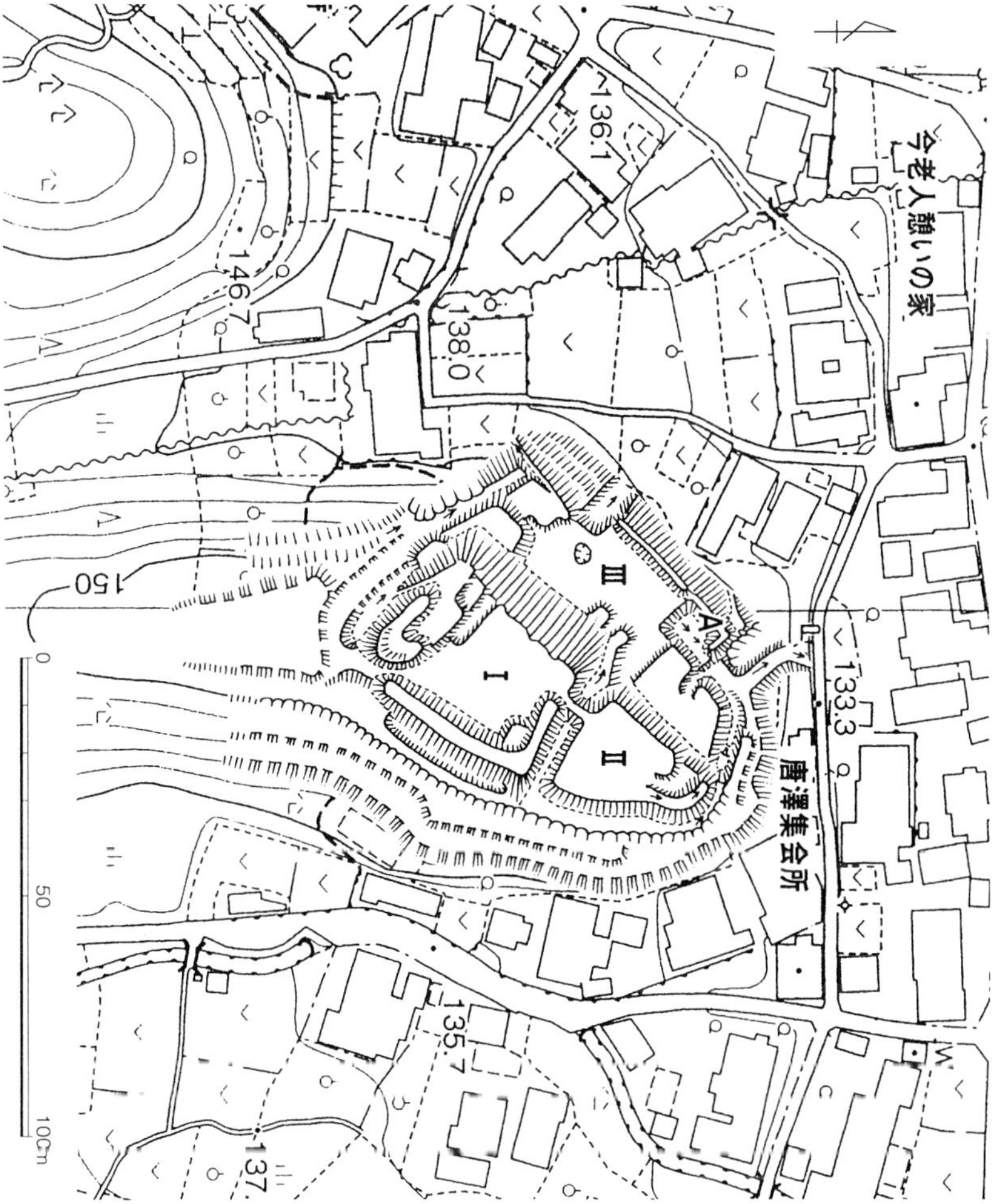

今城跡概要図（作図：中井　均）

23 久々利城《くくりじょう》 ★

所在地　可児市久々利
築城時期　戦国時代
標　高　一九〇m
主な遺構　曲輪　堀切　竪堀　横堀

久々利城は、可児市東部の久々利地区集落を南に見下ろす丘陵上に選地し、谷を隔てて二つの支脈に展開する。城の最も高い曲輪Ⅰから平地面までの比高差は約六八メートル、縄張の面積は一八〇〇〇平方メートル程で、保存状態も良く、市内では金山城に次いで二番目の規模を誇る中世城郭である。

『新撰美濃志』や『金山記全集大成』によると、城主は美濃守土岐頼康の弟・康貞以後、代々土岐三河守悪五郎(または土岐久々利五郎)を称し、東濃地方において勢力を高めていった。しかし、天正十年(一五八二)、土岐久々利氏は金山城主森長可《ながよし》に攻め落とされている。

図に示す縄張によれば、久々利城は谷を隔てて大きく東尾根と西尾根の二つの領域に区分できる。その曲輪の位置や構成、堀切や竪堀の配置状況からみると、東尾根が城郭として機能した部分で、西尾根は居館の性格を有する部分とも推定できる。

東尾根の城郭部分では、丘陵頂へ向かって一〇箇所程の曲輪を段々に配置しており、主郭は曲輪Ⅲもしくは Ⅳとみられる。曲輪Ⅲの北方には、狭い鞍部に防御施設的な小曲輪Ⅰ・Ⅱや三条の堀切を配し、谷の再奥部では巨大な堀切により尾根筋を完全に遮断しつつ、幾条かの竪堀も設けている。

主郭Ⅲと Ⅳは狭い鞍部の土橋で接続し、その間の急峻な谷には曲輪Ⅴと Ⅵを配して更に守りを固める。また、主郭Ⅳの尾根筋には落差の大きい曲輪Ⅶと Ⅷを設けている。これらの曲輪から主郭Ⅳへの接続は、南東側斜面の小路によるのみである。

曲輪Ⅸでは各所に土塁が見られる。西側では平虎口Ａ

において、東側では曲輪Ⅷへ至るスロープ部分で横矢が掛かるようになっており、この曲輪Ⅸ全体が大きな枡形虎口の機能を有しているようだ。中央付近には井戸跡も見る。また、曲輪Ⅷの西側下端では横堀を巡らし、曲輪Ⅶの西側下端や曲輪Ⅸの南側と東側には、二条ずつの竪堀が配されている。

西側尾根の居館らしき部分では、尾根の最頂部に見張台的な機能と思われる曲輪Ⅹを置き、その背後二箇所に巨大な堀切や竪堀を設けて完全に尾根上の往来を遮っている。この曲輪へは、北側に設けられたスロープ状の竪堀により平地部と連絡している。

曲輪Ⅷから曲輪Ⅶと主郭Ⅳを見上げる

久々利城へのアクセス

JR可児・名鉄新可児駅から東鉄バスで可児郷土歴史館前バス停下車、徒歩1分で登城口へ。車利用の場合、東海環状道可児御嵩ICから南へ10分。可児郷土歴史館に駐車可。

曲輪Ｘの下方には、居館機能を有するような方形の曲輪が配されており、土塁や段により区画される。南西角に平地との連絡路を見るが、平地部との比高差は一五～二〇メートル程度であり、非常時の防御機能には物足りない。この部分は後世の畑作による改変も確かにある。

曲輪Ⅸの井戸跡と虎口

築城年代は不詳であるが、築城当初の配置や構造もある程度残していると思われる。また、横矢を掛ける構造や桝形虎口、土塁や横堀などの要素には、戦国時代後半の技巧を見ることができる。

地元に伝わる久々利城主に関する史・資料には、『金山記全集大成』の他、長保寺の『三時回向帳』に記される法名「前参州大守大岳公大居士」「前参州大守雲渓龍公大居士」「前参州大守華庵栄公大居士」や、圓明寺に祀られる石造地蔵菩薩坐像の銘文「桃林源公居士廟所本尊文明十九年未六月二日願主孝子頼忠敬白」などがある。

久々利城の南側と西側の麓一帯には、関ヶ原合戦後に当地へ居を構えた千村平右衛門の上・下屋敷跡がある。『新撰美濃志』によると、この居館部分の前身が「土岐氏城跡」であったとされる(久々利城に関わる居館)。実際、城の西側にある千村氏の下屋敷に付随した庭園(春秋園)跡の発掘調査(平成十三～十五年)においては、久々利城の年代と重複する時期の山茶碗類が多数出土しており、何らかの施設があったことは疑いないであろう。

(長瀬治義)

久々利跡概要図（作図：中井　均）

24 大森城《おおもりじょう》 ★

大森城は、可児市大森地区にある大森神社の裏山一帯にあり、大森川が形成した狭い沖積地に向かって北東へ突出する、丘陵支脈の先端部分に選地している。主郭から平地面までの比高差は約三五メートル、縄張の面積は七五〇〇平方メートル程で、遺構の保存状態も良く、典型的な中世城郭として市史跡に指定されている。

『新撰美濃志』によると、この城は土岐三河守悪五郎（久々利城主）の家臣・奥村元信の子である奥村又八郎元広が築城したとされる。元広は、米田城主肥田玄蕃と内応して金山城跡主森長可《ながよし》に反旗を企てたが、天正十年（一五八二）に長可の知るところとなり、各務勘解由ら三〇〇余人の金山勢と伴藤右衛門ら二〇〇余人に攻められた。元広はやむなく城に火を放ち、加賀の前田家に縁を頼ったという。

所在地　可児市大森
築城時期　十六世紀後半
標　高　一四五m
主な遺構　曲輪　土塁　堀切　横堀

昭和四十八年には、主郭の黒色灰層中から石囲いの炉跡や焼米、甕、擂鉢、壷、天目茶碗、水注などが出土しており、落城の証拠の一端を垣間見る。

この頃、森氏の勢力伸張はすさまじく、可児の諸将のうち室原城の可児氏はいち早く森可成《よしなり》に仕え、土田城の生駒氏は天正二年（一五七四）に信長に従い退去、今城の小池氏は森長可の命により退去、久々利城の土岐氏も天正十年（一五八二）に長可に攻め落とされている。

図に示す縄張によれば、四つの曲輪を基本に城郭構造が成り立っており、曲輪Ⅰが主郭である。主郭は、平坦面が南北約四〇メートル、東西約二五メートルを測る最も広い曲輪で、この北側と東側は低い土塁で囲まれている。北側の虎口からは土橋を経由して屈折しつつ曲輪Ⅱへと通じ、南側の虎口からも土橋を経て曲輪Ⅲへ至る。

大森城跡を東側の沖積地から望む

この主郭における東辺と西辺の下方への落差は大きく、東辺で約八メートルある。

曲輪ⅡやⅢにおいても、東側を除く三方に顕著な土塁の巡りが認められ、城の北と南の防御を固めている。特に曲輪Ⅱの土塁は高く、曲輪Ⅲも含めて下方への落差は大きい。また、城郭の主要部であるこれら三つの曲輪のうち、曲輪ⅠとⅢには幅約三メートルのしっかりとした横堀が巡っており、土塁とともに防御の指向をはっきり

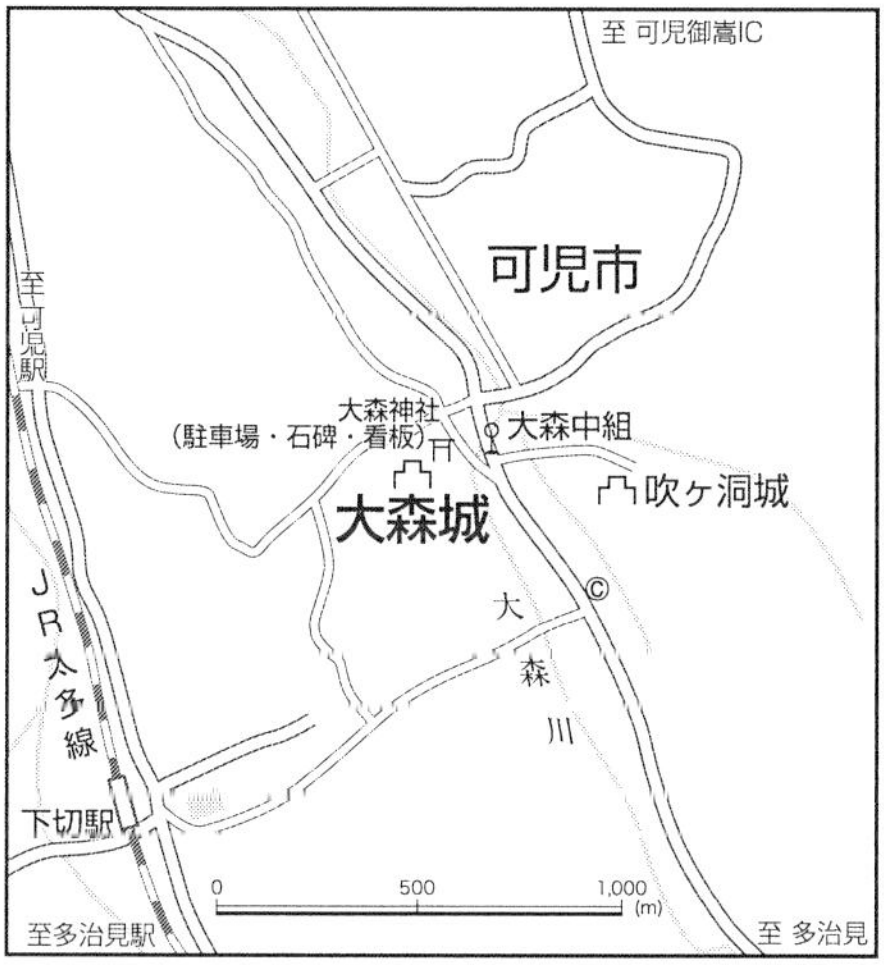

大森城へのアクセス

JR下切駅から東へ徒歩25分山越え。JR可児駅、またはJR多治見駅から東鉄バスで大森中組バス停下車、徒歩3分。大森神社本殿裏山一帯。神社裏から登城。車利用の場合、東海環状道可児御嵩ICから南西へ20分。大森神社鳥居横に駐車場あり。

と示すと言えよう。

更に、曲輪Ⅱの東側にある曲輪Ⅳに目を向けると、曲輪Ⅱからの導線ははっきりしないが、北に設けられた虎口Cは桝形状である。

大森城主郭Ⅰ東側の横堀

大森城はコンパクトにまとまった城であり、今城同様に、横堀や土塁による区画、桝形状虎口の存在には戦国期後半の技巧を見ることができ、高度な築造技術がうかがえよう。この城も、今に残る姿は在地土豪による築造の跡だけではなく、大森城落城後にあって金山城の南方を防御すべく、森氏の関係によって改修されたのではないかと考えられている。

大森川を挟んだこの城のまさに対岸の丘陵には、吹ケ洞城が選地している。小さな谷を挟んだ両側の尾根上に、多彩な曲輪や横堀、竪堀などを複雑に配しており、やはり戦国期後半の築造とみられる。

大森城とセットをなす奥村氏の出城・付城とも伝えられるが、部分的な削平の甘さや粗さなどが未完の印象も与える。奥村氏の手によるものか、或いは森氏が大森城を攻めるために築いたものか、はたまた大森城落城後、森氏が大森城改修と同時に築こうとしたのか、近世の文献類には全く記されておらず、今も藪の中である。

（長瀬治義）

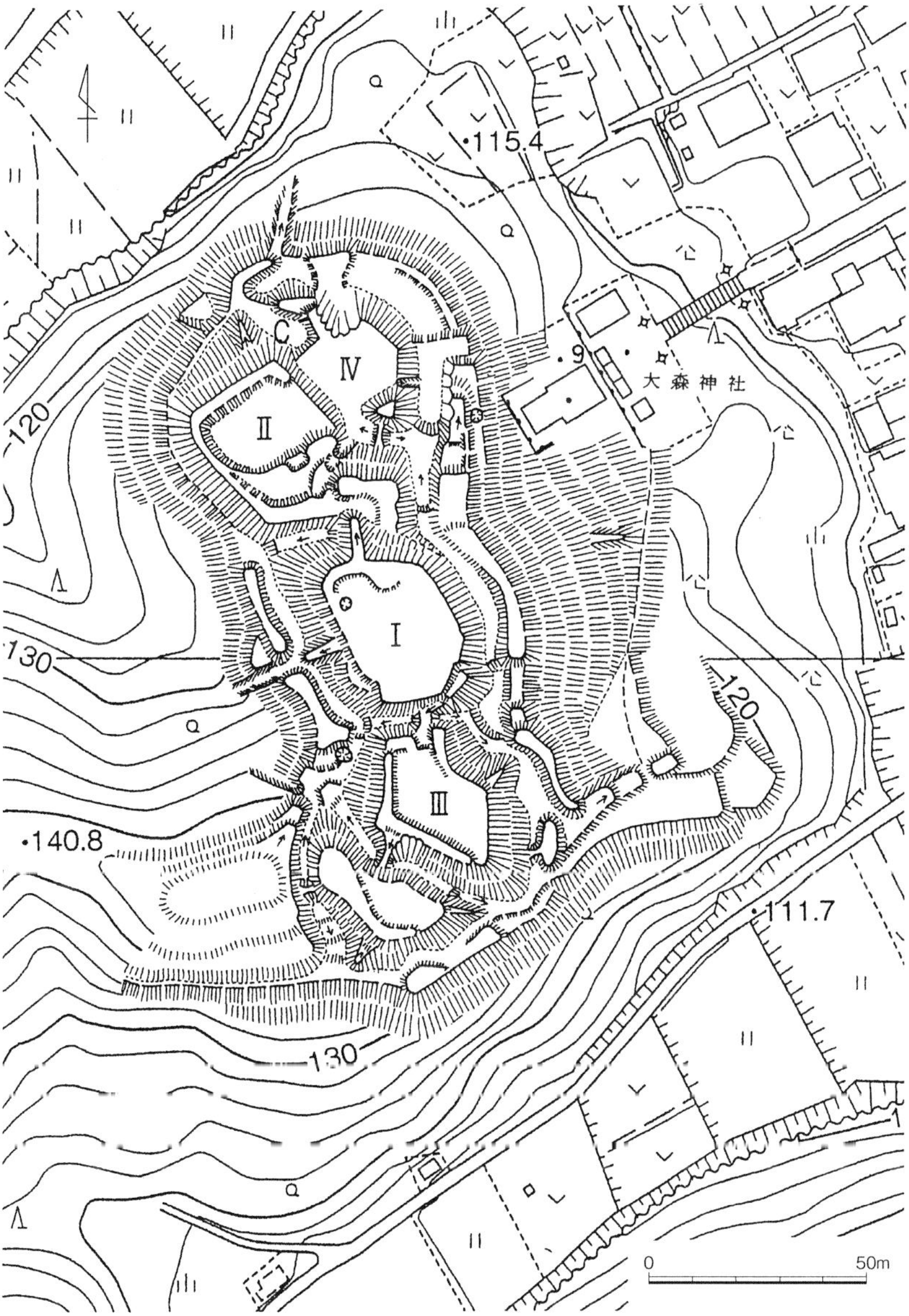

大森城跡概要図（作図：中井　均）

25 小原城《おばらじょう》 ★★

所在地　可児郡御嵩町小原
築城時期　不明
標　高　二九九m
主な遺構　曲輪　竪堀　堀切　土塁　櫓台

現在の御嵩町域には、江戸時代、江戸と京都のあいだを結ぶ主要街道「中山道」が整備され、江戸から数えて四十九番目の宿場「御嶽宿」と、五十番目の宿場「伏見宿」が置かれ、人や物、情報や文化が往来する地域であった。また、明治期以降も郡役所や裁判所、警察署が置かれるなど、東濃地方の中心として発展を遂げた地域である。

町の中央には、やや南寄りを東から西へと流れる可児川を中心として、その両岸には可茂盆地と呼ばれる小平野や段丘が細長く食い込み、さらにその北側には比較的高い山地や小盆地を挟んで木曽川へと続く。一方の南側は起伏の緩やかな丘陵地が広がる里山の町といえ、山林や原野をつくる山地、高原、台地、丘陵地は町の面積の大半を占めている。

さて、現在の御嵩町は、西から伏見、中、御嵩、上之郷の四地区から構成されており、小原城のある町東部の上之郷地区は、戸数三〇戸ほどの静かな山あいに位置し、比高約四〇メートルの山上を利用して築城されている。

城の南東側には白山神社とその参道があり、非常に急峻な地形となっている。主郭はこの北西、Aの部分とみられ、三段にわたる平坦地が設けられている。主郭の北側には西と東のそれぞれから続く帯曲輪がみられ、東側に開口部が造られている。さらにその東すぐのところに長さ約二〇メートル弱の竪堀が斜面に向かって延びている。

主郭部分と連続性のある南東側の地形は、帯曲輪や腰曲輪が確認でき、この周囲に竪堀が四本みられる。また、主郭部の北西と南西のそれぞれにも尾根を両側から挟みこむように竪堀が設けられており、主郭部への侵入を防御する役割を持っていたと考えられる。

一方、白山神社南西側の比較的緩やかな地形を有する部分は、代々小倉一族が居を構えた小倉屋敷跡と伝えられており、平時にはこの元屋敷を利用しながら、有事の際には北東にある小原城を利用したのではないかとみられる。したがって、城への入口はここから北東へと延びていたのではないかと想像できる。

南東側より小原城跡を望む

また、小原の集落の東側には、谷の平地を利用した矢場跡と伝えられる場所があり、地元では今もそこを「的場」と呼んでいる。

小原城主といわれる小倉織部についての詳細は明らかではないが、『御嵩町史』に記載のある『小里記』によれば、「（前略）…肥田民部方より岩村城主遠山景崎殿被申ける、景崎殿不安に思召し、甲州へ早馬遣はせける、甲州より平井頼母・後藤庄助武者大将として、

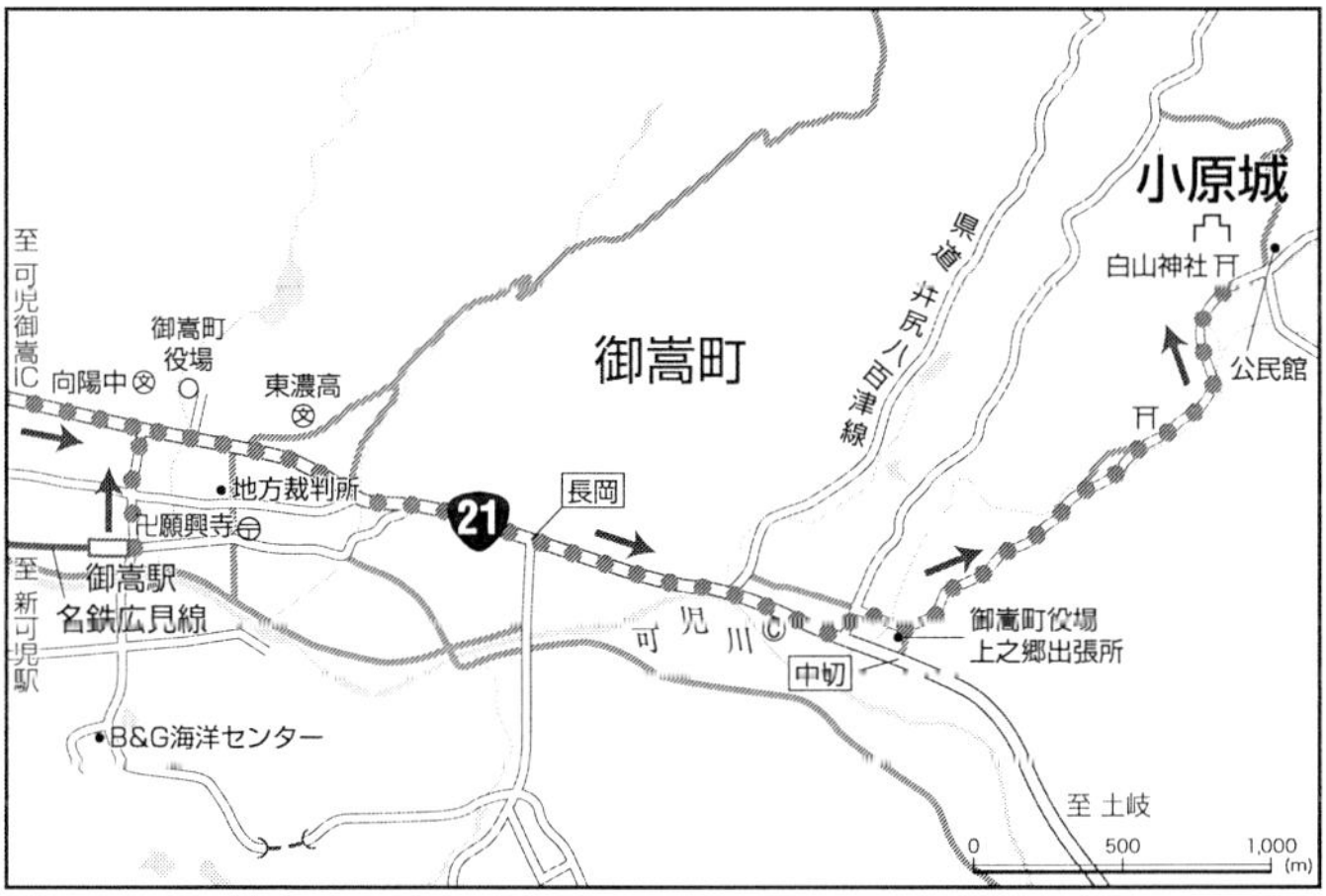

小原城へのアクセス

名鉄広見線御嵩駅下車、タクシーで小原方面へ約15分。車利用の場合、東海環状自動車道可児御嵩ICから車で約25分。白山神社参道もしくは神社西側の脇道から登城。

土岐・恵那の侍遠山与助殿、同三兵郎殿、同左衛門佐殿、小里出羽守殿子息内作殿、同助左衛門殿、同右衛門太郎殿親子四人何れも高山表え出張り、案の如く小栗も一千余の勢を率い、大富山に陣をとり、それより川端へ押寄ける、東軍の勢も浅野に陣をとり東に川を隔てて矢軍す。小栗が勢強くして川を追越戦ひけり、爰にて後藤庄助たかももを切られ討死す、小栗が勢猶時を作り高山きはまで押来り、其時小里出羽守親子四人遠山与助三十余騎馬上にて鑓を執って真先かけてすすみ戦ひければ、小栗が勢敗北する。川を追ひ越え追討する、大富山の下にて小栗長臣…(中略)…出羽守の手に討ち取るや、夫より小栗引立退き何れをも引き返し、肥田村天福寺の高根にて首を実検有之、以上七十余重ねて又小栗を

元屋敷と伝えられるあたり

攻め可申由、甲州より申来り其用意有之内に小栗信濃守・小倉織部も信玄公の幕下に属し然るにより御嵩は竟甲州の御手に入申候、今度の働き後藤・平井比類なく候、後藤は討死、三平平に高山の城を被下けり」とあり、天文二十一年(一五五二)、御嵩城主であった小栗信濃守が土岐郡の高山城を攻めたものの、最終的には武田晴信(信玄)の軍門に下り、このとき小倉織部も同時に信玄の幕下に属したと記されている。

　御嵩城は、小原城の南西、直線距離にしておよそ四キロほどの可児川南に位置する山城で、小倉織部は小栗氏の被官として御嵩城に比較的近い上之郷地域を領地として有し、同地域に小原城を築城したのではないかとも考えられる一方で、小栗氏と対立する関係にあり、小原城を築城したのではないかとも考えられるが、これらは想像の域を出ておらず事実関係は定かではない。

　ただ、地元に唯一伝わる小倉氏に関する伝承では、江戸期に入っても小倉一族は小原地区一帯で力を有し、豪農で庄屋をつとめていたが、江戸中期になると廻国巡礼に行くと言い残し、小原の地を出たままついに戻らなかったという。

(栗谷本真)

小原城跡概要図（作図：髙田　徹）

26 根本砦《ねもととりで》

★★

所在地　多治見市西山町
築城時期　十六世紀
標　高　二八〇m
主な遺構　曲輪　竪堀　堀切　土塁　虎口

根本砦は、多治見市の北西部西山町に所在する。曲輪部は、高社山《たかやしろやま》から東に延びる標高約二八〇メートルの「城山」と呼ばれる尾根上に立地し、麓との比高差は約一〇〇メートルを測る。尾根は東に向かって徐々に低くなり、標高約一九〇～二〇〇メートルの舌状台地に至る。この台地上に「御殿屋敷」と呼ばれる場所があり、台地の南北には大原川に合流する水脈によって開折された谷間が広がっている。御殿屋敷の北方には、江戸期の旗本林氏の代官屋敷跡が、東方には根本城主の菩提寺である元昌寺が、南方には城主の先祖の墓である宝篋印塔がある。

根本砦は若尾氏が築いたと伝えられる。元昌寺伝の「根本若尾家系図・記書」には、砦について「物見矢倉ハ今ノ城山ニシテ中坂、旗挙ノ松アリ井戸等在テ能人ノ知処也又城山ノ北東ニ方リ屋敷跡在掘ヲ深クシ塁ヲ高シテ用意堅固ノ備ヲ作ス…」と書かれている。

若尾氏は、十六世紀中頃から後半に武田氏が東濃へ侵攻した時、甲斐の若尾村（韮崎市）から根本村に移り住んだと伝えられている。若尾氏は、武田氏の家臣団であったことは武田氏関連の史料から窺えるが、移住の理由は明らかではない。

天正十年（一五八二）、本能寺の変で信長が死去すると、森長可は、海津城（長野市）から急ぎ金山城に戻り近隣の城の攻撃を開始した。米田城（美濃加茂市）の攻略を皮切りに、大森城（可児市）、上恵戸城（可児市）を降伏させた。この時に若尾甚正は、森氏に従い大原、根本、小木の所領を安堵された。若尾氏はこの後に、甲斐にあった先祖の墓所をこの地に移し、また氏神である諏

麓から城跡を望む

訪明神を迎え、根本を墳墓の地とした。

その後、甚九朗の代の時に、小牧・長久手の合戦が起こり、秀吉側についた森氏とともに家康方と戦い戦死した。合戦後は帰農し、一族は長瀬、小名田《おなだ》、坂戸《さかど》村へ分家したという。

関ヶ原の合戦後、若尾氏の所領である、根本、大原、小木村は徳川幕府の旗本林氏の領地となり明治維新まで続いた。

根本砦へのアクセス

JR太多線根本駅から徒歩30分で登城口看板。主要曲輪部までは徒歩約15分。

堀切Ａ

砦の規模は、東西約三〇メートル、南北約七〇メートルを測る。曲輪Ⅰは約二〇メートル四方あり、北端には高さ約三メートル、幅約八メートルの土塁を設けている。その北側には、幅約八メートル、深さ約三メートルの堀切Ａがある。曲輪Ⅰの南東には虎口が、東西には竪掘を設けている。東側の竪掘は、西側と比べ長く約五〇メートルを測る。西側の竪掘の最も北側のものは、堀切Ａに接している。堀切Ａの北側は平坦面があり、その北端には幅約五メートル、深さ約一メートルの堀切Ｂがある。

山頂へは、麓の看板がある地点から約一五分で着くことができる。やや急傾斜ではあるが、地元の人達によって整備された道があるため非常に登りやすい。砦は小規模ながら山頂部の裾や尾根の背後に堀切があり、また曲輪Ⅰは、多治見市及び周辺の町が一望できる非常に見晴らしが良い場所である。麓には、御殿屋敷や城主の菩提寺や墓地があるなど見どころが多い山城である。

（中嶌　茂）

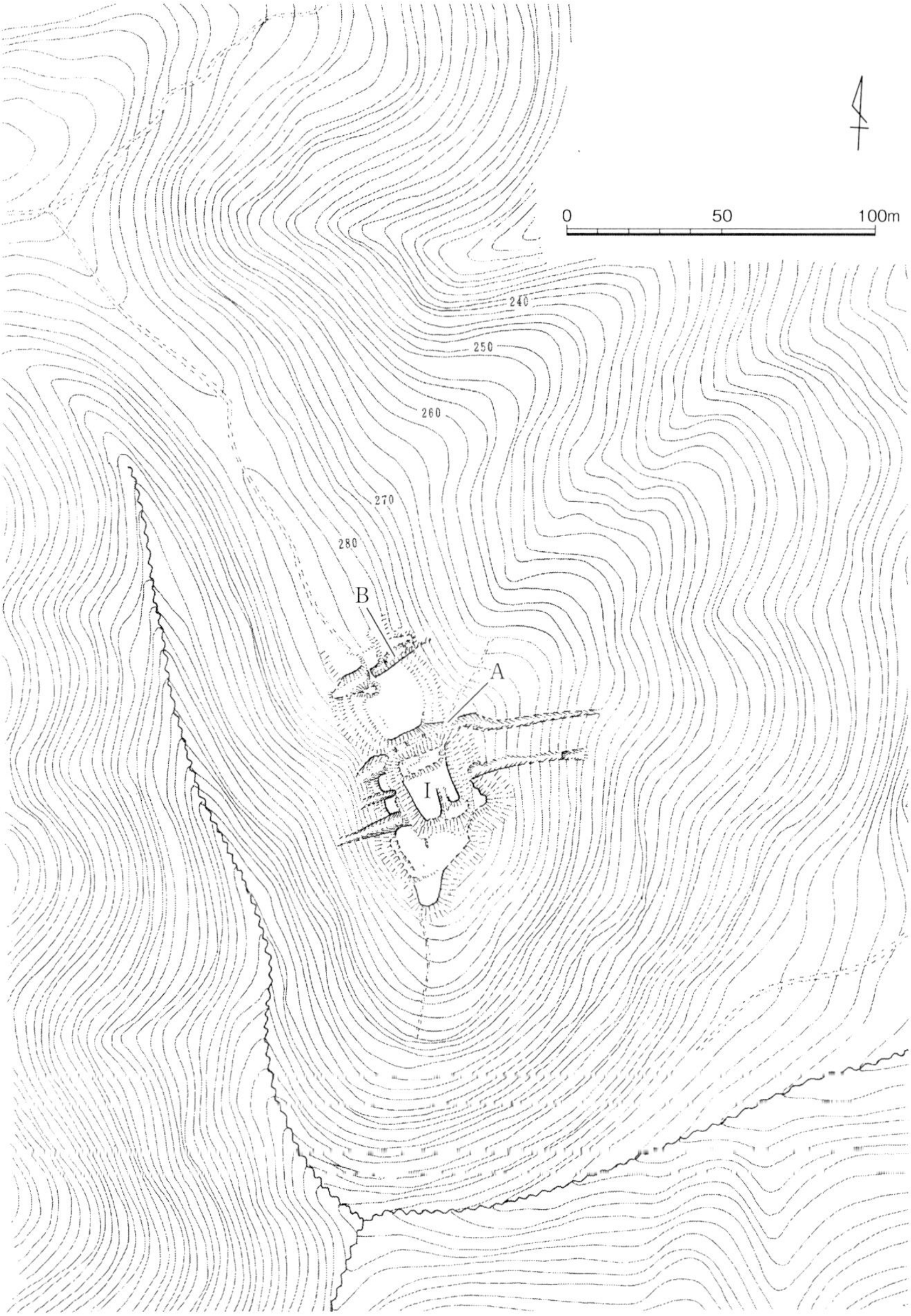

根本砦跡概要図（作図：高田　徹）

27 細野城《ほそのじょう》 ★★

所在地　土岐市鶴里町細野字中根
築城時期　十六世紀～十七世紀
標　高　六四〇m
主な遺構　曲輪　竪掘　堀切　土塁　土橋　虎口

細野城は、土岐市南部の鶴里町細野に所在する城跡である。鶴里町は、南は愛知県の瀬戸市や豊田市に、東は土岐市の曽木町に接する。鶴里町の地形は、北は妻木町から続く標高約五〇〇メートル級の山地が、南は愛知県から続く標高約七〇〇メートル級の山地がある。これらの山地は鶴里町の東西を走る三国山《みくにやま》断層によってできたもので、麓との比高差は約一九〇メートルを測る。この両山地の間には、北東から南西に広がる盆地があり、そこに鶴里町の集落が形成されている。

城跡は、集落を望む「城ヶ根」と呼ばれる標高約六四〇メートルのやや緩やかな尾根の中腹に立地している。尾根は南東に向かって更に上がり豊田市との境に至る。東西には深い谷が入り込み、南は更に高い尾根が続く自然の要害に囲まれた城である。眼下には、名古屋から飯田を結ぶ「中馬《ちゅうま》街道」と呼ばれる道が通っている。この街道は十七世紀には既に機能しており、生活必需品や農産物などを運ぶ人々で賑わった。

細野城の築城については具体的史料に乏しいが、おそらく天正十二年(一五八四)の小牧・長久手の合戦時、あるいは慶長五年(一六〇〇)の関ヶ原の合戦時に築城されたと考えられる。関ヶ原の合戦時には、隣の柿野村で東軍の妻木勢と西軍の田丸勢が戦ったとの記録がある。

領主については不明であるが、城が位置する細野村は室町期には妻木氏が、江戸期には岩村藩が治めている。立地から三河国(愛知県)側との関連性が強いと考えられるが詳細は不明である。

城の規模は、東西約九〇メートル、南北約八〇メートルを測る。

麓から城跡を望む

山頂へは整備された登山道や目印となる看板はなく、城の西側の緩やかな尾根道を登るかしかない。麓から三〇分程で主要曲輪に至る。曲輪Ⅰは東西約二〇メートル、南北約三五メートルを測り、中央付近に高さ約一～二メートルの土塁を設けている。曲輪Ⅰの北西隅には虎口Aがあり、その北側には堀切B、Cがある。堀切Bは、幅約四メートル、深さ約一メートル、堀切Cは、幅約六メートル、深さ約二メートルを測る。堀切Bの西側には

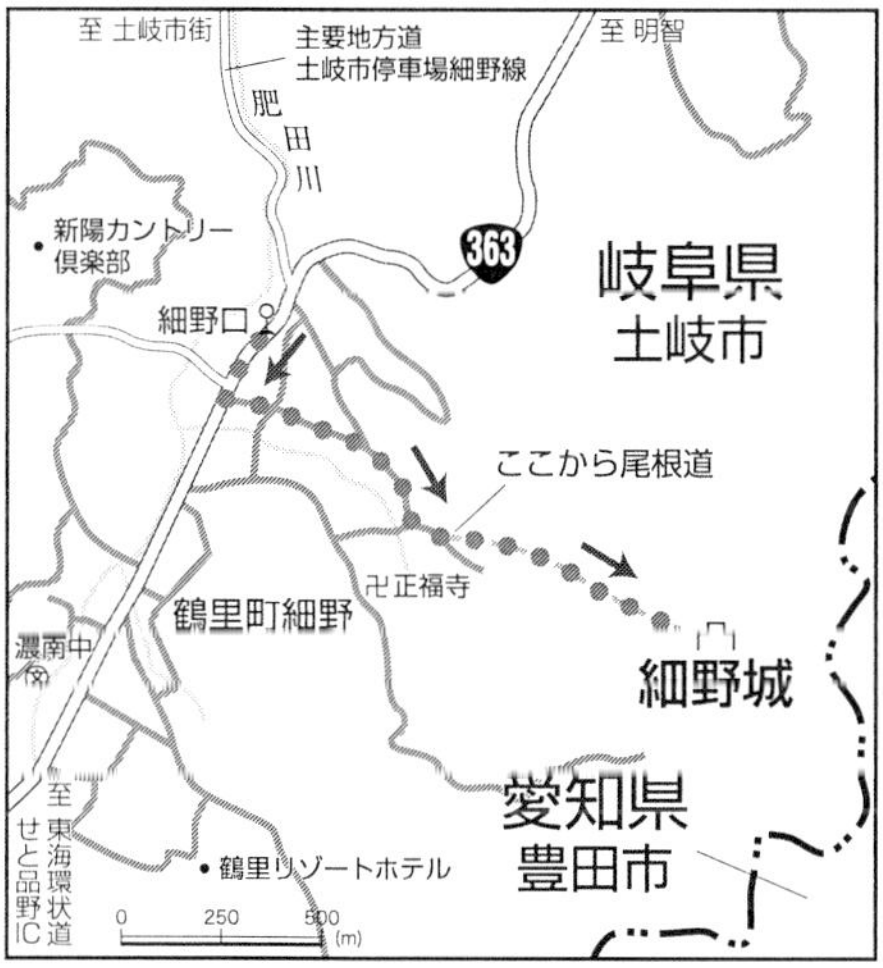

細野城へのアクセス

土岐市駅から市民バス(バーデンパーク線・土岐口経由)に乗り、細野口バス停下車、徒歩5分で尾根道へ。主要曲輪部までは民家の裏の尾根道を約30分。

堀切F

帯状の曲輪が巡り、その周辺には花崗岩の巨石が露頭している。曲輪Ⅰの南側には、食い違い虎口Dがある。この虎口の南側には土橋があり、両側には竪堀を設けている。東側の竪堀は西側と比べ長く、約五〇メートルを測る。また、北側斜面には複数の平坦面を造りだしている。西側の竪堀の南側にも複数の平坦面がある。土橋の南側には堀切Eがあり、西側は竪堀になっている。この南に東西約三〇メートル、南北一五メートルの曲輪Ⅲがあり、東端に土塁を設けている。この土塁の東側に堀切Fがあり、西側は竪堀になっている。

このように、本城は小規模であるが、主要曲輪の前後に堀切や竪堀を設け、背後には食い違い虎口を設けていることから、恒常的な城ではなく外部勢力による臨時的な城であったと考えられる。

（中嶌　茂）

細野城跡概要図（作図：高田　徹）

28 妻《つま》木《ぎ》城《じょう》 ★

所在地 土岐市妻木町字本城
築城時期 十五世紀後半
標高 四〇四m
主な遺構 曲輪　土塁　堀切　虎口　井戸

妻木城は、土岐市の南部妻木町に位置し、通称城山と呼ばれる標高約四〇四メートルの山地に立地している。この山地は笠原《かさはら》断層によってできたもので、麓との比高差は約一七〇メートルを測る。城山の東側には、町の中央を南北に流れる妻木川が貫流し、北側はこの妻木川によって形成された沖積地や河岸段丘が広がり妻木の町を形成している。麓の妻木城　士屋敷《さむらいやしき》は、妻木川と裏山谷川に挟まれた段丘上に立地し、そこに領主と家臣団の屋敷地が広がっている。

妻木城主は、美濃焼を生産した領主としても知られており、城の周辺には中世から近世に至る窯跡が多数点在している。

江戸時代前期の旗本クラスの城郭遺構が居館や家臣団の屋敷地を含めて残されている例はまれで、昭和三十一年に妻木城が、翌年には士屋敷が岐阜県史跡に指定されている。

妻木城の築城は、史料がないため定かではないが土岐頼貞の孫土岐明智彦九郎頼重が十四世紀に創建したと伝えられる。その後十六世紀にはいると城主は妻木氏となり、代々妻木郷とその周辺を治めた。天正十年（一五八二）、本能寺の変で織田信長が死去すると東濃地域一帯は、金山城主（可児市）の森氏が平定し、妻木氏はその配下にはいった。慶長五年（一六〇〇）、森氏は関ヶ原の合戦直前に信濃の川中島に転封となり、替わって岩村城（恵那市）に西軍方の田丸氏が配置された。妻木氏は東濃地方唯一の東軍方として徳川家康の命により妻木に留まり、田丸氏の軍勢と戦った。この時家康が妻木氏に宛てた書状が残されており、中には「殊其方居城普請出来」と書かれているため、妻木氏が戦いに備え城の改修を行ったことが窺える。関ヶ原の合戦後妻木氏は、七五〇〇石を領する城主として三代続いたが、万治元年（一六五八）城主が急死し、跡継ぎがなかったため妻木氏は断絶し、妻木城は廃城したと言われている。

　山上の妻木城の縄張りは、東西約二三〇メートル、南北約二四〇メートルを測り、旧土岐郡内の中世城館では金山城に匹敵する規模を有する。

麓から城を望む

　山頂部の曲輪は南北に長く、高さ約三メートルの石垣で二段に分けられている。上段が曲輪Ⅰ、下段が曲輪Ⅱである。石垣のほとんどは昭和四十年代に積み直されたものである。曲輪Ⅱから曲輪Ⅰへは現在西側に石段があるが、これは後世に造られたもので、本来東側の虎口を通っていたと考えられる。曲輪Ⅱの北側には虎口、曲輪Ⅲがある。曲輪Ⅲからは、妻木町域及び土岐市北部の泉町まで一望でき、非常に見晴らしが良い場所である。主要曲輪の西や南側にも曲輪が広がっているが、その間には堀切や横堀が入れられている。山麓の士屋敷の縄張りの範囲は、凡そ東西約二九〇メートル、南北約三四〇メートルを測る。最も南側の屋敷地は、近代の絵図によると御殿跡、御枡形と描かれており、領主の館跡であったと考えられる。この屋敷地は高さ一～二メート

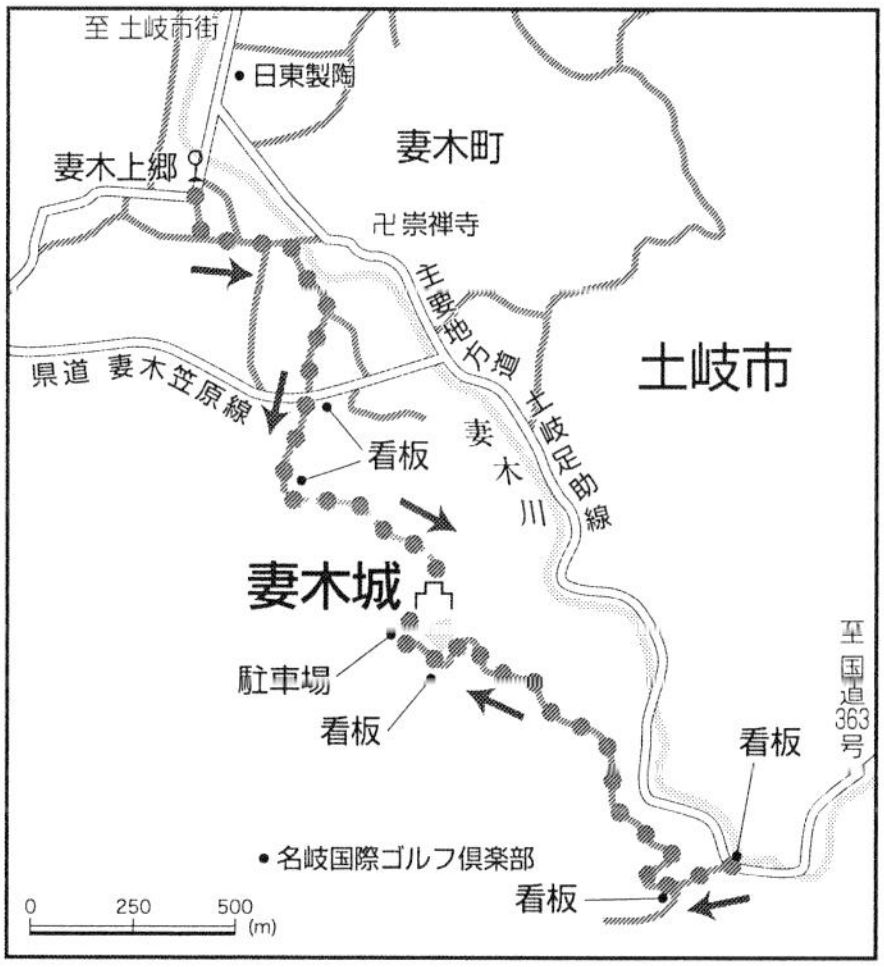

妻木城へのアクセス

土岐市駅から東鉄バス妻木線で妻木上郷バス停下車、徒歩10分で麓の看板へ。主要曲輪部へは更に徒歩約20分。車利用の場合は南の看板から駐車場まで約5分。

ル前後の石垣で幾つかに区画され、また幅約四～五メートルの石段や井戸が残されている。この御殿跡から道路を隔てた北側にある広い平坦地が伝入隠宅《でんにゅういんたく》と呼ばれる場所である。絵図にはこの地点より更に北や西側に屋敷地が描かれているが、現在は屋敷地を区画する石垣はほとんど残っていない。御殿跡の西側を流れる裏山谷川沿いの斜面には、約七～八メートルの石垣が残されている箇所があり、士屋敷で石垣が最も良好に残存している場所である。

御殿跡の石垣

　平成九年度から十二年度にかけて、遺跡の範囲や遺構の有無を確認するため妻木城及び妻木城士屋敷において確認調査を行った。調査の結果、多くの陶磁器類とともに掘立柱建物、礎石建物などを確認した。出土した陶器の多くは瀬戸や美濃で作られた焼き物であるが、中国製の染付磁器も少量含まれていた。礎石建物には、妻木城跡に関しては山頂部の曲輪Ⅱの多聞櫓・御殿風の建物、曲輪Ⅲの蔵・倉庫と思われる建物や、曲輪Ⅱ北側の虎口の櫓門か薬医門と思われる門がある。麓の御殿跡に関しては、妻木氏断絶後の畑地化によって建物の礎石はほとんど取り外されていたが、飛石と思われる礎石を確認した。この付近には以前手水鉢があったことから、茶室等の私的な性格の建物が建っていたと考えられる。

　以上の調査結果を踏まえて、妻木城及び士屋敷の変遷を述べると次のとおりとなる。妻木城が機能し始めた時期は建物を確認していないが、出土陶片から十五世紀後半頃と思われる。明確な建物が確認されるのは十五世紀後半～十六世紀中頃で、この時期までに曲輪が山上に広く展開したと思われる。その後十六世紀末に堀切等によって城域をコンパクト化し、十七世紀初頭になると曲輪Ⅰ・Ⅱのみでしか機能しない時期になる。この時期になると出土陶片も極僅かになることから生活の比重が麓の士屋敷に移行していったと考えられる。御殿跡は、十七世紀初頭頃から石垣を伴う整備がなされ、その後幾度か改修が行われ妻木氏が断絶する十七世紀中頃まで使われていたと推察される。

（中嶌　茂）

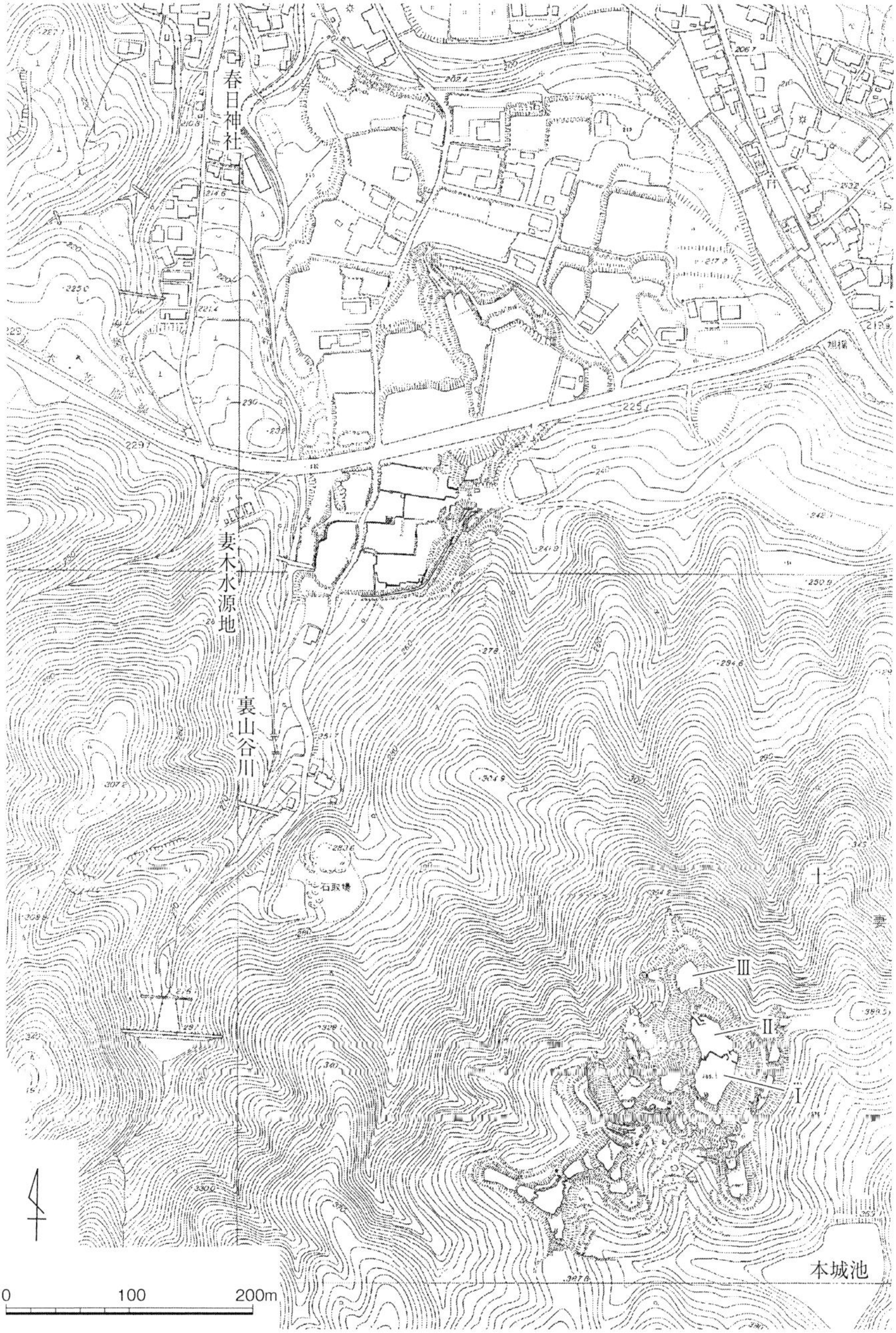

妻木城跡概要図（作図：髙田　徹）

29 戸《と》狩《がり》城《じょう》 ★★

所在地　瑞浪市明世町戸狩
築城時期　十六世紀後半
標高　二五五m
主な遺構　曲輪　堀切　土塁

戸狩城は、瑞浪市西部に位置する明世町戸狩に所在し、城跡は瑞浪盆地を一望できる土岐川右岸（北側）の比高差約一〇〇メートルの丘陵先端部に立地する。

その築城時期については「岩屋不動由来記」に「戸狩村はかつて山中村といった。永禄の初め、武田氏の家臣秋山信友の部将であった仁木藤九郎が土岐郡に攻め入り、民家の戸を狩り集めて山中村に陣を構えた。そのため山中村は戸狩村と呼ばれるようになった。藤九郎は砦を完成させると城主を名乗り、姓を山中と改めて山中藤九郎と称した。」旨の記述があることから永禄年間（一五五八～一五六九）のことと思われるが、伝承の域を出るものではない。

ただ、当地はすでに永禄年間以前には武田氏の影響下にあり、苗木・岩村などの各遠山氏や瑞浪の小里氏などは武田氏に通じていた。

永禄八年（一五六五）に織田信長が東濃地方の攻略に成功すると東濃地方は織田・武田の両勢力が拮抗する場所となり、『信長公記』にある「一年東濃の高野口へ武田信玄相働候」との記述はこの頃の事とも推測される（但し、この争いの直後には同盟が成立）。

その後、東濃諸氏は信長に従うようになるが、元亀三年（一五七二）になると武田氏が再び東濃へ侵攻し、天正二年（一五七四）には岩村城・明知城の攻略に成功した。信長はこれに対して鶴ヶ城と小里城山城の普請を命じるに留まるが、翌天正三年（一五七五）の長篠合戦で織田勢が勝利すると、直後には織田信忠が岩村城を奪回し、これによって東濃地方から武田氏の勢力は一掃されることとなった。

戸狩城跡遠景（南から）

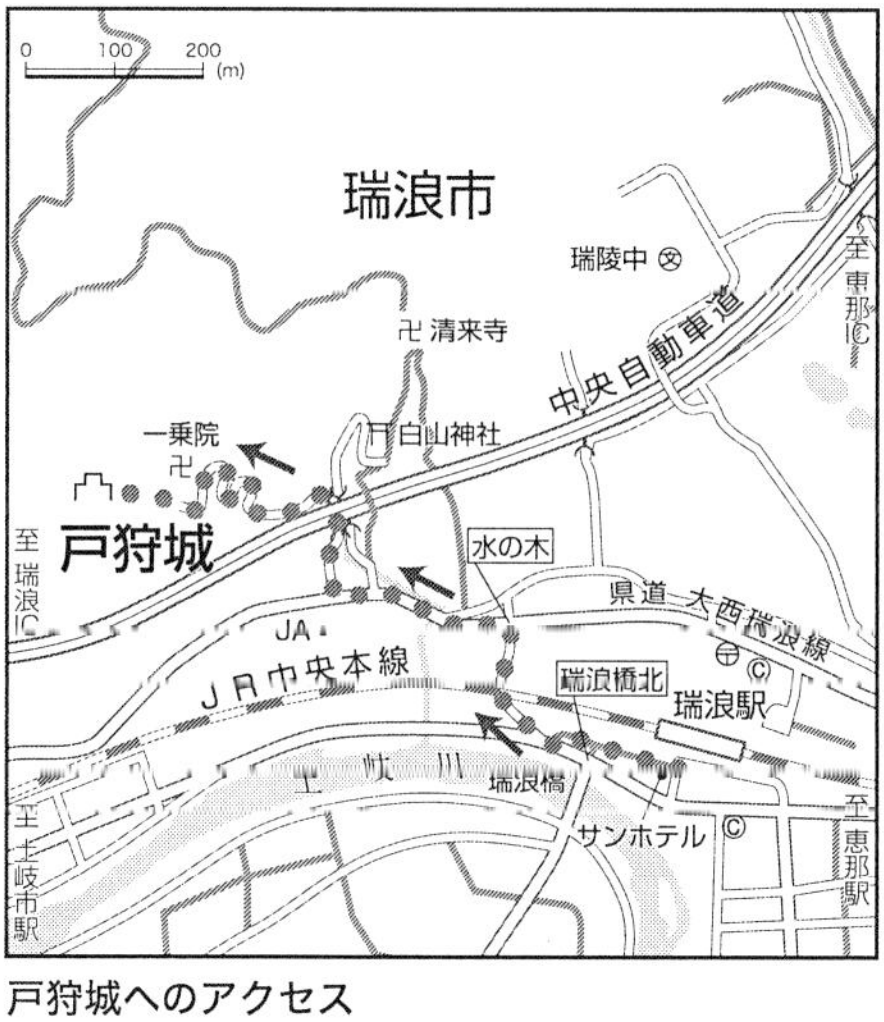

戸狩城へのアクセス

JR中央本線瑞浪駅下車、徒歩10分。（一乗院の境内に立ち入る際は、関係者にその旨告げられたい）

このような史実を考慮した場合、本城の築城に武田勢が関与した可能性は完全に否定されるものではないが、以下に述べるように本城には典型的な武田氏の築城術が認められず、遺構の特徴から武田氏との関連を指摘することは困難である。

戸狩城は現在山林となっており、東側に所在する寺院（一乗院）によって若干の改変を受けている可能性もあるが、遺構の遺存状態は比較的良好である。

その構造は、主郭から南側に向かって小規模な曲輪を階段状に配置している。また曲輪の南側から西側にかけては急峻な斜面となっていることから遮断性が強いが、本来の登城道については判然としない。

戸狩城から瑞浪市街地を望む

主郭である曲輪Ⅰは東西約三〇メートル、南北約二〇メートルを測り、北半には土壇上の高まりが認められる。主郭の背後(北側)には尾根を断ち切るように、幅約八メートル、深さ約二～三メートルの堀切を設けており、その端部は竪堀状となっている。この堀切と主郭の高低差は一〇メートル前後と推測され、北側の緩斜面(自然地形)との隔絶性が強い。また階段状曲輪の南西端から南側に突き出した先端部分(A)には、曲輪の端部に虎口と思われる通路が確認できる。

さらに、ここから南側には緩斜面が続き、その端部は明確ではないものの小規模な平坦面となっている(B)。この部分は中央自動車道の工事によって地形が改変されている可能性があるが、仮にこの平坦面がより大規模であったとすれば、出丸の可能性も考えられるであろうか。

なお、これらの遺構の北西には谷を造成した平坦面(C)が確認でき、土塁状の高まりなどが確認できる。しかし、これらの遺構は周辺部と連絡する虎口を有しておらず、城館遺構である可能性は低いであろう。

(砂田普司)

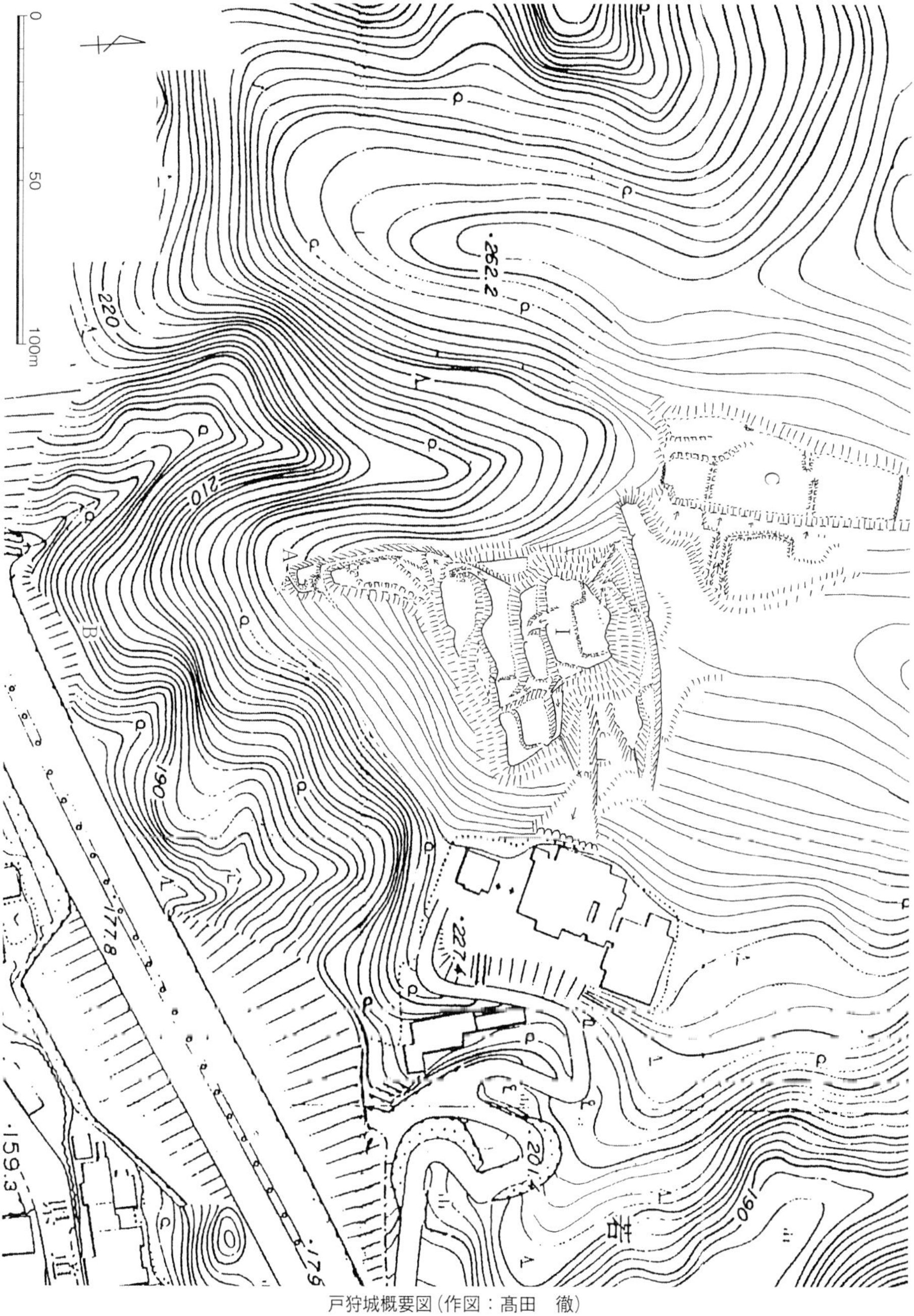

戸狩城概要図（作図：高田　徹）

30 小里城山城《おりしろやまじょう》 ★★

所在地　瑞浪市稲津町小里
築城時期　天正二年（一五七四）頃か
標　高　四〇五m
主な遺構　曲輪　虎口　石垣

小里城山城は単に小里城とも呼ばれ、瑞浪市南東部に位置する稲津町小里に所在し、城跡は小里盆地南端の城山と呼ばれる比高差約一八〇メートルの丘陵に立地する。

小里城の築城時期については、天文三年（一五三四）頃に小里光忠により築城され、以後小里氏の居城となったとも言われるが定かでない。『信長公記』によれば天正二年（一五七四）に甲斐の武田勢が恵那郡南部に進軍して明知城を包囲した際、織田信長の命によって鶴ヶ城とともに本城を普請し、池田恒興を番手としたとされる。

天正十年（一五八二）の本能寺の変後、小里光明は森長可《ながよし》に従わず、徳川家康を頼って小里を離れるが、慶長五年（一六〇〇）の関ヶ原合戦（関ヶ原東濃合戦）の戦功によって光親が土岐・恵那郡の旧領（三五八〇石）を回復し、以後本城を居城とした。しかし、その後家督を継いだ光重が嫡子のないまま元和九年（一六二三）に没すると断家を命じられ、小里城は廃城となった。

小里城は現在ほとんど山林となっているが、地元有志の活動もあって比較的遺構の状況が確認しやすい。遺構は城山山頂と北側山麓に確認でき、山頂の主郭は「本丸曲輪」、山麓部は「御殿場跡」などと呼ばれている。

山頂の本丸曲輪には「天守台」・「桝形」などと呼ばれる不等辺多角形を呈する石垣が確認できる。この石垣は、かつては安土城天主台との類似性が指摘されたが、過去に改変を受けており、本来の形態や構造は不明である。

本丸曲輪にはこの石垣を有する主郭を中心として周囲に小規模な曲輪が数段確認でき、部分的に二メートル程度の石垣をめぐらせているが、その大部分は崩落が激しい。また、天守台の周囲には矢穴の穿たれた石材が散乱

御殿場跡の伝大手門跡（北から）

し、これらを天正二年（一五七四）の普請に伴うものとする見解もあるが、その可能性は低いであろう。

一方、山麓の御殿場跡は主に三段の曲輪から成り、曲輪Ⅱの北側には両側に高さ一メートル程度の石垣をめぐらせる虎口が確認できる。この虎口は「大手門跡」と呼ばれ、石材は主に自然石を使用しているが、隅石には矢穴を穿った割石を使用し、その北側の曲輪Ⅲとを併せて桝形虎口状を呈している。向かって右（西）側には近年

小里城山城へのアクセス

JR中央本線瑞浪駅下車、タクシーで10分。または東鉄バス明智線山の田バス停下車、徒歩5分。県道20号沿いに看板あり。

の修復が認められ崩落が激しいが、左（東）側には慶長年間のものと思われる石垣がほぼ原形をとどめている。

御殿場跡は、平成十三年～十七年にかけて発掘調査等が実施され、礎石建物数棟や石組水路等が検出されている。また瀬戸美濃を中心とする出土遺物は、その多くが十七世紀前葉に比定できることから、これらの遺構は旧領回復後の慶長五年（一六〇〇）から元和九年（一六二三）頃までの期間に使用されたものと考えられる。

さらに曲輪Ⅱでは、部分的ではあるが、礎石建物等検出面のさらに下層から掘立柱建物の柱穴と思われる遺構が検出され、この遺構に伴う出土遺物は十六世紀後葉に比定できるものであった。これらのことから、この下層の遺構が天正二年（一五七四）時の普請に伴うものである可能性が高く、慶長～元和年間の礎石建物や石垣などはこれらの遺構を埋め立てて築かれたものと考えられる。

このように小里城は未だ不明な点が多く、また部分的に改変も認められるが、御殿場跡は近世初頭の陣屋構造を良好に遺す事例と評価できよう。

なお、小里城の北側山麓の平坦地には「町」の字名（地名）が残ることから小里氏の家臣団屋敷が存在したことが推測でき、また近年には御殿場跡東側の尾根部分（A）にも曲輪の存在を認める見解が示されている。

（砂田普司）

御殿場跡（曲輪Ⅱ）の礎石建物・石組水路（瑞浪市教育委員会提供）

小里城山城概要図（瑞浪市教育委員会提供）

31 鶴ヶ城《つるがじょう》★

所在地　瑞浪市土岐町鶴城《かくじょう》
築城時期　不明
標高　二七〇m
主な遺構　曲輪　土塁　堀切

鶴ヶ城は、神篦《こうの》（高野）城・国府城・土岐城などとも呼ばれ、瑞浪市中央部に位置する土岐町に所在する。城跡は土岐町中央部の鶴城《かくじょう》地区（旧神篦村）の土岐川右岸（西側）、比高差約八〇メートルの丘陵先端部に立地する。

鶴ヶ城の築城時期については、源国房・光信によって築かれたとも、土岐光衡によって築かれたともいわれるが判然としない。

年次は明記されていないが『信長公記』には、高野口で織田勢と武田勢の交戦の記載があるように（永禄八年（一五六五）か）、戦国末期の当該地域は織田・武田の両勢力が拮抗する場所であった。

また同書には天正二年（一五七四）に武田勢が恵那郡南部に進軍して明知城を包囲した際に、織田信長の命によって小里城山城とともに本城を普請して川尻秀隆を定番としたこと、さらに天正十年（一五八二）に信長が甲斐へ進軍した際にも高野へ宿泊したことが記されており、本城は織田氏の東濃支配において重要な役割を担っていたものと考えられる。

この間の城主については判然としないが、慶長五年（一六〇〇）の関ヶ原合戦（関ヶ原東濃合戦）時に本城は西軍に属している。合戦では東軍の小里氏や遠山氏らの攻撃を受けて落城あるいは開城し、直後に廃城を迎えたようである。その後、当該地（旧神篦村）は岩村藩の所領となって城下に陣屋が設置され、この陣屋は明治維新まで存続した。

鶴ヶ城の遺構は山頂とその周囲の尾根上などに確認でき、山頂の主郭（曲輪Ⅰ）は「千畳敷」と呼ばれている。千畳敷は東西約四五メートル、南北約二〇メートルを測

鶴ヶ城跡遠景（東から）

り、比高差はさほど大きくないが、恵那方面（北東）～瑞浪方面（南西）を一望することができ、その背後（北西）を幅約二〇メートルの堀切で画している。

　主郭から南東に伸びるふたつの尾根は「東出丸」「西出丸」と呼ばれ、細長い曲輪の一部には土塁を、端部には垂直状に造り出した切岸を設けている。かつてはこの東出丸と西出丸が大きく東方に張り出し、鶴が羽を広げたように見えたことが本城の名称の由来となったもので

鶴ヶ城へのアクセス

JR中央本線瑞浪駅下車、タクシーで5分。または徒歩40分。

ある。

しかし、この両出丸は昭和四十八年の中央自動車道の建設に伴って大きく削り取られ（A・B）、現在は両翼をもがれた状態となってしまっているのは誠に残念である。この道路建設に先立ち実施された発掘調査では多くのピットが検出され、出土遺物はその多くが十六世紀後半に比定できるものであった。

主郭「千畳敷」から北東（恵那方面）を望む

また、この両出丸に囲まれた谷には「大手道」と呼ばれる山麓からの登城道が通じており、その上部の曲輪Ⅱは「御殿」と呼ばれ、その上段には「葵の井戸」と呼ばれる井戸跡が確認できる。

これらの縄張の全てが天正年間の普請によるものかは判然としないが、全体的に曲輪の区画が明確でなく、両出丸の切岸が防御の基本と推測されることなどから、本城の基本的なプランは織豊期以前に成立していた可能性が高いであろう。

なお、鶴ヶ城の城下には「中町」「高屋」「町裏」などの字名（地名）が残されており、また明治期の地籍図では短冊形地割を確認することができることから、詳細な時期については明らかでないものの、鶴ヶ城の城下町としてある程度の発達をとげたことを推測させる。

（砂田普司）

鶴ヶ城概要図（作図：高田　徹）

32 刈安城《かりやすじょう》

★★★

所在地　瑞浪市釜戸町荻ノ島、恵那市武並町藤
築城時期　十五世紀末～十六世紀
標　高　五九二m
主な遺構　曲輪　土塁　堀切

　中山道の大湫《おおくて》宿と大井宿の間は、十三峠と呼ばれる難所で、恵那市と瑞浪市の市境にそびえる権現山の南の山腹を縫うように急峻な坂道が続く。権現山は、麓の武並町藤相戸集落との比高差二六〇メートルの独立峰で、周囲に視界をさえぎる山はなく、中山道・下街道沿線の広い範囲を一望にすることができる（ただし、現在は樹木のため眺望はあまりよくない）。刈安城はこの山の山頂にあり、現在は刈安神社となっている。

　最も古い伝承は、寛永十六年（一六三九）に岩村藩丹羽氏が城下の名主からの聞き取りにより作成した「岩村近辺城主覚」（『丹羽氏聞書』）で、「大久手取主《（ママ）》　岩村城主遠山左衛門殿御家老西尾喜太郎殿居被申候」とある。武並町藤の洞禅院の沿革によれば、文明年中に尾張大草城主西尾文永が築城した。関ヶ原の合戦に際しては、その後裔西尾治郎八が守ったが徳川方に攻められて落城したと伝える。『巌邑府誌』には、織田方の戸田甚左衛門が守り、関ヶ原の合戦時には岩村城主田丸氏の兵が守ったとある。また、応仁の乱のときに東軍に攻められて落城した荻ノ島城をここに比定する見解もある。

　このように、城の沿革や城主については明確ではないが、中山道と下街道の両方を押さえる極めて重要な位置にある城であることは間違いない。後述のように、遺構としては慶長期の要素は見い出しがたいが、田丸氏支城として機能していたのだろう。

　それでは、遺構を見ていこう。

　中山道を大久後立場から少し西に行くと刈安神社参道入り口がある。急坂を約二十分登ると山頂に着く。まず目に入るのは、烏帽子岩と呼ばれる巨岩とその前に鎮座

武並町藤相戸地区からの遠景。山頂が刈安城跡、手前の尾根先端に五郎塞がある

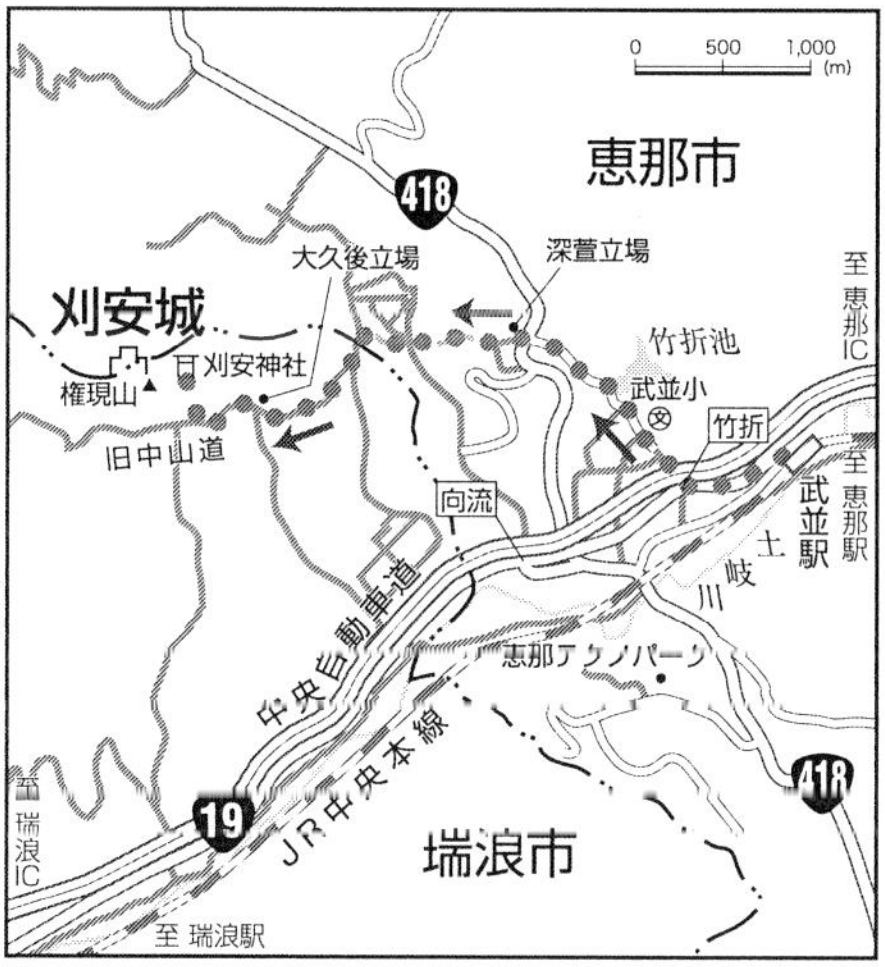

刈安城へのアクセス

JR武並駅から中山道深萱立場まで徒歩30分。ここから中山道を西へ向かい、徒歩40分で刈安神社参道入口。そこから急な坂道を約20分で山頂の刈安神社。車の場合は、参道入口手前の大久後立場に駐車場あり。中山道は一部車の通れない区間があるので注意。

する神社社殿である。主郭はこの岩の背後にある。
　主郭は、東西三〇メートル、南北一五メートルの長方形で、東端は堀切と烏帽子岩により、社殿のある曲輪との間を画している。西端には畀腺の突出部があり、その南北に虎口と見られる窪みがある。主郭の周囲は、帯曲輪状のテラスが巡り、西端には土塁が設けられ、木曽川に続く緩やかな尾根と画している。社殿のある曲輪は、神社に伴う比較的新しい石積みによって拡張されているようである。

　主郭の北の尾根を下っていくとその先端、直線距離で山頂から北東二五〇メートルのところに五郎塞(五郎小屋砦)がある。単郭の小規模な城ではあるが虎口の形状に見所がある。ここからは、山頂部からは見えない山麓の相戸集落(武並町藤)を一望にすることができる。

　五郎塞から、相戸集落へ下る急斜面を「戦場坂」と呼ぶ。関ヶ原の合戦の際に激しい攻防が繰り広げられたところだと伝える。麓には「土井外」の地名も残る。また、城主西尾氏の建立と伝える洞禅院は、麓から北へ約一キロのところにある。

　このように、刈安城の北は、麓に至るまで遺構や関連する地名が残る。現在は、南側から登る神社参道が唯一の登城道だが、本来は北側が正面であったのかもしれない。

　さて、刈安城まで来たら是非とも寄っていただきたい城跡がある。藤地区の国道四一八号を北上し、木曾川を渡る手前の山上にある天王山砦である。直下に木曾川の渡河点を見下ろす位置にあり、その性格がうかがわれる。

　単郭の小規模な城であるが、主郭をぐるりと囲む横堀や複数の竪堀など見所が多い。城主等の伝承はないが、縄張の特徴から武田氏の関与の可能性が指摘されている。

(三宅唯美)

山頂の刈安神社と烏帽子岩

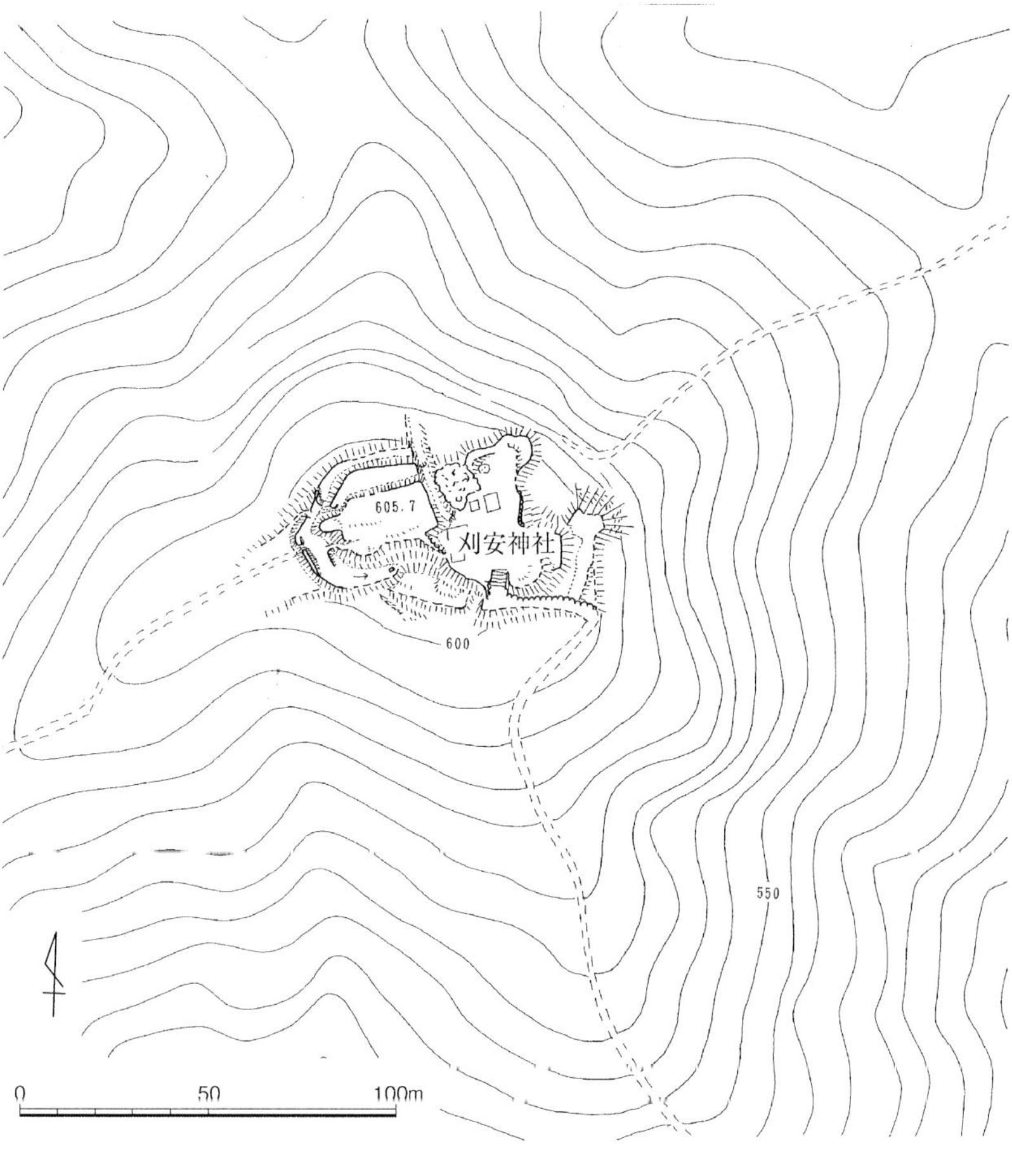

刈安城跡概要図（作図：髙田　徹）

33 岩村城《いわむらじょう》 ★

所在地　恵那市岩村町
築城時期　十六世紀
標　高　七一七m
主な遺構　曲輪　石垣　土塁　堀切

岩村城は、俗に創築八〇〇年といわれるが、これは加藤景廉の遠山荘地頭補任にちなんだもので、現在の山城が築かれ始めたのは、現存する城内八幡神社の棟札から、十六世紀はじめだろう。遠山岩村氏の居城であったが、元亀年間以降、城主はめまぐるしく交替する。

天文年間の城主遠山景前は、恵那郡内の各地に割拠する遠山一族をまとめることに成功するが、弘治元年（一五五五）に武田の侵攻を受け、翌年最後の当主景任が跡を継ぐ。景任は、織田信秀の妹を室に迎えていたが、一貫して武田軍団の一員として行動している。元亀三年（一五七二）の夏に景任が病死すると、織田信長は、この機を逃がさず、子の御坊丸を養子に送り込み、城を奪取した。これに対して、武田方は十一月には城を取り返すことに成功し、秋山虎繁を城主とした。天正三年（一五七五）長篠の合戦で武田が大敗すると、信長は直ちに嫡男信忠を総大将として城を囲んだ。半年に及ぶ籠城の末に落城し、虎繁は処刑され、城内の甲信の兵や遠山氏の家臣は皆殺しにされたという。その後、河尻秀隆、団忠正が城主となり、小牧長久手の合戦後は金山城主森忠政の属城となった。

関ヶ原合戦直前に田丸直昌が四万石で入部するが、西軍に属して改易され、慶長六年（一六〇一）に徳川譜代の松平家乗が二万石で入部した。現在見られる石垣造りの近世城郭は、家乗の整備によるものである。

城郭は、城山の山上に本丸、二の丸、東曲輪、出丸、八幡曲輪を配する。北西山麓に藩主の居館（藩主邸跡）が置かれており、比高差は一五〇メートルを測る。城下町はその西に展開しており、中央を流下する岩村川の北が武家地、南が町人地となっている。

本丸は、二つの二重櫓と多門櫓があり、東と北に門が構えられていた。江戸後期には内部は空閑地であった。東曲輪は、本丸の正門に面して出桝形的な機能を果たした曲輪である。

二の丸は、菱櫓などの櫓のほか、朱印蔵、米蔵、武器蔵、厩など藩の重要な施設が置かれた。中央に方形の池があり、中島に弁才天が祀られていた。社祠は現在、城下の隆崇院にある。また、別称「霧ヶ城」の由来である霧ヶ井の蛇骨も二の丸で保管されていた。

出丸は、本丸の南西にあり、太鼓櫓など二棟の二重櫓と三棟の多門櫓で厳重に防備されていた。多門櫓の一棟は作事小屋とされており、平時には城のメンテナンスを担っていた。

本丸北面の石垣。岩村城の石垣は大部分が享保３年（1718）の大地震以降に積み直されているが、ここは野面積みで慶長年間当初の石垣が残っている可能性が高い

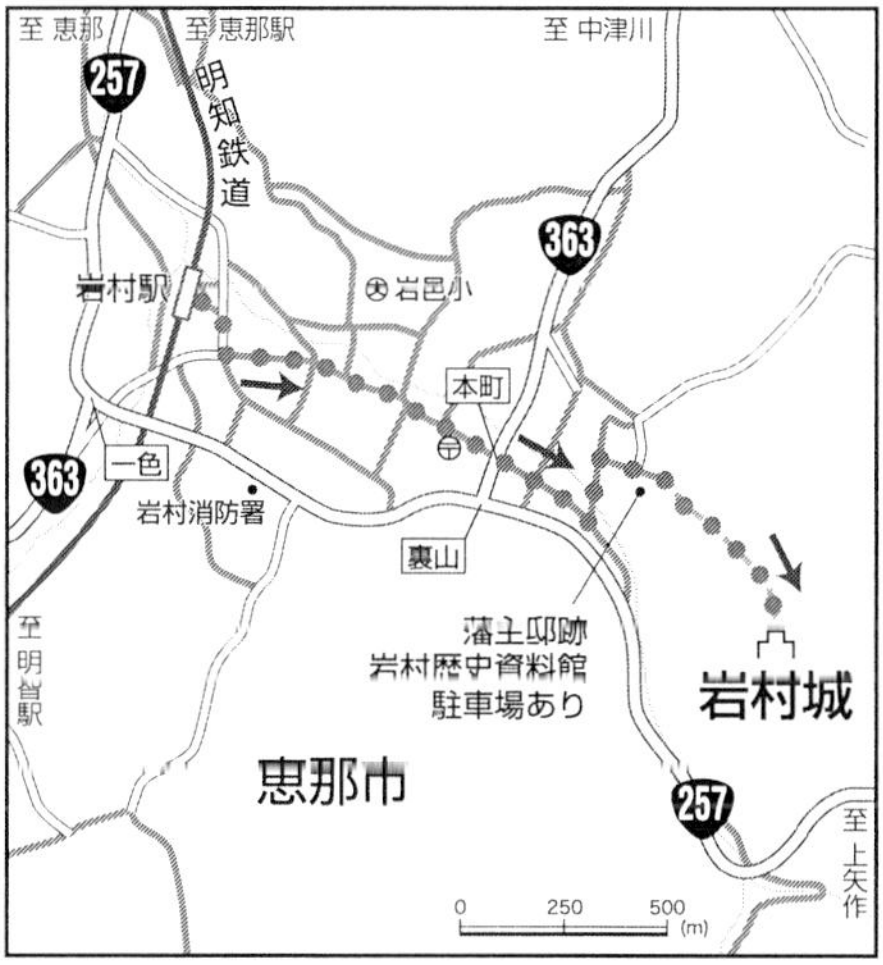

岩村城へのアクセス

明知鉄道岩村駅から山麓の藩主邸跡（岩村歴史資料館）まで徒歩約15分。藩主邸跡から本丸まで徒歩約20分。車の場合は藩主邸跡、出丸に駐車場あり。

　八幡曲輪は、中央を大手門から本丸・二の丸へ通じる道路が通り、その両側に侍屋敷や蔵屋敷、八幡神社・神宮寺、霧ヶ井が整然と並んでいた。二の丸門の正面には「渡り櫓」と呼ばれる特殊な二重櫓があった。櫓の二階と二の丸門の間に帯曲輪をまたいで廊下橋が架けられており、本丸・二の丸と八幡曲輪を視覚的に画する機能を有していたと考えられる。追手門から藩主邸までは藤坂と呼ばれる急な坂道で、両側には八幡曲輪と同様に大区画の侍屋敷が配されていた。

　このような構造から、松平家乗が整備した当初の岩村城は、本丸または二の丸に藩主の館、八幡曲輪から山麓にかけて上級家臣の屋敷や公的な施設、山麓に中下級家臣の屋敷を配置するプランであった可能性が高いだろう。

城下町の本通り（町人地）から見た岩村城。往時は正面に三重櫓がそびえていた

　さて、本丸の六段の石垣など特長の多い岩村城の中で、一番の見所はやはり大手であろう。比高差三〇メートルの間に一ノ門、土岐門、追手門が連なり、最上部の追手門脇には三重櫓があって三つの門を見下ろしていた。このうち、追手門は桝形門で、前面の空堀には畳橋と呼ばれる橋が架けられていた。畳橋と土岐門の間は広い空閑地となっており、馬出と評価することができる。三重櫓が城下のメインストリートの正面に当たる位置にあって天守の代わる役割を果たしたことはよく知られているが、城下から見上げると、一ノ門から追手門まで石垣と土塀が連なり、その上にそびえる姿は圧巻であっただろう。

　岩村城は、城下町もその姿をよくとどめている。重要伝統的建造物群保存地区に選定されている町人地だけでなく、武家地の見学も是非お勧めしたい。

　また、山上から周囲に伸びる尾根の各所には、戦国期の曲輪や堀切が遺存している。見学路が整備されていないのが難点であるが、こちらも一見の価値がある。

（三宅唯美）

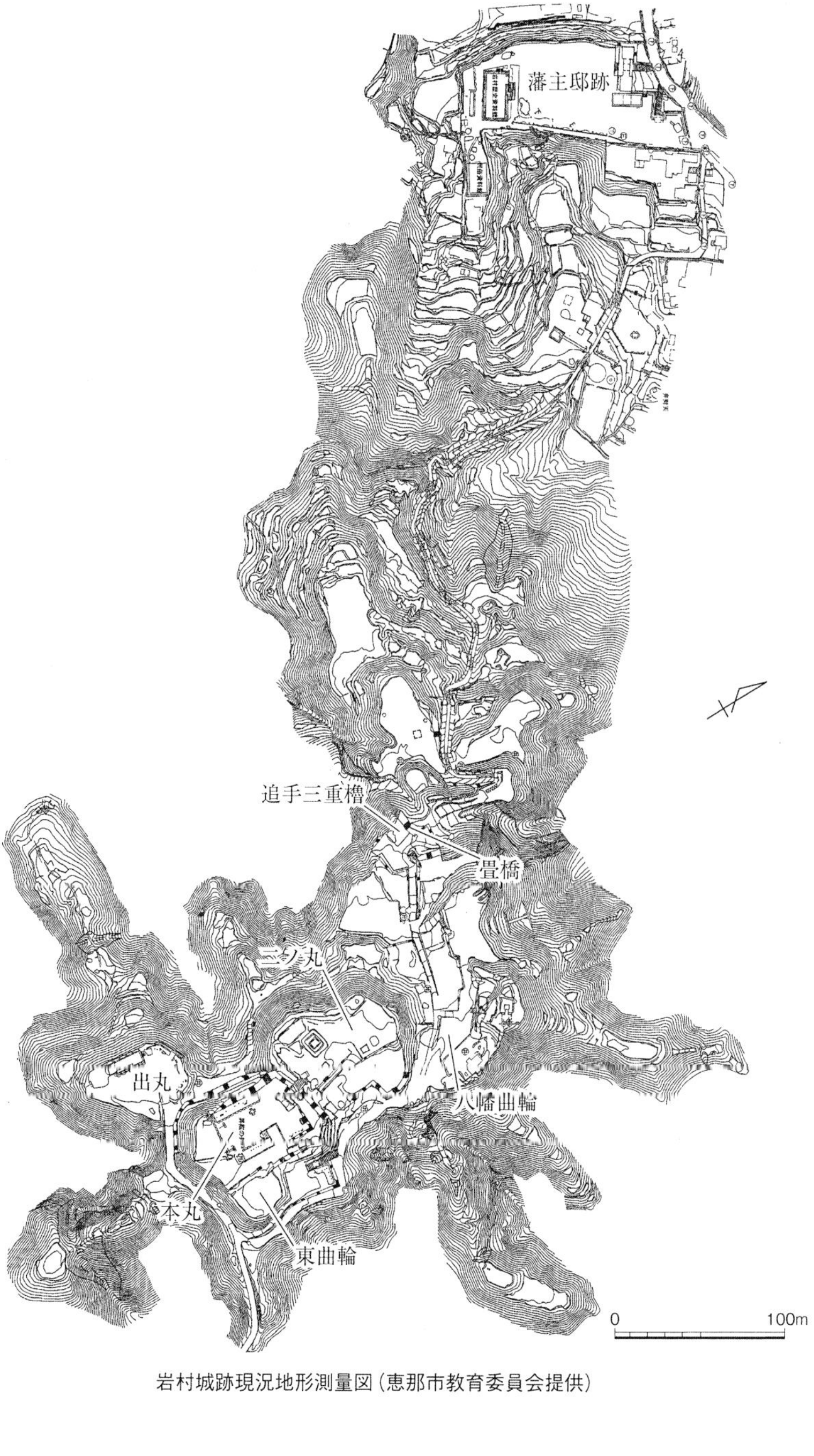

岩村城跡現況地形測量図（恵那市教育委員会提供）

34 飯《いい》羽《ば》間《ま》城《じょう》 ★

所在地　恵那市岩村町飯羽間
築城時期　十六世紀中葉か
標高　五三〇m
主な遺構　曲輪

　飯羽間城は、岩村川の支流飯羽間川が形成する細長い谷状の平地の最上流部にある。当地の中核的な城郭である岩村城からは直線距離で北西約四キロ、東濃における織田方の拠点である鶴ヶ城（瑞浪市）や中山道方面からの道が岩村盆地に入る口元を押さえる位置である。

　城主の遠山飯羽間氏は、岩村氏から分出した遠山一族で、室町中期には将軍に直属し、奉公衆に名前を連ねている。織田と武田の攻防が本格化する永禄末年から元亀年間の城主は、遠山友勝・友忠父子で、『丹羽氏聞書』には「飯羽間村城主　遠山右衛門殿、右は信長公伯母婿也、其後遠山加雲《（友勝）》、同久兵衛殿《（友忠）》」とある。『寛永諸家譜』によれば友忠の妻は信長の姪であるという。

『信長公記』には、元亀元年（一五七〇）の志賀の陣で比叡山を包囲する織田軍の中に、「苗木久兵衛」（友忠）がいる※。これが正しいとすれば、この時期の遠山氏の多くが武田に従う中で、飯羽間氏は早くから信長家臣団に組み込まれていたことになる。

　元亀三年（一五七二）、遠山景任（岩村城）・直廉（苗木城）兄弟が相次いで病没すると、信長はこの機を逃さず両城を手中にし、苗木城は友勝・友忠父子に継承させた。飯羽間城は友忠の長子友信が継承し、次子友重は阿寺城（中津川市）を与えられた。飯羽間氏は恵那郡北中部を押さえる一大勢力となった。友忠は、その後苗木城主として武田氏と対し、天正十年（一五八二）には木曾義昌の調略に成功して織田方に寝返らせ、武田滅亡のきっかけをつくった。近世苗木藩遠山家初代遠山友政は友忠の三男である。

　飯羽間城主となった友信は、天正二年（一五七四）武田勝頼の東濃侵攻のときは明知城に籠城するが、城内で謀反を起こし落城に導いている（『信長公記』）。飯羽間城もこのとき武田方の城となったと思われるが、その後の動静は不明である。なお友信はその後甲斐に逃れるが、天正十年武田滅亡の際に織田方に捕えられて処刑されている。また、友重は同じく天正二年に阿寺城で戦死している。

北東から見た飯羽間城

城跡は、飯羽間上切集落の中央にある飯羽間川沿いの独立丘にある。比高二〇メートルの丘全体に曲輪が展開するが、防御は急峻な自然地形と切岸に頼っており、明瞭な虎口や土塁、堀などは認められない。城の西側には、向山と呼ばれる小丘があり、細い尾根により連絡している。この丘も頂部が削平されて畑となっており、さらに西に続く丘陵との間は堀切状の谷によって画されている。現在この谷は、ほ場整備により農道が設けられ大きく改変されているが、以前も谷地形であったと記憶している。

現在は大部分が竹藪となっているが、地元の方の手に

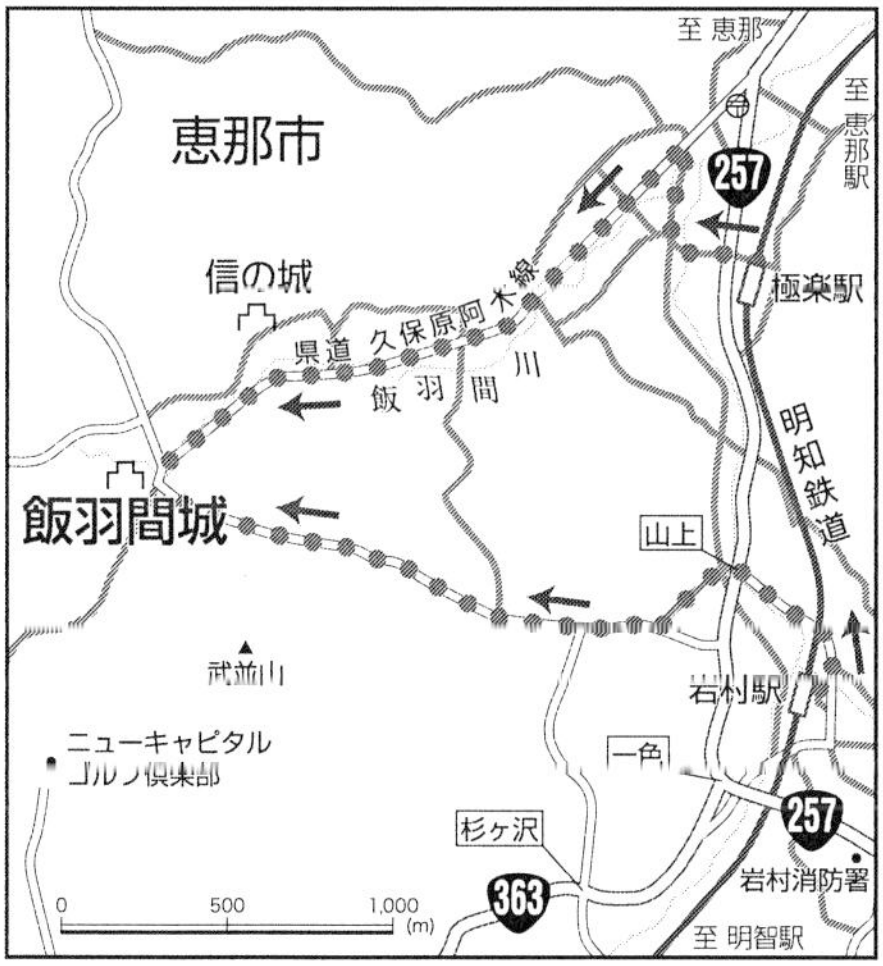

飯羽間城へのアクセス

明知鉄道極楽駅または岩村駅から西へ徒歩約40分。岩村駅からは、図には示していないが、東海自然歩道を利用してもよい。車利用の場合駐車場なし。

よる散策路が整備されており、頂部の曲輪からは飯羽間川沿いに広がる集落を一望にすることができる。すぐ近くを街道が通り、城の北側には「市場田」という地名もあるなど、この地方の戦国期在地領主の居城の代表例といえるだろう。

南から見た信の城

飯羽間城の北東六〇〇メートルの、北側の山地から伸びる尾根の先端にも城跡が存在する。字「信」にあるので「信《のぶ》の城」と通称している。規模は飯羽間城に匹敵する。背後の尾根を二重堀切で画しているほかは、防御の主体は飯羽間城と同様に切岸で、明瞭な虎口などは見られない。立地も、比高二〇メートルで、近くを街道が通るなど、飯羽間城と共通する。

信の城について『丹羽氏聞書』には「根上村　神篦村城主之子信友市丞殿と申仁居被申候由」とある。筆者は、天正三年の織田信忠による岩村城攻めの際に、延友佐渡守が築いた陣城と考えている。同じような立地で新たに城を築いた理由としては、飯羽間城からは岩村城を望見できないことが挙げられるが、なによりこの時点では飯羽間城は苗木に移った友忠の城であり、他の武将が利用することはできなかったからではないだろうか。

佐渡守は河尻秀隆が在番していた鶴ヶ城（瑞浪市）の城主で、友忠同様、信長に重用された人物である。後年対照的な歩みを見せる両者が隣り合う二つの城に拠って岩村城を包囲していたと想像するのも楽しい。

※友忠が苗木城主となるのは元亀三年以降であり、このときは苗木を称していない。『信長公記』の友忠の表記は「苗木久兵衛」で一貫しており、編纂の際に名乗りの変化を考慮せず記載したものだろう。

（三宅唯美）

飯羽間城跡概要図（作図：髙田　徹）

35 明知城《あけちじょう》 ★

所在地　恵那市明智町
築城時期　十六世紀
標高　五二八m
主な遺構　曲輪　堀切　畝状空堀群

日本大正村として著名な明智は、明治から大正にかけて製糸業で栄え、現在の町並みを形成した。その要となったのは、中馬街道と南北街道（中山道大井宿と岡崎を結ぶ）である。明知城は、この二つの道の交差点を押さえる小高い山に築かれている。

城主の遠山明知氏は、遠山景朝の子景重を祖とし、遠山荘のうち手向郷地頭職を継承した。その子景長は『吾妻鏡』に将軍供奉人として見られ、文永九年（一二七二）の二月騒動に連座して所領を収公されている。鎌倉期には明知氏が遠山一族の惣領であったことが分かる。南北朝期には、朝廉が足利尊氏に従って手向郷地頭職を回復し、孫の景房に継承された。以後歴代が、大蔵少輔、加藤左衛門尉を号し、室町期を通じて将軍近習、奉公衆として活動している。

十六世紀中葉の当主景行は、永禄年間には岩村と同様武田氏に従っていた徴証があるが、元亀三年（一五七二）十二月の上村合戦では織田方の主将として戦い、戦死した。家督は孫の一行が継承したが、天正二年（一五七四）には、明知城は武田勝頼に攻められ落城している。『明知年譜』では、その後僧となっていた景行の二男（一行の叔父）利景が還俗して城を奪還し、一行を猶子としたとする。

なお、谷口克広氏は、明知城は織田信長の美濃平定の過程で坂井政尚に与えられたとする。政尚は元亀元年に近江で戦死し、家督は子の越中守が継ぐが本能寺の変で戦死している。子孫の動向は不明である。『信長公記』には天正二年の明知城落城の際に越中守の一族が城内で殺害されたことが記されており、坂井氏が明知城にいたことは確かだと思われる。鶴ヶ城の河尻秀隆と同様に、旧来の城主と並立して在番していたのかもしれない。

　本能寺の変後、森長可は東濃に侵攻し、明知城も遠山氏を逐って属城とした。天正十二年（一五八四）の小牧長久手の合戦に際しては、勃発後まもなく徳川方が森領への侵攻を開始し、明知城も攻撃の対象となった。このときの戦いについて、『明知年譜』は四月十七日に利景が落城させたとする。しかし、「讃岐遠山文書」によれば、一行と舅の遠山佐渡守の手により、三月下旬には落城している。なお、小牧長久手の合戦後、城は再び森氏の属城となった。

　利景は、慶長五年（一六〇〇）の関ヶ原の合戦で再び

千畳敷公園（落合砦）から見た明知城（中央左）と仲深山砦（右）。二つの城の間の谷を中馬街道が通る

明知城へのアクセス

明知鉄道明智駅から山麓の陣屋まで徒歩約10分。

明知城を攻略し、その功によって旧領六五〇〇石を安堵された。遠山氏は、元和元年（一六一五）には、参勤交代を行う交代寄合格の旗本となった。明知城が廃城となった時期ははっきりしないが、所領回復後まもなく陣屋が構えられ、その機能が移っていったものと考えられる。

通称「出丸」北辺の巨石列

さて、城跡を見学するには、尾根続きの東側の道路に車を止め比較的容易に登ることもできるが、大手にあたる西側の陣屋から入り南側の万ヶ洞に抜けるルートの遊歩道が整備されているので、是非こちらを利用したい。

城は、城山の山頂に並ぶ東西二つの曲輪と通称「出丸」を中心として、周囲の尾根の全域に曲輪を配している。登城路は、西側山麓の陣屋から主郭まで明瞭な導線があり、最終段階の大手道であると考えられる。

この城の一番の見所は、三つの主要な曲輪を囲繞する大規模な横堀・堀切とこれと連動する畝状空堀群であろう。横堀と竪堀を組み合わせて防御する事例は、この地域でもいくつか見られるが、このように多数の竪堀を横堀と複雑に組み合わせて用いる事例は他に類例がない。

主郭の南に位置する通称「出丸」は、この城の性格を考える上で重要な曲輪である。一辺約三〇メートルの方形で主郭をしのぐ広さを持ち、三方は急峻な切岸で防御されている。虎口が開口する北辺には巨石列が配され、この曲輪が特別な機能を有していたことを示唆している。例えば、元亀・天正年間の坂井氏、一行・利景並立期の利景など、城主と並び立つ有力者の居館であった可能性がある。そのほかにもいろいろな想定が可能であろう。

山麓の陣屋は、正面の水堀や背後を区画する土塁、馬場などの遺構が良好に残り、代官村上氏屋敷等の建物も現存している。近世旗本陣屋の類例として大変貴重である。なお、陣屋の内部は現在も生活空間となっており、見学は最小限にとどめたい。

（三宅唯美）

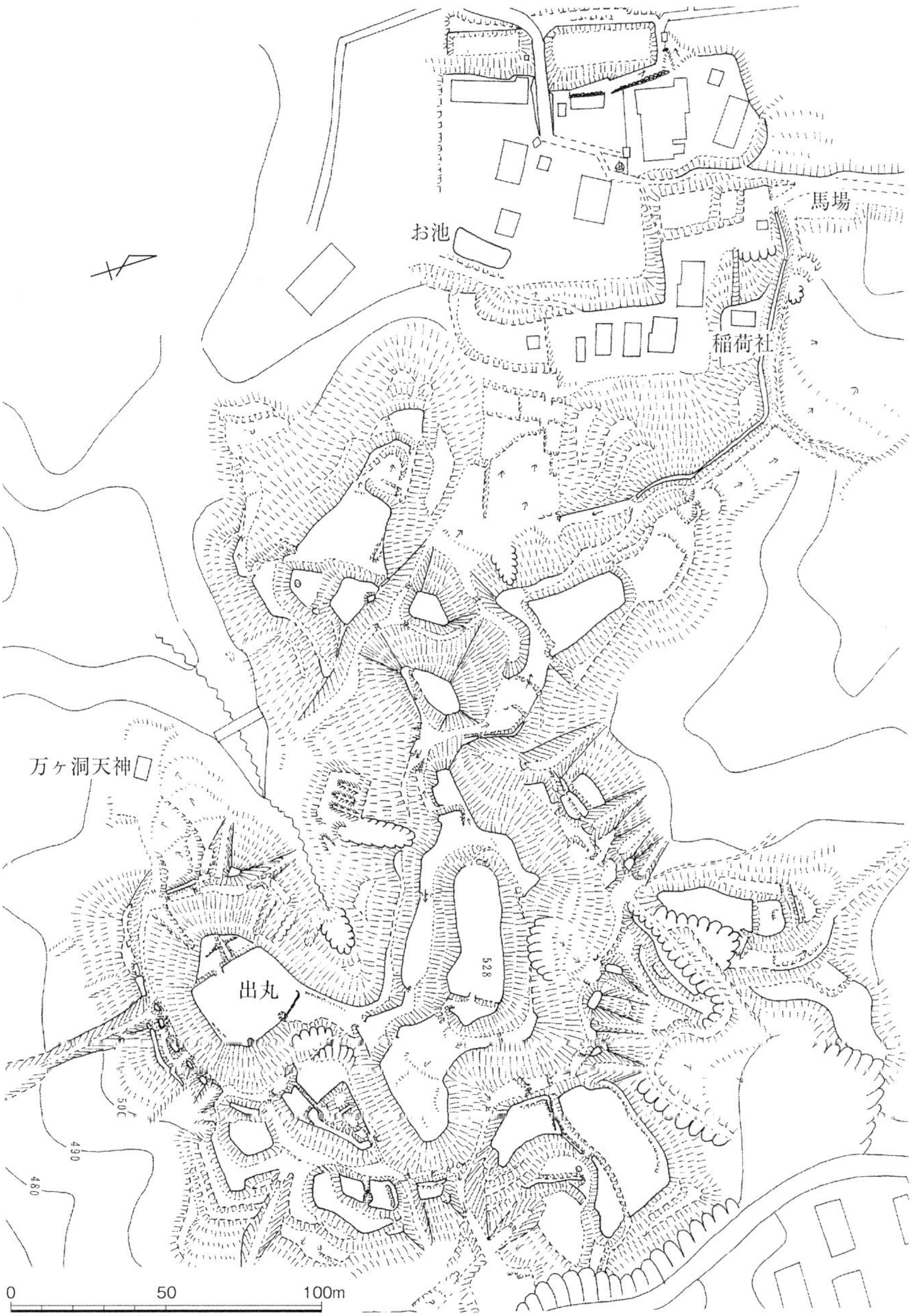

明知城跡概要図（作図：髙田　徹）

36 大平城《おおだいらじょう》 ★★

所在地　恵那市串原大平
築城時期　十六世紀後半か
標高　五三〇m
主な遺構　曲輪　堀切

大平城は、天正二年（一五七四）に武田勝頼に攻められて落城した「串原城」とされる城跡である。

城跡は、大平集落と峰集落の間にある通称「城山《しろやま》」の山頂にある。本来の登城路は不明であるが、大平と峰の間には東端の堀切を通る山道があるので、これを利用して登り、ここから西に向かって尾根沿いに見学しよう。

堀切から少し行くと、尾根を削平した三段の小曲輪が連なり、壁面は急峻な切岸となっている。これを登ると主郭に到達する。

主郭は、東西四〇メートル、南北一〇メートルの方形で、西端に櫓台上の高まりがある。石碑が建っているが、城跡とは関係ないものである。南北は急峻な斜面となっている。南側には細長い平坦面がみられ、切岸であることが分かる。

主郭の西側には、幅一五メートル、長さ六〇メートルほどの細長い曲輪があり、これに続く北側と西側の尾根は堀切で画されている。このうち、北側の堀切の対岸には、方二〇メートルの曲輪があり、「雪隠屋敷」と呼ばれている。このほか、城跡の周囲には、「殿井戸」「人きり場」「勝負沢」などの地名が残されている。

さて、主郭から南を見渡すと木根、柿畑集落が望見できる。小学校の裏山の背後に山頂が見えるのが柿畑城である。単郭の山城であるが、虎口周りの横堀や横矢の掛かる櫓台など見るべきものがある。地元の伝承では、串原氏は柿畑城から大平城へ移動したとされるが、遺構からは大平城よりも新しい時期まで使用された可能性が高い。

遠山串原氏は、南北朝期に明知氏から分かれて成立し

北から見た大平城

た遠山氏の一族で、早くから室町幕府の直勤御家人となり、奉公衆に名を連ねている。醍醐寺の厳助《げんじょ》が天文二年（一五三三）に飯田の文永寺からの帰路に遠山領内を通行した際には、「上村地頭久志原」が信濃境から木曽川の大井戸渡まで取り次いでいる（『天文二年信州下向紀』）。『丹羽氏聞書』には、串原城主として遠山馬之助、遠山与五郎が挙げられ、佐々良木村屋鋪（恵那市三郷町）に内衆渡辺新右衛門、下手向村（同市山岡町）に同

大平城へのアクセス

明知鉄道明智駅からバス矢作ダム線で大平バス停下車、正面の急な山道を登る。徒歩10分。バスの本数は少ない。峯バス停方面からの道は比較的緩やか。ただし峯バス停を通るバスは朝夕のみ。車利用の場合駐車場なし。

主郭東側の切岸

じく渡辺権七郎がおり、新右衛門は阿寺城（中津川市）の在番も務めていたと記されている。また、天正二年（一五七四）武田勝頼の東濃侵攻は、俗に十八砦の攻略と言われているが、武田方が一次史料で攻撃対象としているのは、明知、櫛原、阿寺の三城である（『新編甲州古文書』）。

このように、戦国末期の串原氏は、恵那郡中部に及ぶ勢力を有した有力国衆であった。串原城落城後、城主遠山五郎は遠山明知利景に従った。関ヶ原合戦後旧領明知を回復した利景は、石高六五〇〇石のうち五〇〇石を五郎に宛行うなど、破格の扱いをしている。一族内における串原氏の地位の高さを示すものだろう。岩村城、明知城、苗木城など、遠山氏の拠点となった城郭のほとんどは、後に外部から入った勢力により大きな改変を受けている。大平城は、天正二年以降再利用された形跡がなく、髙田徹氏が指摘するように、国衆遠山氏の築城技術を考える上で貴重な城跡といえよう。

（三宅唯美）

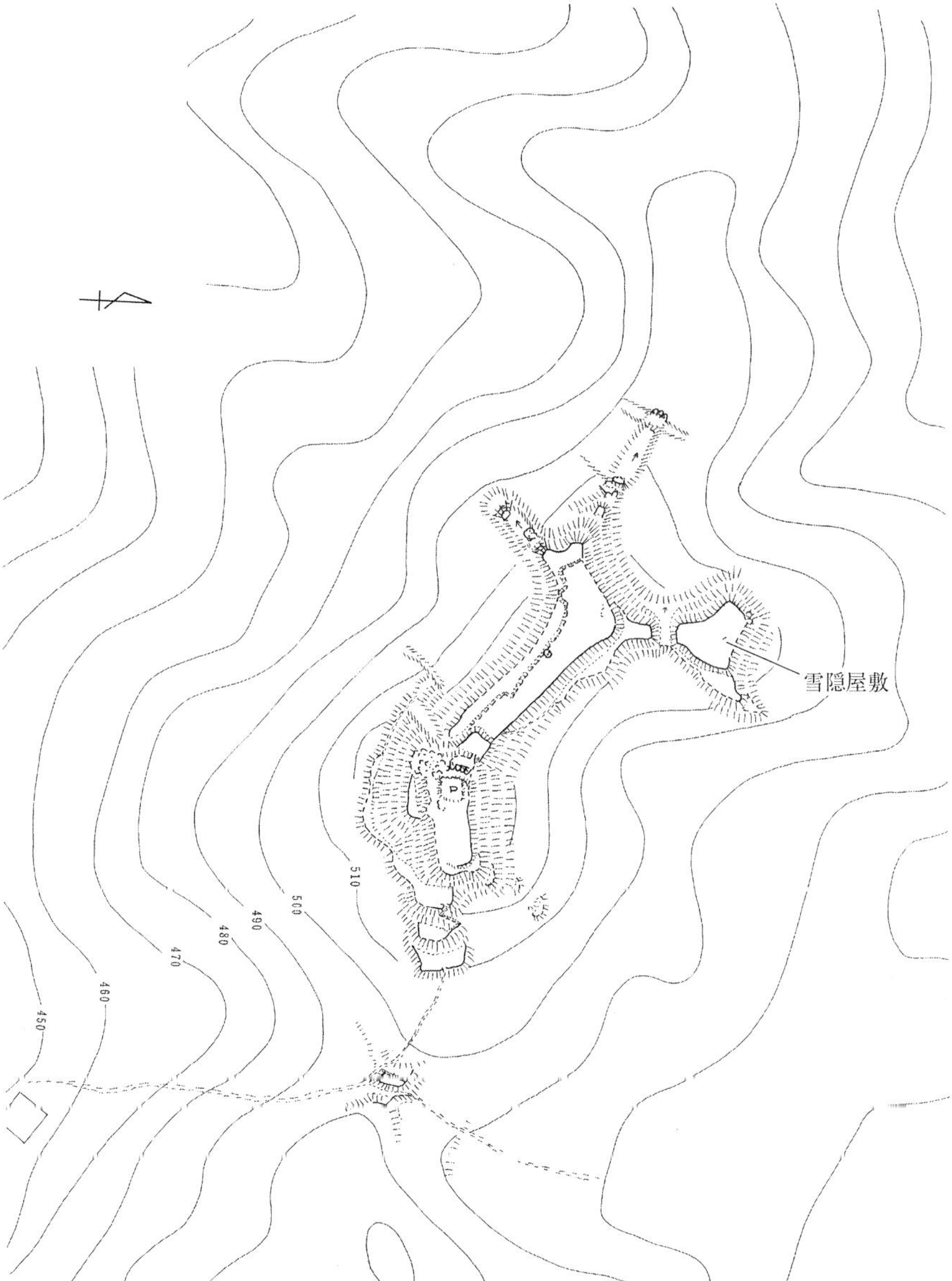

大平城跡概要図（作図：髙田　徹）

37 前田砦《ぜんだとりで》 ★

所在地　恵那市上矢作町本郷
築城時期　不明（一五六〇〜七〇年代か）
標　高　五二〇m
主な遺構　曲輪　竪堀　堀切　土塁　櫓台

前田砦は恵那市上矢作町を流れる上村《かみむら》川と飯田洞川の合流点の丘陵先端部に位置している。

『丹羽氏聞書』には「上村　原弾正と申仁被居候、月瀬村ニ原党之元祖也」とある。『恵那郡史』は、元亀三年（一五七二）の上村合戦の際に、遠山明知景行の武将門野兄弟が千騎を以って拠ったところとする。

この時期中部地方は織田と武田の抗争が激化し非常に混沌としており、特にこの砦の位置する東濃地方は信玄の治める信濃、信長の統治する美濃、そして三河の徳川家康の三勢力に囲まれた不安定な位置にあった。岩村城を本拠とするこの遠山荘を統べる遠山氏も例外でなく、強大な織田氏と武田氏の間で翻弄されることになる。よってこの砦を最初築城したのは、おそらく遠山氏（もしくは織田氏）で、後に武田方によって改修されたものであると推測される。

この前田砦は、現在でも隣接する城山稲荷、岐阜県天然記念物に指定されている大船神社参道の松並木からも遺構面が確認できる。保存状態は比較的良好である。

曲輪跡は三ヵ所あり、各々が竪堀を伴う大規模な堀切で厳重に区画されていて三段構えで敵の進攻を止めた様子がうかがわれる。このうち一番東側に位置する曲輪には堀切直上に櫓台状の土壇が確認できる。これらから東面に防御を重点化していることも推測できるが、この曲輪のうち何処が主郭にあたるのかははっきりしない。また、堀切と土塁が強固である半面、明瞭な虎口などは確認できない。この砦を拠点に防衛側は川面より上矢作地内に転回し敵軍と激突をし、時には砦に籠城していたと考えられる。

上村川（右）、飯田洞川（左）合流点から見た前田砦。山麓の集落は、中馬街道の宿場として栄えた

この前田砦の重要性は、その立地環境にある。ここは先述のとおり信玄の西上作戦に伴い、織田家との激戦地となった東濃地方の本拠となる遠山氏、その後秋山虎繁の本城となる岩村城を防衛する地点にある。飯田伊那方面の根羽や平谷ルートを中継する重要な位置にあるということである。

また、この前田砦から直ぐ南に位置し、漆原にある漆原城（城山砦《じょうやまとりで》）も三河方面を防御する要所にあり、前

前田砦へのアクセス

明知鉄道岩村駅からバス上矢作線で中島バス停下車。大船神社参道（表示あり）を登る。徒歩5分。駐車場なし。漆原城は同じく上矢作線で越沢口下車。城跡は上村川対岸の国道257号城山トンネルが通る小山にある。山麓まで徒歩5分。

幅８m、深さ５m を測る前田砦の大規模な堀切

田砦に比べ小さいながら、主郭と馬出曲輪、帯曲輪、そして明瞭な虎口を有し、二重の堀切を設けるなど頑強な防御を施している。

漆原城がもし落城した場合、岩村城は信州側からも三河側からも圧迫を受ける位置にあり、前田砦はこうした本城を繋ぐ重要なルートを守るべく秋山虎繁らにより強固な城砦に改修したと考えられる。これらの城を中心に信州や三河方面へ岩村城からの情報伝達も行われていたのであろう。

このように、これら二城だけでなく東濃地域の支城は三河、信濃、美濃の三地方に接した不安定な地域で主城の岩村城を守るように要所で構えられていたことが推測できる。

上矢作町は、こうした戦国期の攻防を担った支城（砦）が他の要所にもあり、遠山氏と武田氏の激戦（上村合戦）地にある遠山塚などの文化財や、自然と清流に恵まれた地域である。観光を兼ねて武士達の闊歩した足跡を、ぜひたどっていただきたいものである。

（三宅英機）

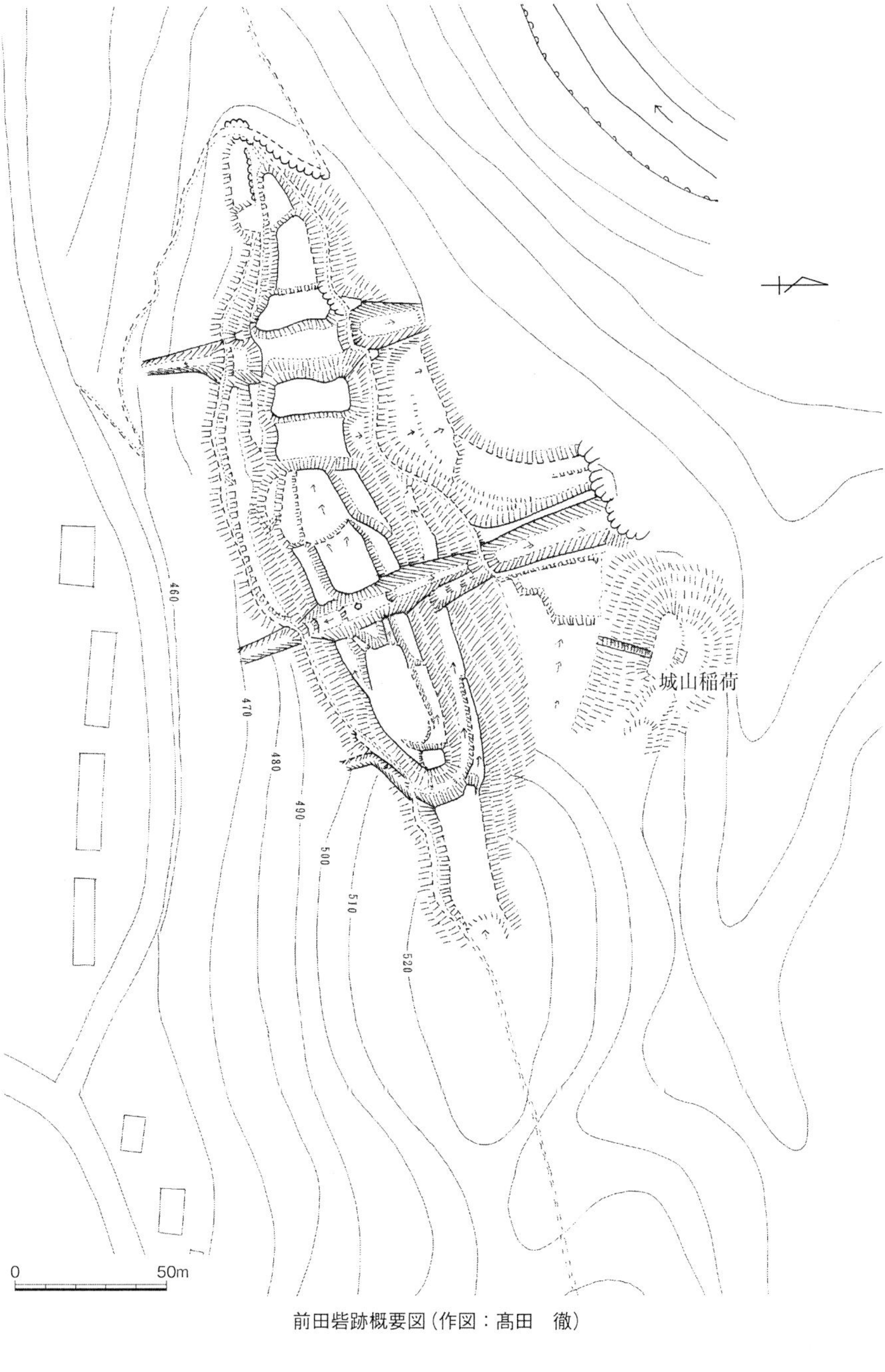

前田砦跡概要図（作図：髙田　徹）

38 阿木城《あぎじょう》 ★★

所在地　中津川市阿木字大門前・細田・スワデン
築城時期　不詳
標高　五四一m
主な遺構　曲輪　土塁　堀切　竪堀　切岸　虎口

阿木城は明知鉄道阿木駅の東北東にある、通称城ヶ峰と呼ばれる標高五四一メートル、比高約六〇メートルの山上一帯に築かれている。現在は市の史跡に指定されている。

城がいつ頃に築かれていたのかは定かではなく、また城主についても『丹羽氏聞書』の「岩村近辺城主覚」では戸田甚左衛門、『巌邑府誌』では大藤権允、堀田某が挙げられているが、その歴史についても明らかではない。

元亀から天正にかけての頃は、東濃地方での覇権をめぐり織田・武田の攻防が繰り広げられており、阿木城の近隣の岩村城は幾度となく勢力が入れ替わっている。その中で阿木城も十分な役割を果たしていたと思われる。

城の遺構はほぼ良好に遺されており、東西約一八〇メートル、南北約一五〇メートルにわたり広がっている。山頂部のほぼ中央部分に主郭Aが存在する。これは東西約五〇メートル、南北約五〇メートルと規模はかなり大きく、ほぼ円形を呈している。地元の古老の話によると、昔からこの平らな場所は知られており、この広場でよく遊んでいたとのことである。当時の子どもたちにとって、山の中の平らな場所はかっこうな遊び場であったようだ。この平地の周囲は高さ約五メートルの切岸がある。主郭には土塁の痕跡が無いため、おそらく土塁は築かれていなかったと思われるが、五メートルの切岸は急勾配で容易に登れそうに無く防御性が保たれていることが見て取れる。主郭の南北両側のほぼ対象となる位置に虎口B、Cがある。

主郭Aの西側には帯曲輪Dが、東側には帯曲輪Eが付き、帯曲輪Dには尾根が西へ延びる箇所に土塁Fが、尾根が南西へ延びる箇所に土塁Gが築かれている。現状で土塁が確認できるのは帯曲輪Dのみである。主郭Aから帯曲輪への通路は、虎口Bからは帯曲輪Eへ、虎口Cか

阿木城跡を東南から望む

らは帯曲輪Dへと下っている。帯曲輪Dと帯曲輪Eの南側の境界部は虎口Bによって遮断されているため互いに連絡できない。同様に北側の境界部も虎口Cが張り出しているが、かろうじて連絡できる程度に繋がっている。

周辺の遺構についてみてみる。阿木城は地形的に主体部に対し三つの尾根が存在している。西側に伸びている尾根に対する防御としては、幅約八メートル、深さ約二メートルの堀切Hの東側には

阿木城へのアクセス

明知鉄道阿木駅下車、徒歩約７分で登城口。登城口に「阿木城跡」の標柱あり。

わずかではあるが平坦部が設けられており、さらに一段上に土塁Fから土塁Gまでの長さの帯曲輪Iがある。

南西側に伸びている尾根にはいくつかの曲輪が設けられており、その間を縫って道が通っている。この曲輪群の中に西側に伸びる竪堀Jがあり道の幅を狭めている。竪堀Jの南側に張り出すように曲輪Kがあり、道沿いに攻めてくる敵に対して側射できる位置にある。また曲輪Kの西側を回る敵に対しても、竪堀Jで行く手を阻み曲輪Kから攻撃をかけることができる。

土塁と切岸

北東側から伸びてきている尾根は城にかかる三つの尾根のうち唯一城に向かってきている尾根である。

そのため敵は高い位置から攻撃することができ、城にとっては地形的に弱点となる。そこで幅約一〇メートル、深さ約六メートルの大き目の堀切Lが設けられている。堀切Lは尾根に対して斜めに築かれており、また西端で北側に折れ曲がり、そのまま北側の斜面に竪堀となって続いており、全体が「へ」の字型になっている。堀切Lの北東に、尾根を横切る山道のため切通しになっているところがあるが、ここも堀切だったかもしれない。また堀切Lの南側には平坦な箇所があり、一段上の帯曲輪Eは尾根に向いて幅が広くなっている。このように弱点となる北東の尾根に対しては、二重の堀切や兵を配置する場所を設けるなど守りを固めていることが伺える。

林道と南西に伸びる尾根筋の道の合流点に文化財愛護標柱が立てられており、見学者の多くがここから登っている。ちなみに城の南西にある八幡神社から登るルートもあるが、前述のルートよりも歩きにくく、あまりおすすめできない。

なおこの八幡神社は、由来については定かでないが鎌倉時代初期といわれ、阿木城の守り神として岩村八幡神社の分霊を祀ったといわれている。

（清水宣洋）

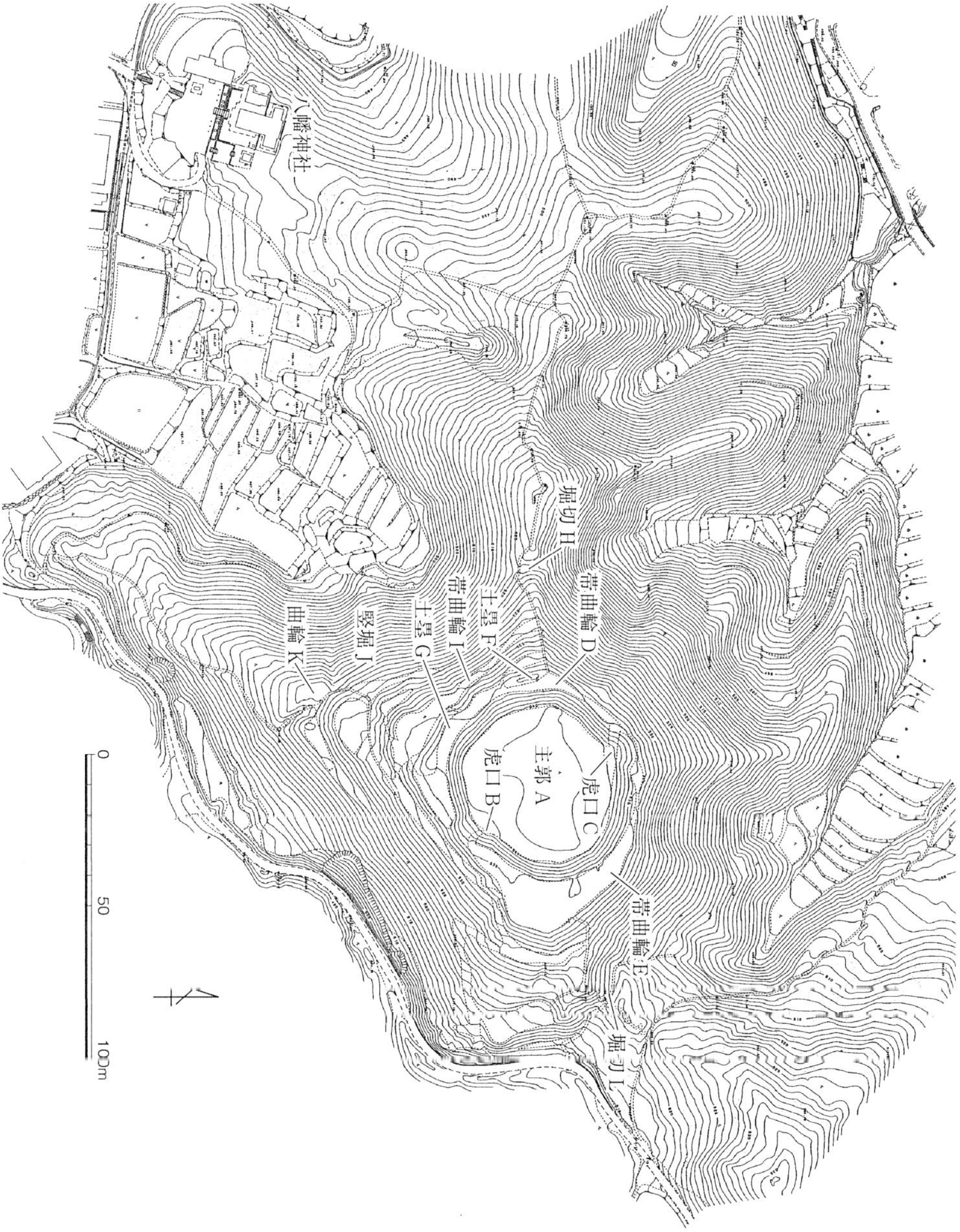

阿木城跡概要図（中津川市教育委員会提供）

39 阿寺城《あでらじょう》 ★★★

所在地 中津川市手賀野字斧戸
築城時期 不詳
標高 五六〇m
主な遺構 曲輪　土塁　堀切　竪堀　虎口

阿寺城は中津川市手賀野にある、通称「蘭丸山」と呼ばれている山上に位置する。標高は約五六〇メートル、比高約一〇〇メートルである。城の東側山すそを中津川が流れ、川との比高は約一七〇メートルである。屏風山断層のずれによってできた高まりの先端部にあたり、そのため城からは中津川の市街地が一望できる位置にあった。

城の位置については、阿寺城の周辺にある千旦林城や霧ヶ原城なども恵那山から派生した山の先端付近に存在することから、城から近いところに主要街道が通っていた可能性があり、江戸時代の中山道は城からは距離があるため、古代の官道であった東山道が通っていたことも考えられる。中津川市内では三つのルートが想定される東山道であるが、今後のルートの解明にこれらの城の位置が大きくかかわってくるかもしれない。

城の築城に関しては定かではないが、『木曾並御坂越古道記』によると「城下は手賀野村。之城東北は中津川の上流で嶮岨、川際の北西の方は平原だが険しい山なので登り難く、西は千駄林の城山へ続き、谷がある。本丸から南は高山だが岩村への通路にはよい。（中略）岩村の枝城に遠山氏が築いたという。城下はてがね村へ続き、平原の中に町屋の古跡が多く見える。家中屋敷である。城内に井水はなく、西南の山谷から掛樋でとったという。」とあり、『御坂古道記』には「遠山氏繁昌ノ節ノ結構ナリシ」として霧原・丸山城、落合城、徳ノ城、阿寺城、千駄林ノ城、茄子川ノ城、大井ノ城、正家ノ城、狭ヶ羅岐城、野井ノ城など十二の城があがっていることから、遠山氏の城であったことが伺える。

また「本丸から南は高山だが岩村への通路にはよい。」

と、城の背後の山中を通り岩村へ抜ける道があったことが記されている。現在は城跡の南側尾根伝いに進むと、手賀野地区から根ノ上高原に抜ける県道と合流し、県道は根ノ上高原で国道三六三号に合流し、国道は岩村に通じている。ただしこのルートが当時の岩村へ抜ける道とどれくらい関わっているのかは不明である。ちなみに県道は昔バスが通っており、「阿寺城趾」というバス停があった。山の中であり付近に集落もなく、何故このようなところにバス停があったのか不思議であるが、城を訪れる人たちのためのバス停であったかもしれない。

阿寺城跡を北東から望む

　元亀三年（一五七二）八月、武田信玄と結んでいた岩村城主遠山景任が病死すると、織田信長はこの機に乗じ兄信広と子御坊丸を配し岩村城を押さえたが、十一月に武田方の秋山伯耆守虎繁に占取されてしまう。これに対し信長は十八城砦を配置し、阿寺城には苗木城主遠山友勝の子で、飯場城主友忠とその次男友重を配した。天正二年（一五七四）一～四月、武田勝頼が東濃に侵攻し、中津川へは親族衆の木曽義昌が攻め入った。武田軍は霧ヶ原城、落合城、徳ノ城を攻め落とし、特に阿寺城は激戦で

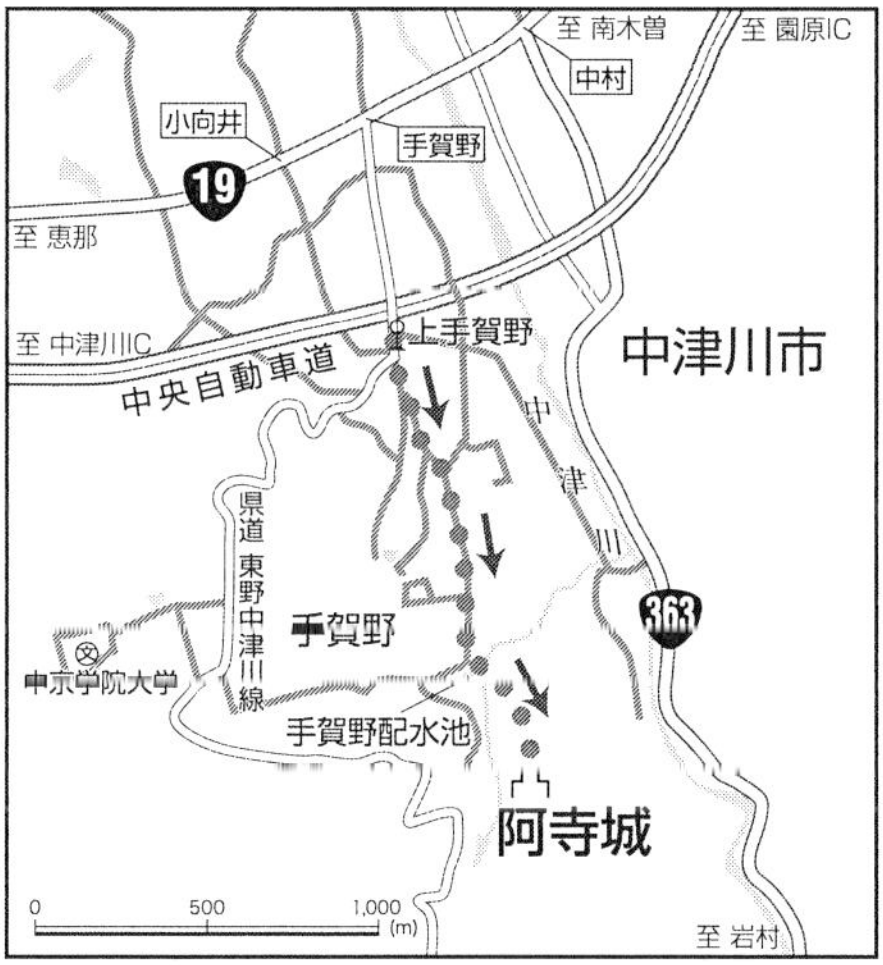

阿寺城へのアクセス
JR中津川駅前から北恵那バス中京学院大学行きで約15分、上手賀野バス停下車、徒歩約25分で手賀野配水地へ。左手沢沿いに進み、途中、沢を渡る。約25分。

あったとされ、この戦いで友重が十九歳の若さで戦死した。

この後の阿寺城については、諸旧記に森某之におるとみえることや、地元の人たちが城のあった山を蘭丸山と呼んでいることなどから、岩村城にあった森氏の支配下に入っていたという説もあるが定かではない。

城の構造については、三つの曲輪で構成されており、曲輪Aから北方向へ続く尾根上に曲輪を連続して配置している。曲輪Aの南側が一段高くなっており、櫓台であった可能性がある。現在は御岳神社の小さな祠があり、麓の登山道の入口には「御岳神社登り口」という看板がある。曲輪Aから北側へ下りると曲輪Bがある。曲輪Aと曲輪Bの間には西側に堀切Fがあり、東側に通路があり曲輪A・Bを結んでいる。曲輪Bの北東に虎口Dがある。虎口Dは曲輪Bから東側に下りたところに小さな平坦地があり、そこから北西方向に進んで曲輪Cに到達する。曲輪Bと曲輪Cの間にも曲輪AB間と同様に西側に堀切Gがあり、東側に虎口Dから続く通路がある。曲輪Cは北西側と南西側に櫓台の可能性を持つ高まりがあり、その間に虎口Eがあり、道は北側に曲がっている。曲輪Cの北西方向に土塁や竪堀が、北方向に小さな平坦地の連なりが見られ、麓から登ってくる登山道は一旦この土塁で方向を変えられている。攻め上ってきた敵は土塁によって抑えられ、また斜面を回り込もうとすると竪堀によって遮られ、その間に上から弓矢の攻撃を受けることになる。ここはそんな情景が想像される。城の南側に目を移してみると、背後となる尾根続きには三重の堀切が設けられており遮断している。

堀切Ｆ

阿寺城跡への行き方は、麓の手賀野配水池側から登るルートと、県道から城の南側の尾根伝いに来るルートの二つあるが、麓からのルートは急斜面な箇所があるが比較的道がはっきりしているので、こちらを利用する人が多いようである。

（清水宣洋）

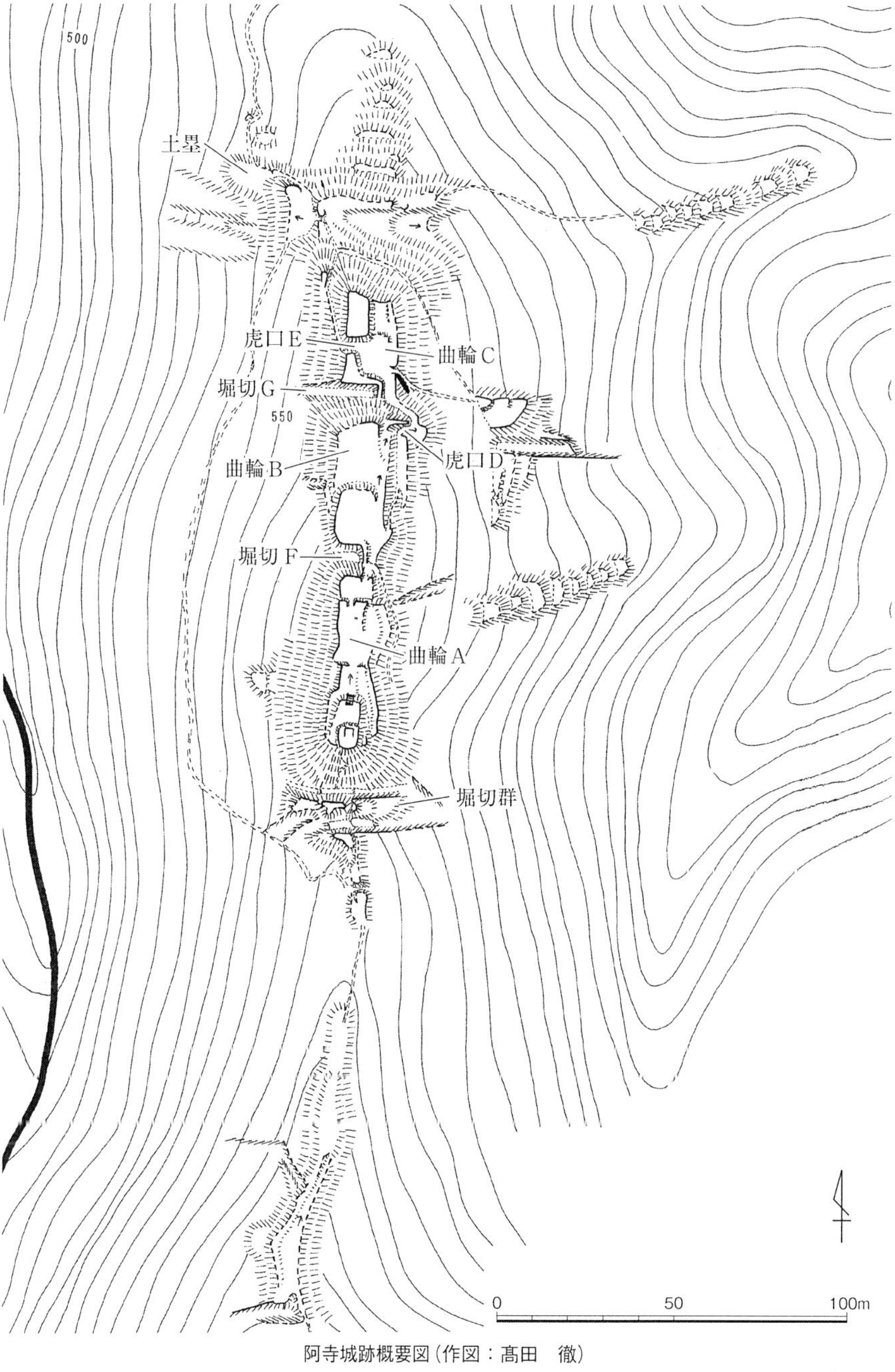

阿寺城跡概要図（作図：髙田　徹）

40 苗木城《なえぎじょう》 ★

苗木城跡は、中津川市内を東西に流れ貫く木曾川の右岸、一段と高くそびえる城山（高森山）に位置する。その標高は四三二メートル、木曾川から山頂の天守跡までの標高差は約一七〇メートルある。全山で巨岩が露頭している岩山であるため、築城にあたってはかなり制約を受けており、自然の地形を有効に活かした山城である。

城域は城郭の主要部である内郭部分が約二万平方メートル、外郭部分を含めると約三五万平方メートルに達し、その内一五万六七七四平方メートルが昭和五六年に国の史跡に指定されている。

苗木城の築城時期については、①大永年間（一五二一〜一五二八）に遠山一雲《いちうん》入道昌利が築いたとする説、②天文年間（一五三二〜一五五五）に遠山正廉《まさかど》が築いたとする説など諸説があり定かではない。

所在地　中津川市苗木字櫓下・高森
築城時期　十六世紀前半
標　高　四三二m
主な遺構　曲輪　石垣　井戸

この遠山氏については、十二世紀末、源頼朝の重臣加藤景廉《かげかど》が遠山荘等の地頭になり、長男景朝が遠山荘へ移り遠山氏を名乗ったのが始まりと思われる。室町時代には奉公衆として幕府に仕え、当時は苗木の北方にある植《うえ》苗木《なえぎ》を拠点としていたが、東濃地方を支配していた小笠原氏が、大永・天文年間になると衰退しこの地方から撤退すると、木曾口及び飛騨路のおさえという戦略上の要衝の地にあった高森山に注目し、この地に築城し移り住んだと思われる。

天正十年武田氏の滅亡と織田信長の急死により、東濃地方の情勢は一変する。

豊臣秀吉によって金山城主であった森長可《ながよし》が東濃地方を支配することとなったが、城主であった遠山友忠はこれに従わなかった。そのため天正十一年（一五八三）五月、苗木城は森長可の攻撃を受け陥落、友忠・友政親子は浜松の徳川家康のもとへ落ち延びた。

　その後苗木城は森氏の領有するところとなり、森氏が信濃松代へ移封となったのちは、川尻直次の領有となった。

　慶長五年（一六〇〇）関ヶ原の戦いに先立ち、家康は友政に苗木・岩村両城の奪回を命じた。友政は木曾路を抜け東濃に入り、東方の瀬戸から城を攻めたため、城を守っていた城代関治兵衛は逃走し、ついに友政は苗木城を奪還した。

　友政はこの功績により旧領地の一万五二一石を与えられ、苗木城を居城とし、以後明治維新まで十二代にわた

木曾川から苗木城跡を望む

苗木城へのアクセス
JR中津川駅前から北恵那バスで付知・加子母方面行きで約15分、苗木バス停下車、徒歩約35分。苗木遠山史料館の裏手を進むと城跡に至る。城跡入口に駐車場あり。

り遠山氏が苗木領を治めた。

城の構造については、城山の山頂にある本丸を中核として、二の丸、三の丸が配置され、これらの主要な曲輪を結ぶように、雁木坂の登城道や帯曲輪が置かれていた。本丸には具足・武器蔵等があり、頂上の天守は四間四方の三層で、巨岩の上に建てられていた。二の丸は内郭ではは一段低いところにあり、本丸を囲む帯曲輪と領主の居住及び政務の場所とからなっている。帯曲輪南東には物見矢倉等が置かれ、的場もあった。三の丸は周辺以外には建物は無く、城内第一の平場で、武者溜りを意図したものであると考えられる。主な建物としては大矢倉がある。この大矢倉は城内で最大の櫓建築で、位置と構造から見ると、最大の防御施設と言える。また三の丸は、近世以前に存在した空堀を埋めて造られたと考えられており、三代領主友貞の代(一六四二～一六七五)に描かれた絵図には、三の丸も含め現在の城跡に見られる櫓や門が確認できることから、十七世紀中頃には近世城郭としての苗木城がほぼ出来上がっていたと思われる。

大矢倉跡

苗木城の特徴を一つあげるとすれば、前述のように岩山という地形に制約されているため、より広い場所を確保する工夫が見られることである。柱穴のある岩や礎石にも利用された石垣の石等がそれであり、岩場を利用した建物はすべて掛け造りであったことからしてもよくわかる。

現在山頂の天守跡には、幕末頃に描かれた内郭の絵図を元に、巨岩に掘られた柱穴を利用して、天守三階部分の床面を復元(想定)した柱梁建物がある。展望台としても利用でき、恵那山、中津川市街地、木曾川の眺めはすばらしく、ぜひともご覧いただきたい。（清水宣洋）

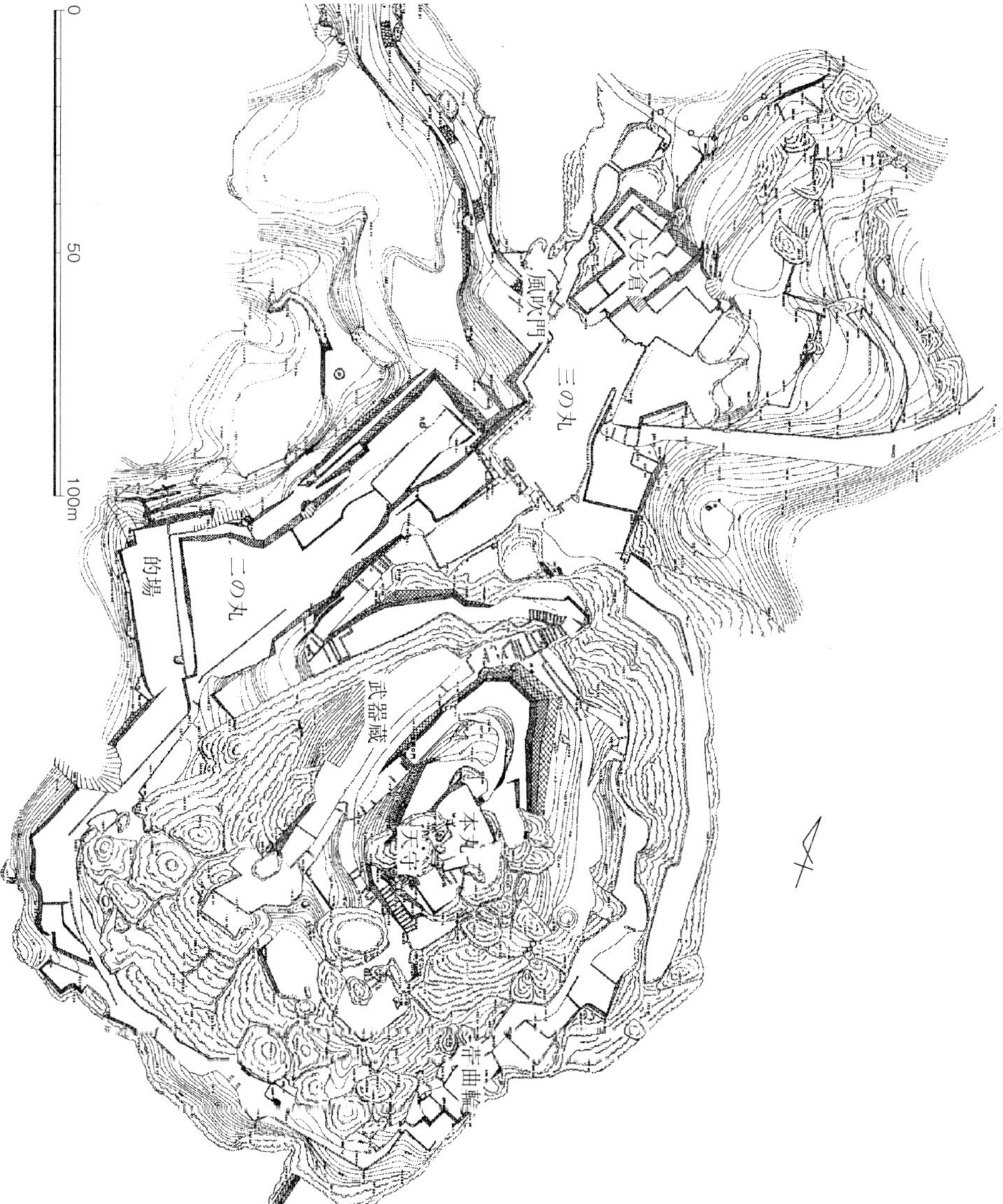

苗木城跡測量図（中津川市教育委員会提供）

41 広恵寺城《こえじじょう》 ★★★

所在地　中津川市福岡字上植苗木
築城時期　不詳
標　高　五三二m
主な遺構　堀切　井戸

広恵寺城は高峰山から北へ伸びる山から派生した東へ伸びる尾根上の、標高五三二メートル、比高約一一〇メートル、通称「城が根山」の山頂に位置する。『御坂越古道記』には「高山嶮岨ノ地也北ハ飛騨口、西ハ川ヲ堰トメ美濃口、東は木曾口、三方ヲ押テ築ケル要害堅固ノ城ナリ」とあり、城は飛騨、美濃、信濃に対する守りとなる要害の地に築かれていたことが伺える。

広恵寺城の名称は城の南側の山麓に存在した広恵寺に由来する。広恵寺については『苗木記』に「夢窓国師二十祖ノ弟子当時開山枯木紹栄禅師観応元庚寅年小春十七日」とあり、夢窓国師の弟子の枯木紹栄禅師が観応元年（一三五〇）に開山したとされている。また夢窓国師が入唐の折金山寺より持ち帰ったという観世音菩薩像の寄進を受け、本尊として祀ったとも伝えられている。その後江戸時代になり後継住職も絶え自然に廃寺となってしまい、観音堂のみが残っていたとされるが、廃仏毀釈によって観世音菩薩像は他の寺に移され、観音堂も廃絶となってしまった。

明治中頃に地元有志によって観音堂が再建されたが、老朽化により昭和六十年に改築された。現在はそのときの観音堂があり、仏像二体と経箱に「応永二年正月記」と記されている大般若経が納められている。また観音堂の周辺一帯には宝篋印塔や五輪塔が点在し、礎石や石垣、古井戸など広恵寺の遺構と思われるものも見られる。

広恵寺城について、『高森根元記』には「元弘建武ノ頃遠山一雲《いちうん》入道（居城有広恵寺峰一雲ハ法名ナリ未審可考）長男加藤左衛門景長父子住居也」とあり、元弘建武（一三三一～一三三五）の頃、遠山一雲入道と長男加藤

広恵寺城跡を南西から望む

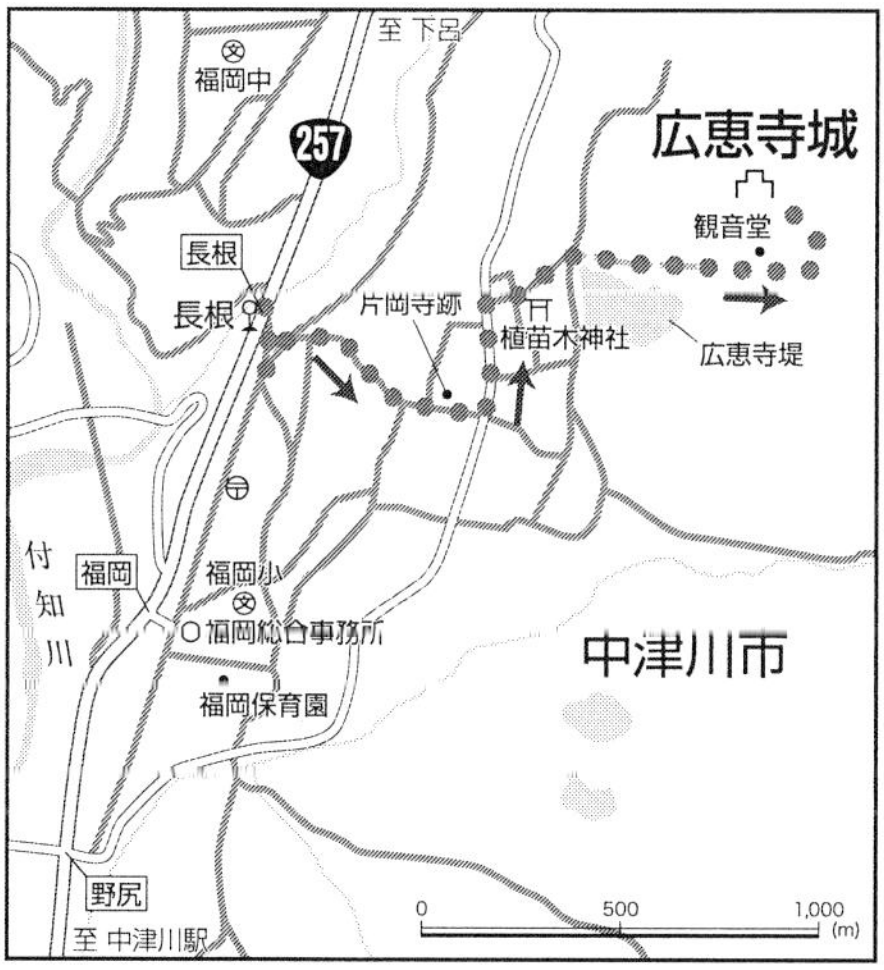

広恵寺城へのアクセス

JR中津川駅前から北恵那バスで付知・加子母方面行きで約30分、長根バス停下車、東に徒歩約15分で片岡寺跡に到着。更に東に徒歩約40分、広恵寺堤の脇を通り、観音堂を通り過ぎ、城跡へ。

左衛門景長父子が居城したとされている。また『御坂越古道記』には加藤左衛門景長が城工であったとある。しかし『遠山家系譜』には「遠山一雲入道昌利　大永年中自福岡村移居於高森城是築城之始也即称苗木」とあり、遠山一雲入道昌利が大永年間（一五二一～一五二八）に福岡村（広恵寺城）から高森城（苗木城）に居を移したとされ、人物の年代が一致しない。このように広恵寺城の築城や城主については諸説があり定かではないが、十二世紀末に遠山荘に移りこの地を治めた遠山氏の一族である苗木遠山氏が、室町時代には広恵寺城のあった植苗木を拠点としていたことはほぼ確実であろう。その後居城を広恵寺城から高森城（苗木城）へ移し、江戸時代の苗木藩へと続いていくことになる。ちなみに苗木という地名も、高森城へ移ったとき旧拠点であった植苗木から名付けたとされている。

片岡寺屋敷のものと思われる土塁

　城の構造については、山頂部はほとんど自然地形のようであり、城の存在を思わせるものは、東側の堀切と、北側の古井戸のみである。

　このように現在では城が根山には城に関する遺構がほとんど見られないが、山の南西に当時の屋敷跡の一つと思われる遺構が存在する。『御坂越古道記』に「城南ノ平地ニ土塁築上ゲタル屋鋪アリ城主平居ノ所也ト村中ニ四方堀ノ屋敷数ヶ所アリ何レモ家老屋鋪ト云フ」とあり、土塁が築かれた城主の屋敷や家来の屋敷の存在を示している。

　これに想定される場所が片岡寺《へんこうじ》跡である。片岡寺は慶安三年（一六五〇）に苗木藩主三代遠山友貞の母、寿昌院の供養のため創建された。開山は周学玄豊和尚で、以後幕末まで仏門の繁栄を見たが、苗木藩の廃仏毀釈により廃寺となった。現在は周辺に名号塔や三界万霊塔、歴代住職の墓碑などが残るのみである。

　この片岡寺跡の南側に、高さ約四メートル、長さ約四メートルの土塁が存在し、これが広恵寺城に関係する屋敷跡の遺構と想定されている。

（清水宣洋）

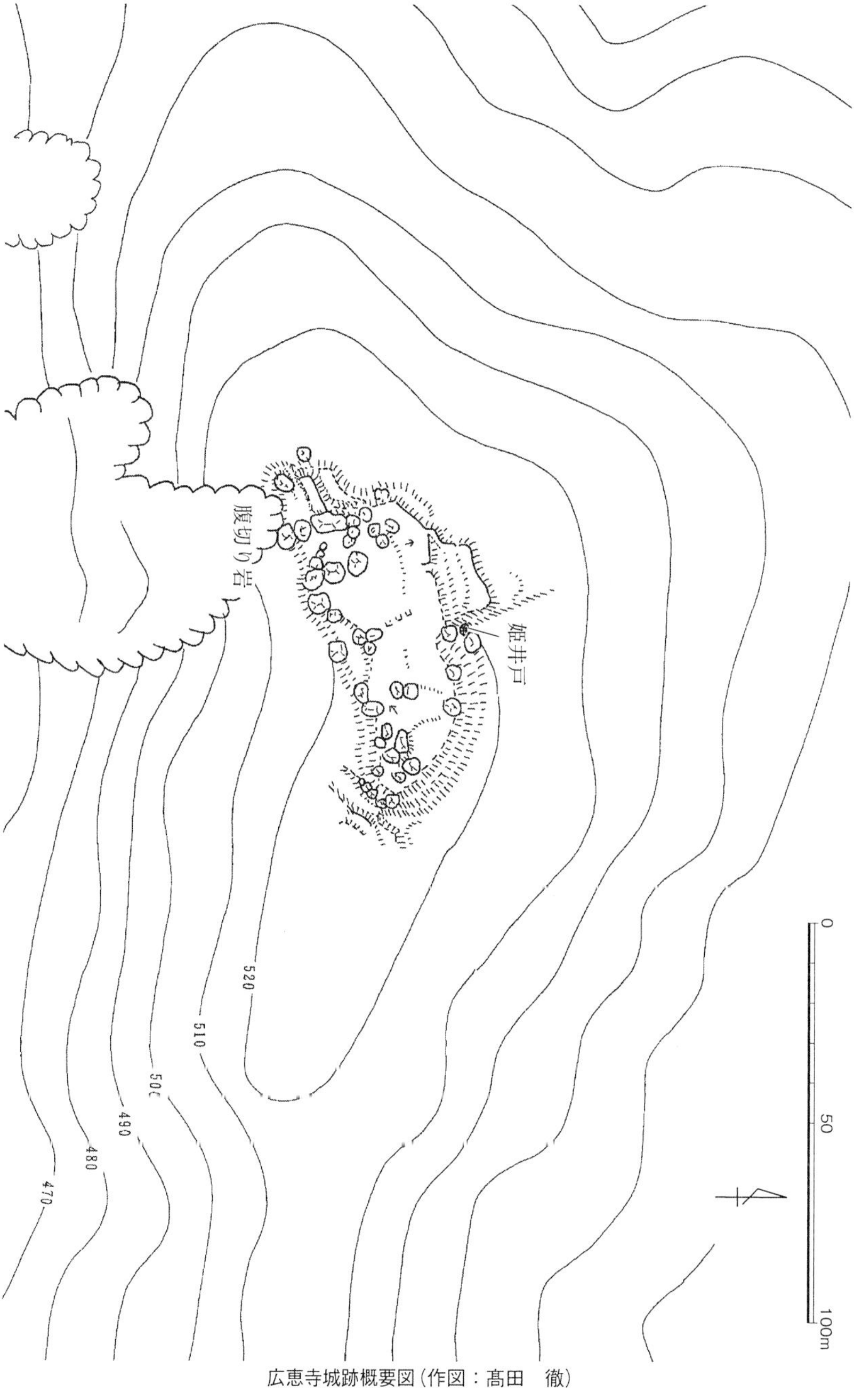

広恵寺城跡概要図（作図：高田　徹）

42 松倉城《まつくらじょう》 ★

所在地　高山市松倉町城山二〇五九番地ほか
築城時期　十六世紀　永禄年間（一五五八〜一五七〇）
標　高　八五七m
主な遺構　曲輪　石垣　土塁　堀切　屋敷跡　大手　搦手

高山市街地の西南、松倉山頂に構築された山城である。上枝盆地を眼下に見おろし、また高山盆地を遠望する。北は越中、南は岐阜、東は木曾、西は郡上に通ずる街道を一望する。東北方向にある高山城は標高六八六メートル、三仏寺城は六六九メートル、鍋山城は七五三メートル、鮎崎城は六一六メートル、北方向の中山城は六三〇メートルであり、三木氏に関係するこれら近辺の諸城の中では一番標高が高い。

松倉城へ行くには、飛騨の里の西脇にある林道または遊歩道を登りつめ、尾根上にある広場（松倉シンボル広場）から尾根を東方向の城跡へと進む。反対の西方向の尾根は「松倉観音、原山方面」への遊歩道で、広場にはトイレと数台の駐車場があって便利である。

この広場から尾根を二五〇メートル登ると城跡につく。各曲輪手前に堀切がある。南に曲がると三の郭（三之丸）を経由して外郭、主郭（本丸）に達し、主郭から反対の東方向に下ると二の郭（二之丸）に至る。二の郭から東へ降りて、看板矢印に沿って北の斜面遊歩道を左に折れて下ってゆくと飛騨の里上部の武家屋敷群跡を通って、飛騨の里（元々松倉城の武家屋敷群）に着く。ここからは有料の施設なので、飛騨の里の出口を出る時には入館料が必要となる。また二の郭を下って真っ直ぐ遊歩道を進むと東照宮方向につながるが、道路が荒れており、また分岐箇所も多いので侵入しない方がよい。

松倉城は、永禄年間（一説天正七年）に三木自綱《みつきこれつな》が築城し、下呂市萩原の桜洞城を冬城、松倉城を夏城と称した。天正十三年（一五八五）、金森長近・可重父子が南北両方向から飛騨に攻め込んだとき、自綱は田中城（広

遠景

松倉城へのアクセス

JR高山駅からバスで飛驒の里バス停下車、徒歩30分。飛驒の里の西側から登城。

瀬城）に籠り、二男秀綱に松倉城を守らせたが、自綱はまず敗走し、ついでこの松倉城も、家臣の寝返りにより八月二十日ついに落城した。

『飛州志』によれば自綱は第六代である。もともと三木氏は飛驒国の守護京極氏の代官で、初代正頼のときに戦功によって益田郡竹原郷を与えられ、以後、次第に益田郡から高山盆地に勢力をのばし、主家京極氏にとって代って戦国武将に伸張してゆく。四代直頼は萩原に桜洞城を築いて三木氏の拠点とし、五代の良頼は飛騨国国司の姉小路氏を滅ぼした。六代の自綱の代に飛騨を平定したのである。

主郭、外郭そのほかに石垣が現存する。主郭の面積は五二〇平方メートル、外郭は三〇〇平方メートル。主郭には石塁が残り、ここからは見晴らしが良く、飛騨山脈がよく見える。

二の郭は主郭東にあり、南側に旗立石と俗称する巨岩がある。東側・南側に石垣が残存する。面積は八三〇平方メートルを測る。

三の郭は主郭の南にあり、西側・南側に石垣、西南隅に一段高く角櫓跡がある。面積は七七〇平方メートルを測る。

南中間櫓は二の郭、三の郭の中間にあり、三の郭より一段低く、東・南・西に石垣が現存する。

北麓に城下町をつくり、元禄検地水帳に町屋敷の名が見え、現在も古町・馬場と呼ぶ小字がある。また、山中の数個所に家中屋敷と見られる大小の平地がある。また、飛騨の里構内に土塁が残存する。

「飛騨の里」吾神池にそそぐ渓流をさかのぼるのが主に使用された道で、下の七曲道と奥の七曲道があった。南方向の道は、千島町奥エチゴから登る。山下城（三木自綱娘婿三木三沢居城）との連絡路でもあった。

（田中　彰）

松倉城外郭石垣

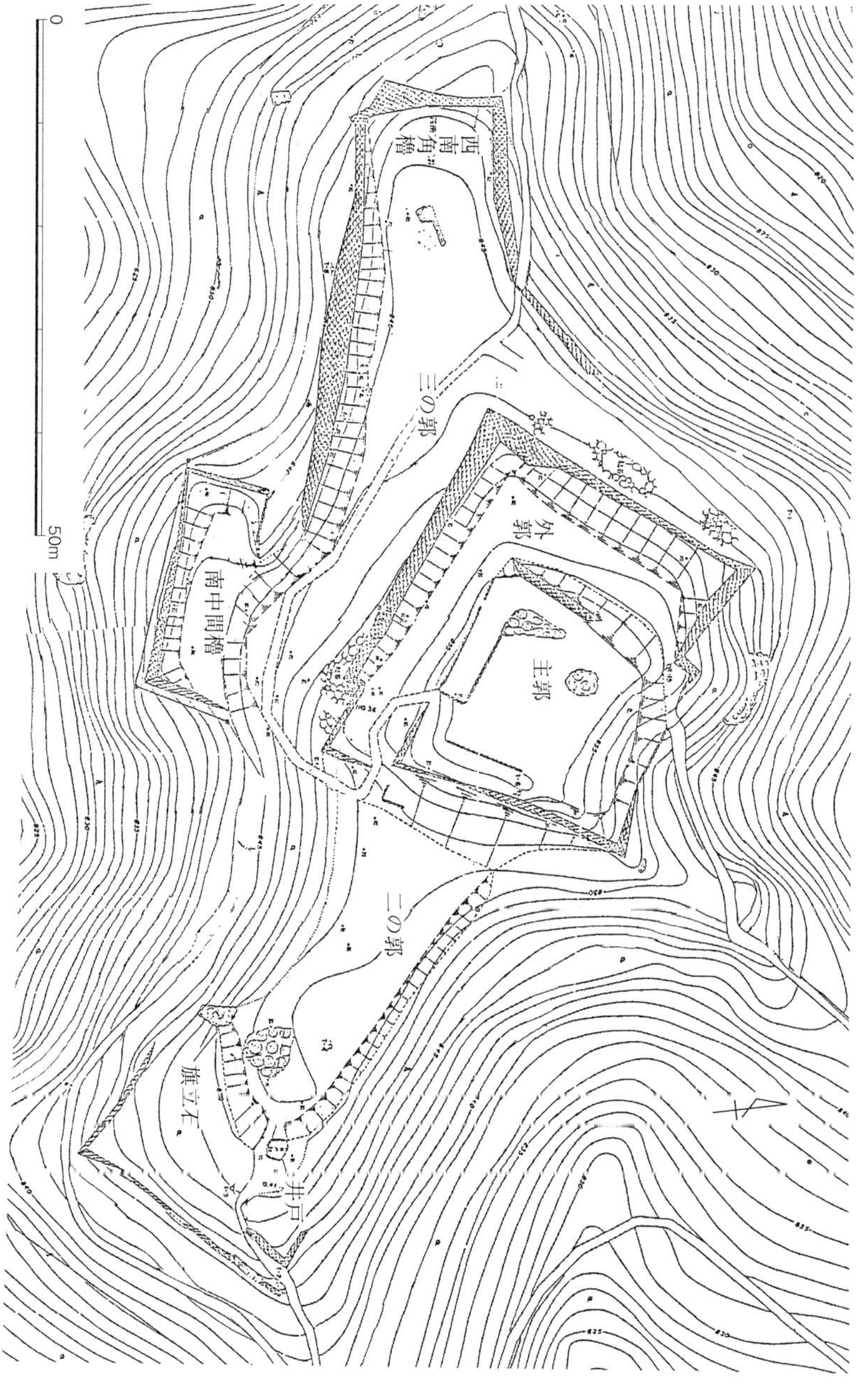

松倉城跡概要図（高山市教育委員会提供）

43 高山城《たかやまじょう》 ★

所在地　高山市城山、神明町ほか
築城時期　天正十六年（一五八八）～慶長八年（一六〇三）
標　高　六八七m
主な遺構　曲輪　石垣　水堀

現在高山城跡は、高山市街地にある都市公園となっている。通称城山、別名を臥牛山《がぎゅうざん》、邑山《はざん》とも言う。

金森入国以前は、「天神山城」と呼称された。飛騨の守護代である多賀《たが》出雲守徳言《とくげん》によって、文安年中（一四四四～一四四八）に築城され、近江の多賀天神を祀ったことから多賀天神山、城は多賀山城と呼ばれたという。永正年間（一五〇四～一五一〇）には高山外記が在城していた。

天正十三年（一五八五）七月、金森長近は秀吉の命を受けて飛騨へ侵攻し、翌年飛騨一国を賜った。城地として最初は大八賀郷の鍋山城を考えたようであるが、後、灘郷の天神山古城跡を選定した。飛騨のほぼ中央に位置し、開けた盆地があり、しかも東西南北の街道が交差するこの古城跡が最も適所と考えられたのである。築城は天正十六年（一五八八）から始まり、慶長五年までの十三年で本丸、二之丸が完成し、以後可重によって更に三年で三之丸が築かれ、慶長八年までに十六年かかって完成したとされる。高山城は、織田信長が築城した安土城の直後に構築され、軍事的機能を最優先させた造形とは本質的に異なっている。御殿風の古い城郭形式をもち、外観二層、内部三階の構造をもつ天守をそなえているのが特徴で、秀吉の大坂城築城以前における城郭史上初期に位置づけられる。

高山城の各曲輪は、本丸が東西五七間に南北三〇間、南之出丸が東西一五間に南北二二間、二之丸が東西九七間に南北八四間、三之丸が東西一二〇間に南北九三間の広さがあった（『飛騨鑑』『斐太後風土記』『飛州志』）。当時の絵図が金沢市立図書館にあるが、それによると次

高山城本丸跡

高山城へのアクセス

JR高山駅から東へ徒歩15分。三之丸(護国神社)から二之丸、本丸へと登る。二之丸に駐車場あり。

のようなことがわかる。

本丸には最高所に本丸屋形、その東方一段低い所に十三間櫓、十間櫓太鼓櫓、横櫓等があり、東北に搦手一ノ木戸のある腰曲輪が連なる。

二之丸は東と西に平地をもち、東側は庭樹院（頼旹《よりとき》の母）の住んだ屋形であった。東北隅に鬼門櫓が設けられた。現在は二之丸公園となっている。西は城主の屋形で、跡地に昭和三十五年旧荘川村から照蓮寺が移築されている。

三之丸には現在飛驒護国神社が建ち、三之丸にあった御蔵は高山陣屋へ移築されている。

三之丸には勘定所と八棟の米蔵があり、水堀が東側と北側をくの字形に囲んでいる。大手道は南之出丸西側の大手門から大洞谷を下って桝形橋に通じている。

高山城跡（写真手前）空撮　中央は三町

昭和六十、六十一年、平成七年にかけて本丸、本丸周辺石垣、三之丸下の堀などの発掘調査が高山市教育委員会により行われ、詳細な発掘調査報告が出されている。発掘調査の所見では、金沢藩が元禄五年（一六九二）から元禄八年（一六九五）の高山在藩中に作製した城郭絵図面と一致することがわかっている。

元禄五年、金森六代頼旹は突然出羽国（山形県）に移封となり、金森氏転封後は金沢藩が城番を勤めた。しかし、元禄八年幕府の命により高山城は完全に破却され、廃城となった。後、城山として町民の憩いの場として花見などに使われてきた。

また、高山城跡を中心とした城山公園一帯は、「高山城跡及びその周辺の野鳥生息地」として昭和三十一年六月十四日、高山市の天然記念物に指定され、鳥獣保護区特別保護地区でもある。

市街地にある自然公園としても貴重で、高山市民は春の花見、秋の紅葉を楽しむなど生活領域の一部として、密接なふれあいをもっている。

（田中　彰）

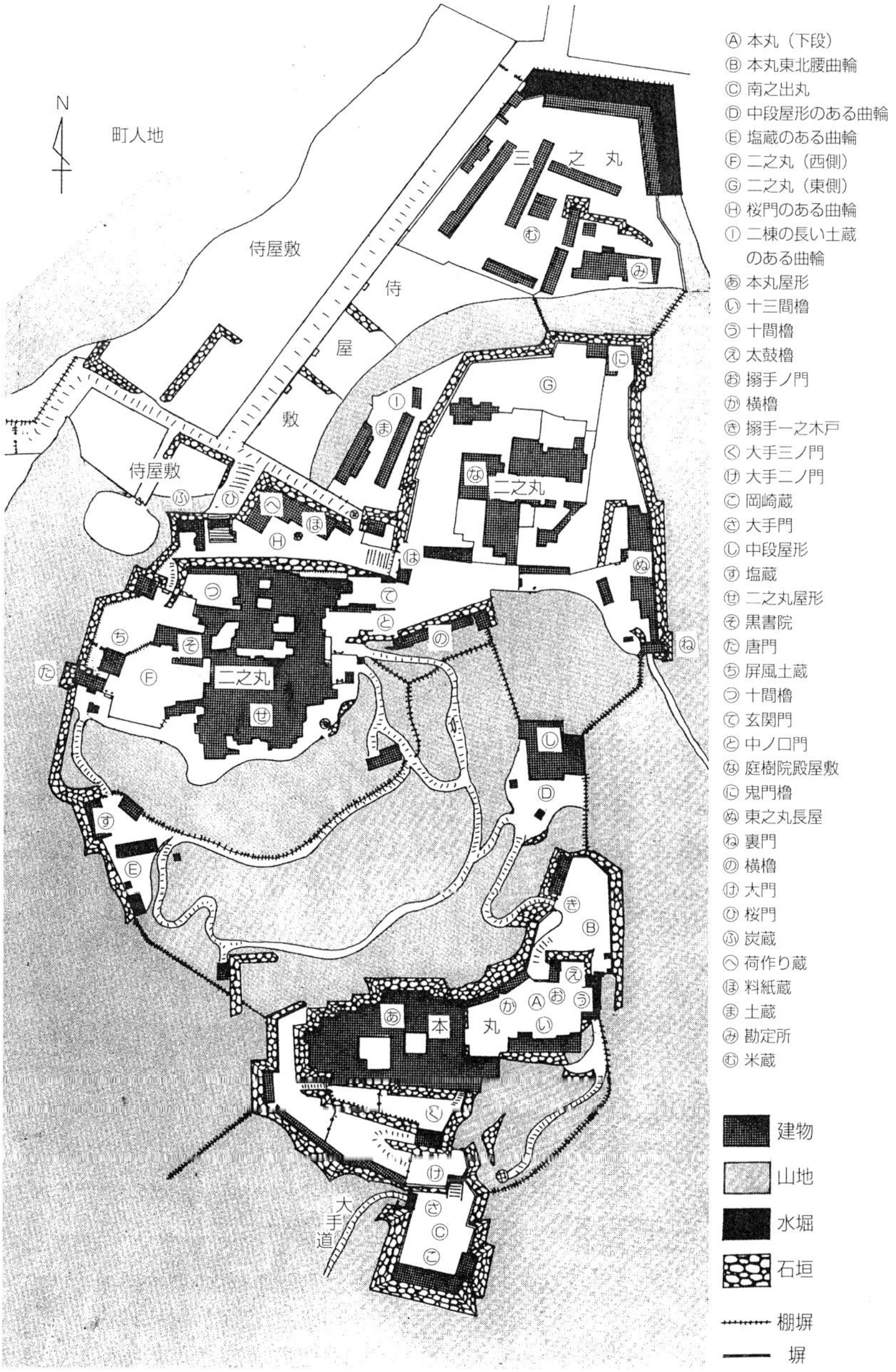

高山城跡概要図（『高山城跡発掘調査報告書Ｉ』高山市教育委員会　1986より）

44 尾崎城《おさきじょう》 ★

所在地　高山市丹生川町方字城屋敷
築城時期　天文年間～永禄年間（一五三二～一五七〇）
標高　七一〇m
主な遺構　曲輪　畝状空堀群　土塁　横堀　土橋　帯曲輪　内桝形虎口

尾崎城へは、丹生川中学校の裏側から南方向に遊歩道で登る。上り口西側の御崎《おさき》神社は地形上の尾の先端にあたり、屋敷跡と推定される。そこから一〇〇メートル程東に登りつめると二之丸と言われるV郭に着き、さらに東へ進むと土橋を経て主郭に至る。

尾崎城は山頂の平坦部が広く、麓の平坦部との比高が七〇メートルと低いことから屋形城といわれてきた。空堀を周囲にめぐらしその上部を土塁としている。平坦部周辺の遺構主体部は全長約二八〇メートルあり、飛驒の城郭としては大きい。

尾崎城は天文年間に塩屋秋貞によって築かれたといわれる。秋貞は飛驒半国の主と記され（『甲陽軍艦』）、飛驒と越中の国境を越えて動いていた。秋貞に関する伝承は飛驒北部を北に流れる宮川、神通川に沿って広く分布し、関係する城としては、臼本城（高山市塩屋町）、古川城（飛驒市古川町）、塩屋城（飛驒市宮川町）が考えられている。また、富山県側は大沢野町の猿倉城、岩木城、栂尾城、大山《だいせん》町の津毛城が考えられている。

永禄七年（一五六四）、信州武田側の武将飯富《おぶ》昌景《まさかげ》らの飛驒攻めに敗れた塩屋秋貞は、尾崎城を追われ蛤城（高野城・飛驒市古川町）に拠り、元亀年中（一五七〇～一五七二）には越中国に猿倉城（上新川郡大沢野町）を築いたという。同城は越中街道（国道三六〇号）飛驒からの出口にあたる小豆沢《あずきざわ》に近い地点にあたり、同街道にある塩屋城（飛驒市宮川）も塩屋秋貞の構築したものといわれ、山から海へ通ずる飛驒西街道を掌握していたともいえる。天文十三年（一五四四）の飛驒兵乱には三木氏の下に参戦し、三木氏と親密な関係であったと考えられ

尾崎城遠景

尾崎城へのアクセス

JR高山駅からバスで丹生川支所バス停下車、徒歩30分。

ている。天正十一年（一五八三）、大沢野で討死した。『尾崎城跡発掘調査報告書　第一・二次調査』（一九九三　丹生川村教育委員会）より

　尾崎城には、「金鶏城」という別称があるように、金の鶏と莫大な軍資金が埋められているという伝説があった。この伝説の通り、明治三十九年二之丸部分から中国銭、六十貫が発掘された。昭和十二年にも宋銭、明銭が掘り出され多くは村内の人々に配布された。まとまって

尾崎城跡　Ⅱ・Ⅴ郭

保存されていた古銭は市の指定文化財となっている。

その後、平成六年から平成十年にかけて、第一～五次にわたる発掘調査が丹生川村によって実施され、平坦部の遺構が明らかになった。平坦部八五〇〇平方メートルの内、三五〇〇平方メートルが調査され、溝状遺構、土壙、柱穴、焼土面が発掘された。また、出土した遺物は陶磁器を始めとして石臼や砥石など石製品、銭などがある。陶磁器は十五世紀代に製造されたものが中心で、青磁や白磁の高級中国製陶磁器が見られる。陶磁器の器面には火熱を受けたものが見られ、城郭が火災にあったことが推察された。

測量も同時に行われ、Ⅰ～Ⅴの郭が認識されている。内桝形虎口の形から、尾崎城と周辺の山城とを比較して時代考証がなされ、また出土遺物の時期から考えて塩屋秋貞の時代より前に尾崎城の場所に何らかの拠点施設があったと考えられている。


（田中　彰）

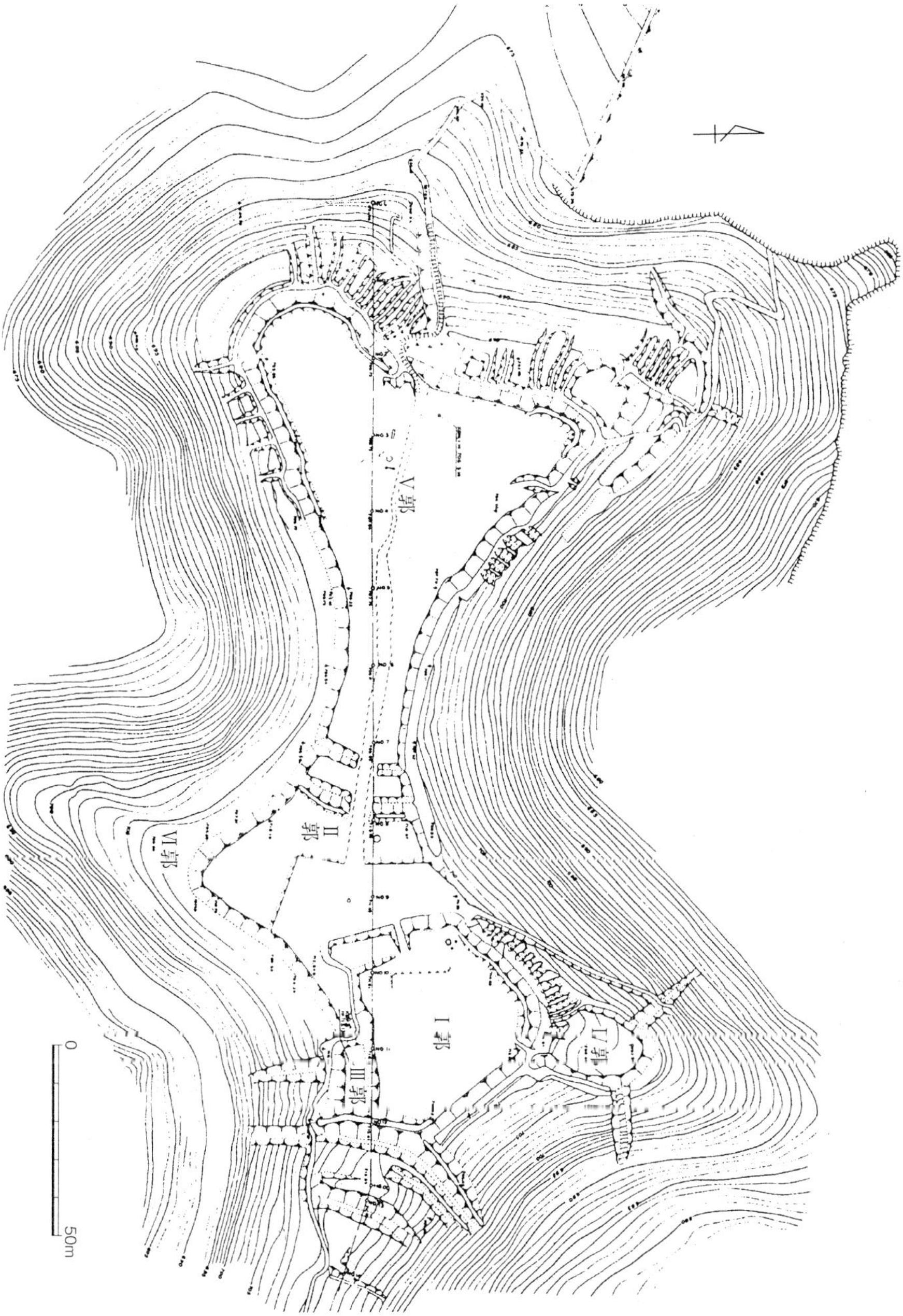

尾崎城跡地形測量図(『尾崎城跡発掘調査報告書』岐阜県教育委員会・丹生川村教育委員会 1993年より)

45 荻町城《おぎまちじょう》 ★

所在地　大野郡白川村荻町
築城時期　戦国時代
標　高　五四五m
主な遺構　曲輪　櫓台　堀切　石垣

白川郷合掌集落として著名な荻町集落を見下ろす、北側山上に荻町城はある。集落の北側一帯には「城山展望台」への標示があり、城跡へ誘っている。比高も約六十メートルで、麓から登ると徒歩で十分もかからない。また背後に車道も付いていて、山上には無料駐車場もある。訪れやすい立地にあるため、城跡は多くの観光客でにぎわっている。夏場であっても草木が刈り取られ、歩きやすく、遺構の観察がしやすい。もっとも多くの観光客が目当てなのは城跡見学ではなく、城跡からの合掌集落の眺望である。

『飛州志』によれば、山下大和守が城主であったとしている。大和守は弓矢に長じており、城から放った矢が四、五〇〇メートル離れた麓まで達したという。同書の註によれば、大和守は帰雲城《かえりぐもじょう》主内島《うちがしま》氏家臣に比定されている。なお大和守氏勝は徳川家康に仕え、清洲城《きよすじょう》（愛知県清須市）を廃して名古屋城（名古屋市中区）築城を上奏した人物として著名である。

城跡は東西約六〇メートル、南北約五〇メートルで、およそ半町四方の規模である。東側尾根続きを幅約一四メートル、深さ約三メートルの堀切Aで画している。堀切Aの南端には現在遊歩道が付いている。遊歩道の南側、斜面側を観察すると約一メートル斜面を嵩上げした状態が認められる。つまり、遊歩道とほぼ同レベルの堀切底部は、少なくとも現状より約一メートルは深かったことが判明する。

堀切の内側（西側）にはL字型に土塁Bが伸びている。土塁Bは曲輪側から見た場合、約一・五メートルの高さを有する。上幅は南端では約一・五メートル、北端では約六メートルである。内法の傾斜は緩くなっている。土塁Bの天端と対岸（城外側）を比べると、ほぼ同レベルである。これは土塁Bを挟んで城内側よりも城外側が高くなっている状況を示している。土塁B自体が現状よりもいくぶん高かったと考える余地はあるし、堀切Aとのセット関係を踏まえる必要はある。それでも土塁Bによる背後の遮断性は、充分と言えない。

荻町城堀切（南から）

曲輪内部を見渡すと、公園化に伴う改変部分もあろうが、平坦さに欠けている。すなわち東側や南側付近では傾斜を伴い、およそ東高西低となっている。城内は平成十四年、富山大学によって発掘調査されている。曲輪内部からは礎石建物が検出されたが、戦前まで存在した弘法堂に関わるものであった。城郭に伴う明瞭な建物遺構は検出されず、出土遺物も極めて少なかった。

南西隅は約二メートル高くなって、櫓台Cとなっている。櫓台Cは約一〇メートル四方で、上部には祠が鎮座している。櫓台Cからの眺望は優れている。なお曲輪内

荻町城へのアクセス

荻町駐車場から北方に向かい徒歩約30分。各所に「城山展望台」の標示あり。車では荻町交差点北側の「城山展望台」の標示に従い、堀切際の駐車場に至る。駐車場は無料。

の北側中央に、土塁で囲まれた凹地Dがある。炭窯の跡で、城郭とは直接関係しない遺構である。

　虎口は二カ所想定できる。一カ所は南西部にあって、山麓部から細尾根上を上がってくるEとなる。尾根上に突き出した曲輪の裾を回り込み、城内に入れる構造である。付近に「虎口」の標識が立つ。もう一カ所の虎口は、土塁南端のFにある。付近に「搦手」の標識が立つ。先に述べたように土塁はL字型に折れているが、内側に引き込んだ土塁部分が虎口にあたる。付近の土塁には裏込め石と見られる石材が露出し、土塁西端には約五〇センチほどの石材を立てかけるように積んでいる。発掘調査では城内側で導線を遮る土塁跡が検出されている。つまり、虎口は桝形状になっていた。

荻町城虎口（人の立つところ）

　『飛州志』によれば城跡の麓には、「御所跡」「坪ノ内」「馬場跡」「侍屋敷跡」「上町」「ナンド」等の地名が残されていたらしい。現在も城跡の北麓に「下御所《シモゴソ》」、南麓に「オンチ」の通称地名を残している。また小字として「城戸口」を残している。

　虎口Eとのつながりから考えると、「下御所」の地名を残す北側山麓付近を居館部候補地と考えられそうである。

　さて山麓部に居館部の存在が考えられるが、山上の城郭は内部に起伏を残し、土塁・堀切を設けるとは言え、十分な遮断性を持っていない。また発掘調査で出土した遺物も少なく、城郭自体の臨時性を彷彿させる。そもそも白川村周辺は城郭の存在自体が極めて少ない地域である。場所が不明瞭な帰雲城を除けば、近接する城郭は約一五キロ離れた小鷹利城《こだかりじょう》（飛騨市）となる。

　当城は単郭式の比較的単純な縄張であるが、構造面や付近の城郭分布から考えると、臨時性の強い特異な城郭であったとみる余地がある。

（髙田　徹）

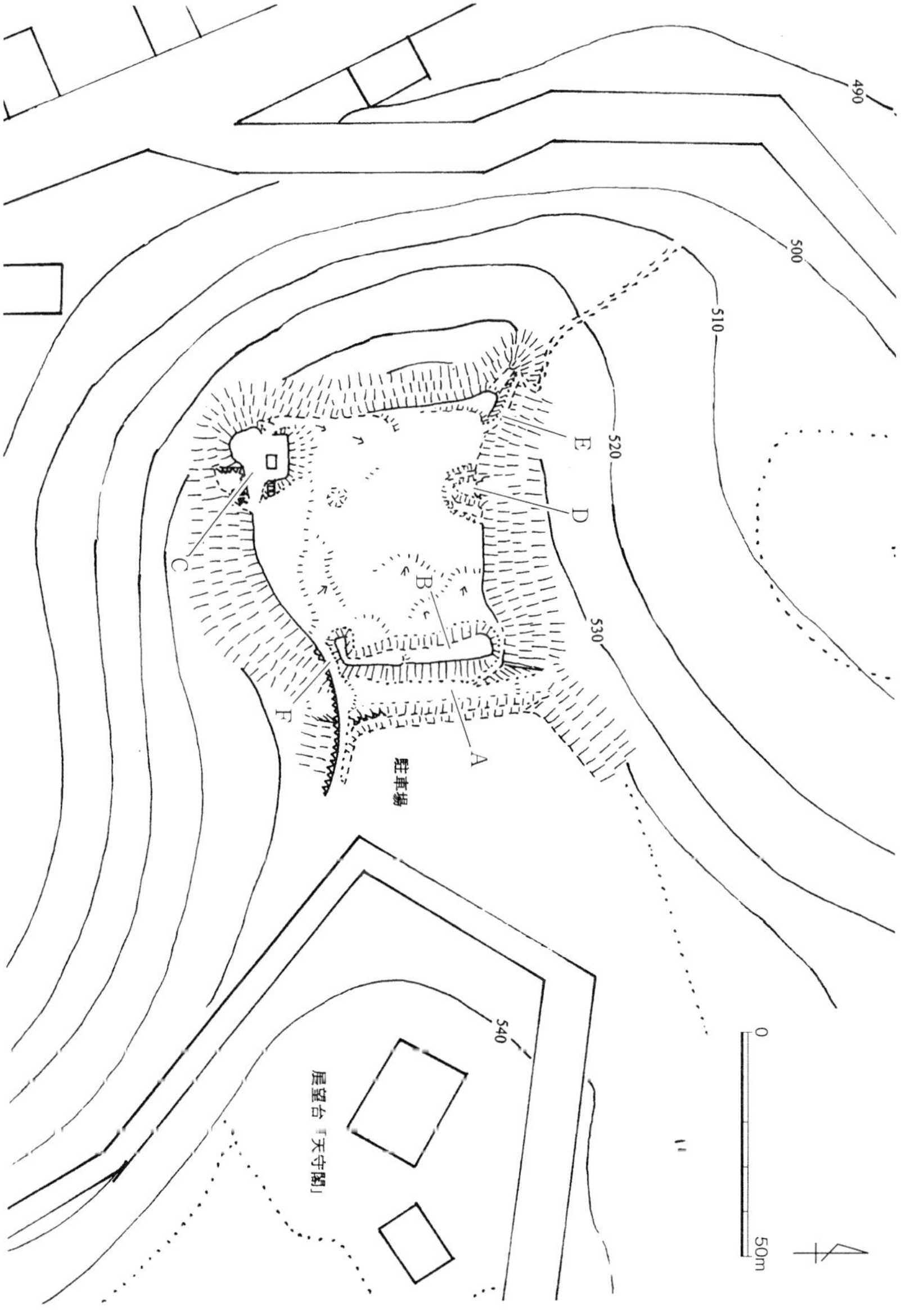

荻町城跡概要図（作図：髙田　徹）

46 広《ひろ》瀬《せ》城《じょう》

★★

所在地　高山市国府町名張字上城山、瓜巣字井口
築城時期　永正年間（一五〇四～一五二一）頃、天文年間（一五三二～一五五五）頃
標　高　六二二m
主な遺構　曲輪　堀切　土塁　竪堀　畝状空堀群

広瀬城はＪＲ飛驒国府駅の南方、約一キロの山上にある規模の大きな山城である。

広瀬城へ行くには、岐阜県文化財保護センターの駐車場の間から登る道がある。特に広瀬城用の駐車場がないので、ふもとの道路退避場をさがして駐車するか、県の埋蔵文化財保護センターに頼んで駐車するかである。

『飛州志』によれば、この城は「田中城旧称広瀬城」という。天正年間頃広瀬左近将監利治によって築城されたといわれており、広瀬氏歴代の居城であったが、城代に広瀬氏の長臣田中与左衛門（田中筑前守）を置いたので田中城ともいわれている。天正十一年（一五八三）三木氏によって滅ぼされた以後は三木氏の居城となる。その後、天正十三年金森氏の攻撃に合い落城した。

『飛驒国中案内』もまた「田中城此城広瀬氏の持城」としている。『飛州志城図』（延享二年（一七四五）飛驒代官長谷川忠崇著）では、山上平地、濠、堀切、石垣、屋敷を簡単ではあるが、明確に示している。明治四十四年の岡村利平著の『飛驒山川』にも、「本丸、二の丸、三の丸等地形を利用して構築せし跡、戦国式の築方なり。」と述べている。平成十二年の縄張調査によると本丸には竪堀、堀切、曲輪、土塁、二の丸には、曲輪、竪堀、三の丸には、竪堀、堀切、南出丸には、曲輪、堀切、北出丸には、大手道、曲輪などが見られる。また調馬場跡といわれる所には、竪堀、横堀、曲輪などが見られる。『飛州志城図』に示す屋敷跡は、主郭から瓜巣川に向かう山の突出部を均して居を構えたようで、現在は山林となっている。城関係の小字名を拾うと、「まとば」、「木戸口」、「水番屋敷」などがある。

広瀬城跡遠景

広瀬城へのアクセス

JR飛騨国府駅から徒歩1時間。車利用の場合は国道41号名張の信号を左折、471号線(県道 谷高山線)沿いに案内板あり。

城主広瀬氏は、もと広瀬郷の豪族で、本姓を藤原氏といったが、その系図は明らかでない。早くから広瀬郷を中心として、古川盆地に勢力を張った。天正十一年（一五八三）広瀬山城守宗域は、松倉城主三木自綱に滅ぼされ、三木氏の配下に帰した。

天正十三年（一五八五）金森長近が飛騨へ侵入するに及び三木が居城していたこの広瀬城は落ち、自綱は逃げて京都に赴き、三木氏は、以後廃絶したようである。現在、城の北方向から登って曲輪下の道沿いに、田中筑前守の墓がある。碑面には、「永正十三年（一五一六）八月十三日、田中筑前守御霊神」と刻んである。

東の郭は東西二八メートル、南北一五メートルの広さをもち、約四メートル程下に幅三〜四メートルの腰曲輪がめぐっており、東側には竪堀が七本ほど並んでいる。

東の郭から少し下がったところにある出郭は東西一四メートル、南北一九メートルの規模である。山麓の名張集落が目の当たりに広がり、眺望がきく。

二の郭は平面が梯形状をなしておりその規模は、東方七メートル幅、西方一五・五メートル幅、長さ三〇メートルである。東堀は空堀で深い。

主郭は西の郭の西方向に位置し、標高六二二メートルの高所に築かれており、その規模は東西三二メートル、南北二四・五メートルである。瓜巣峠方面、瓜巣集落がよく見える。南側にみられる帯曲輪は幅三メートル、長さ三五メートルを測る。

西の郭は東西約九〇メートル、南北約五〇メートルで、本城の郭の中で一番広い。標高は主郭より低いが、この西の郭を主郭とする考えもある。

三木氏の北方面における重要な城であった広瀬城は、遺構の残りが良く、山林として長い間保存されてきた。

（田中　彰）

二の郭から西の郭を見る

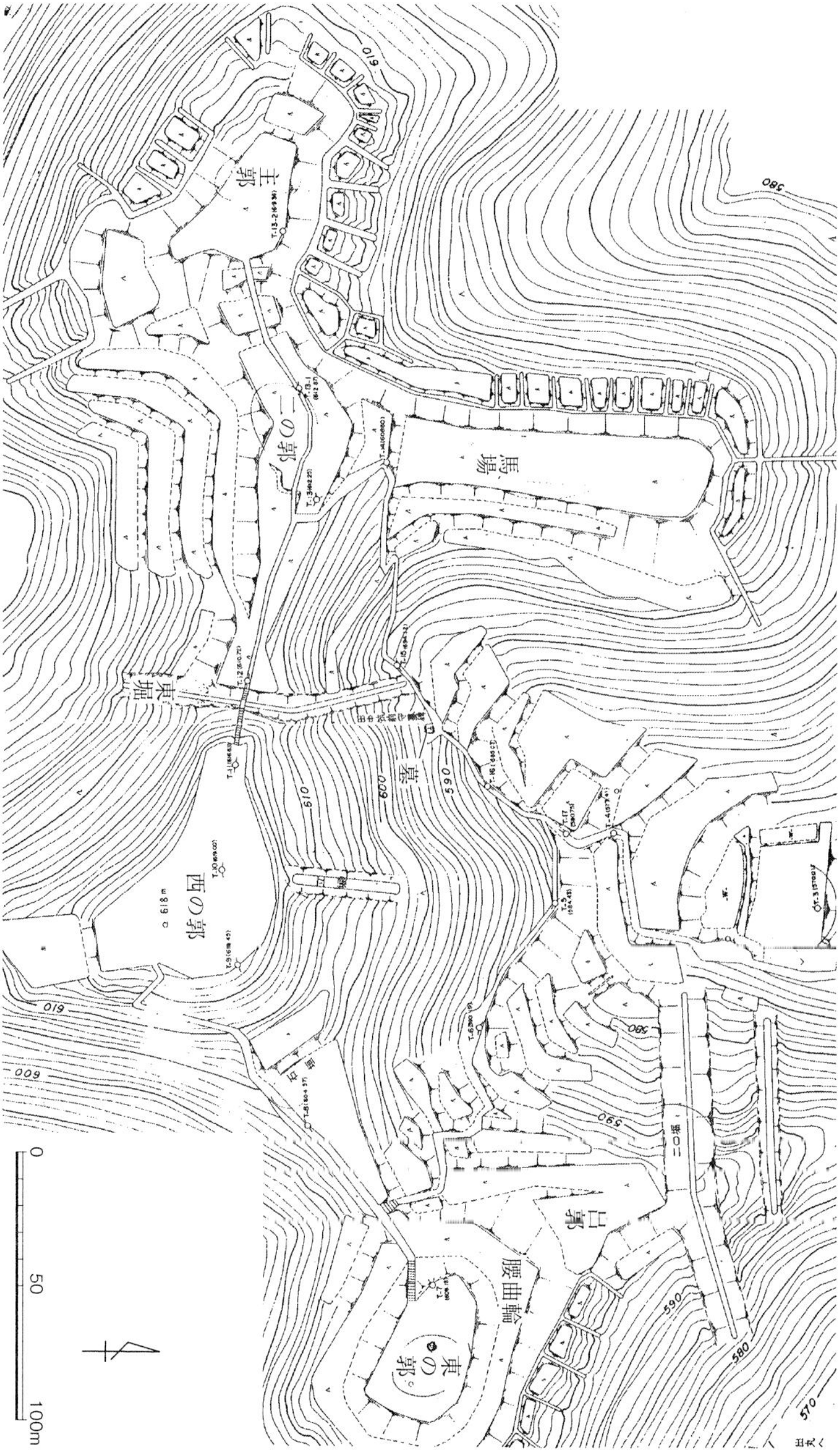

広瀬城跡概要図（国府町教育委員会資料より）

47 小鷹利城《こたかりじょう》

★★

所在地　飛騨市古川町信包、河合町稲越
築城時期　建武年間（一三三四〜一三三六）か
標　高　七八八m
主な遺構　曲輪　堀切　竪堀　虎口　横堀　土塁　畝状空堀群

小鷹利城は、別名を黒内城といい、『飛州志』によると、飛騨国司・姉小路氏の同族である小鷹狩伊賀守の居城と伝えられる。姉小路三家（小島、古川、向）の向家（小鷹狩家）に属する城とされる。また、建武二年（一三三五）、飛騨国司姉小路宰相藤原頼鑑が黒内城を築いたが、後に小島城に移り、小鷹利城を家臣の黒内越中守に守らせたとも伝えられる。

『飛州志』小島城の項に国説として、小鷹利城に関する記述がある。国司姉小路一族の藤原頼纜が天文四年（一五三五）に小鷹利城にて卒去、法名を明山といい、その子右近が幼少であったため、家臣の牛丸又太郎重親が小鷹利城において、幼君を補佐していたが、逆心を起こし右近を追い出して小鷹利城を横領したという。右近は常州（常陸、茨城県）佐竹家に仕え、向右近と称したという。また、向家の家説として、姉小路一族の小鷹狩飛騨守藤原光政が天正年間に佐竹義宣に仕え、後に向右近と改めたという。この光政は、松倉城主・三木自綱の婿であったという。

たしかに、佐竹氏の家臣に向氏があり、別名として小鷹狩を名乗っている。向右近宣政は、慶長七年（一六〇二）、佐竹氏の秋田移封に伴い横手搦手城代に任命されている。翌年、藩の家老（禄二四〇〇石）となり、その子清兵衛政次が横手搦手城代の跡を継いでいる。以来、明治維新までに家老職を勤めた者六人を出している。『斐太後風土記』には、牛丸重親の小鷹利城横領に関連して、後藤帯刀戦死所についての記述がある。後藤帯刀重元は姉小路家の老臣であったが、牛丸重親の謀略を察知し、幼君をその生母に縁がある佐竹家へ逃がすため、一計を案じ、鷹狩りを装って城を脱出したが、角川（飛騨市河合町）で、牛丸の手勢に追いつかれ、後藤はこの地で討ち死にした。幼君は無事佐竹家へ逃れたという。文久二年（一八六二）に、後藤帯刀の子孫により帯刀の墓碑と後藤、牛丸双方の戦死者の碑（無名戦士の碑）が建立されている（飛騨市指定文化財）。

小鷹利城本丸（西から）

現在、小鷹利城はほとんど改変を受けておらず、非常に残りがよい。本丸西側には十数本の畝状空堀群が設けられており、なかなか見応えがある。この畝状空堀群は、一部横堀を伴っており、広瀬城や向小島城、野口城と同型のものである。畝状空堀群は西側の尾根続き、すなわち湯峰峠方向のみに設けられている。畝状空堀群の他にもこの方面には堀切、土塁などの防御施設が集中している。また、西斜面には曲輪からの横矢が効いており、湯

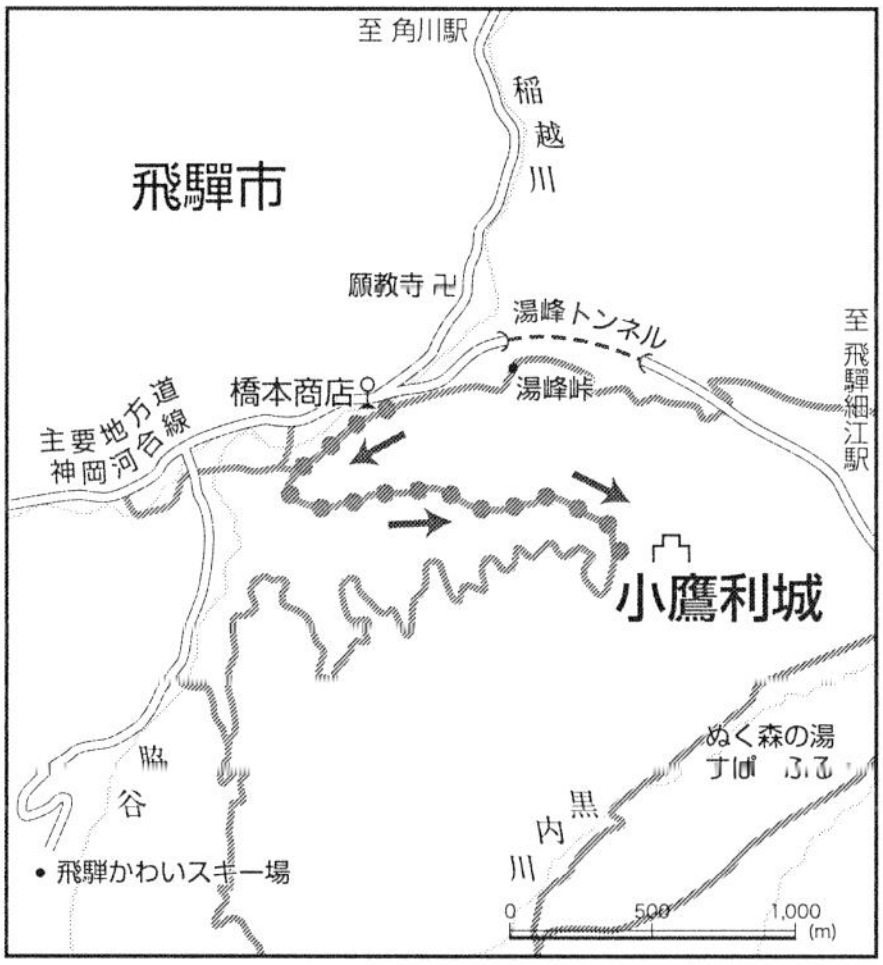

小鷹利城へのアクセス

JR高山本線飛騨細江駅から山麓まで徒歩約60分。ここから城跡まで10分。またはJR高山本線角川駅から飛騨市巡回バス橋本商店前下車、徒歩30分。

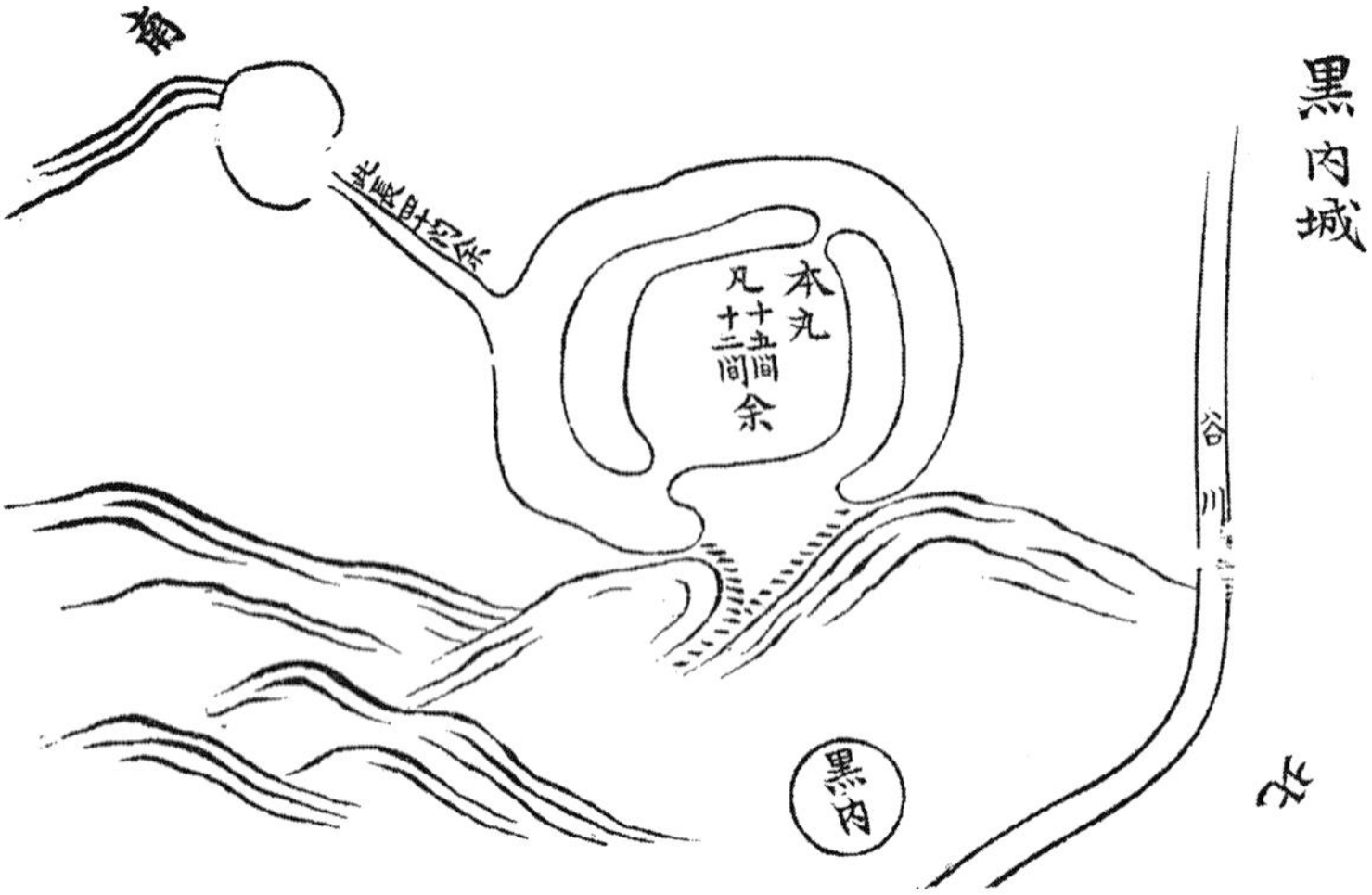

『飛州志』に描かれた小鷹利城（黒内城）

峰峠から攻めてくる敵の攻撃を遮断している。

今一つ注目されるのは、虎口及び通路の設定方法である。虎口は東側の尾根続きに開いている。東側尾根の麓には遺構は全く残っていないが、「桜の御所」と称する城主の下屋敷があったと伝えられる。また、虎口は土塁で明確な桝形虎口を構築するのみではなく、虎口から主郭まで通路を設け、通路を進む敵に対して攻撃しやすいように曲輪を効果的に配置している。

佐伯哲也氏は、湯峰峠方向のみに畝状空堀群を設けているのは、白川郷から湯峰峠を越えて古川盆地に進入する金森軍を迎え撃つために三木氏が改修したものととらえている。また、虎口等は三木氏を滅ぼした金森氏が、古川盆地の出入口の一つである湯峰峠を固めるために、虎口等を改修して一時的に在城したものと考えている。

このように、小鷹利城は姉小路系の城郭として築城された後、飛騨を支配した三木氏及び金森氏により改修が加えられ、現在残る縄張りとなったといえる。金森氏の飛騨支配が安定し、また、徳川幕府が成立して他国からの侵入の恐れがなくなった段階で、小鷹利城はその役目を終えたものと考えられる。

（澤村雄一郎）

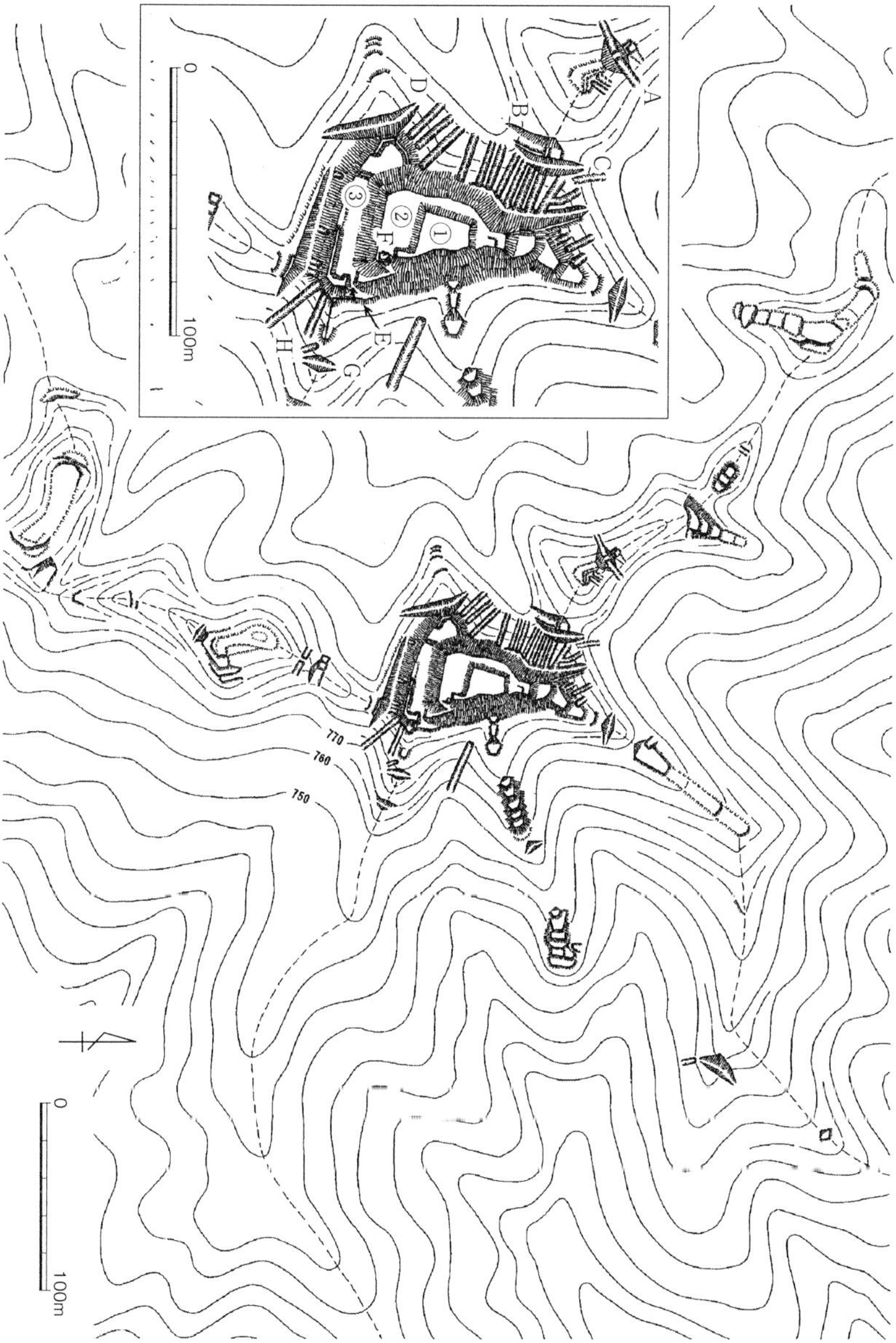

小鷹利城跡概要図（作図：佐伯哲也『岐阜県中世城館跡総合調査報告書』岐阜県教育委員会　2005より）

48 向小島城《むかいこじまじょう》

★★★

所在地　飛騨市古川町信包
築城時期　不明
標高　六四六m
主な遺構　曲輪　竪堀　堀切　土塁　櫓台　虎口　畝状空堀群

向小島城は、古川盆地北端の越中西街道をおさえる位置に所在する。街道をはさんで小島城と相対する。築城年代、築城者ともに明らかではない。『飛州志』では、「姉小路家族向何某居之」とある。向小島城は小鷹利城と二・三キロしか離れておらず、小鷹利城同様、姉小路三家の向家（小鷹狩家）の城であったと考えられている。

昭和三十三年に地元民が主郭の樹木を伐採し、姉小路家の菩提を弔うための観音堂が建立されている。

城の東側（古川盆地側）には、尾根を遮断する堀切とそれに伴う土塁が構築され、強固に防御をはかっている。古川盆地側からの攻撃に備えていることが分かる。主郭周辺は高切岸に拠って防御され、主郭を巡る腰曲輪を移動する敵兵に対して横矢が効くようになっている。また、虎口にも横矢が効いており、虎口や主郭へ至る通路がある程度計画的に配置されていることが分かる。佐伯哲也氏は、このことから廃城となった年代について、天正年間まで下がる可能性を指摘している。

城の南西側の尾根には、畝状空堀群が設けられている。野口城と同様、長めであるが連続竪堀と横堀をセットで設ける形式である。また、畝状空堀群を避けて侵入する敵を防ぐための竪堀も設けている。畝状空堀群の上部には高さ一一メートルの切岸が設けられ、この切岸上から畝状空堀群を登ってきた敵に弓矢が浴びせられたと考えられる。切岸上には土塁が構築され、城兵の身を保護するための土塁と考えられる。切岸上に土塁が設けられている箇所は他になく、この地点が特別な場所だったと考えられる。金森軍が保峠を越えて侵入してきた場合、この尾根から攻め寄せてくる可能性が最も高い。そのため

向小島城遠景

に、畝状空堀群、横堀、切岸、土塁を設け、この方面の防御を厳重にして敵に備えたものと考えられる。

『定本飛騨の城』においては、向小島城は新旧二つの城からなっており、北側が新城、南側が旧城としている。しかし、中世城館跡総合調査において佐伯哲也氏が検討した結果、新城と旧城とされているそれぞれの曲輪の縄張りに時代差を見いだすことができず、一貫性が認められる縄張りであると評価している。さらに、城内各所に

向小島城へのアクセス

JR高山本線飛騨細江駅から山麓まで徒歩45分。ここから城跡まで20分。またはJR高山本線飛騨古川駅から飛騨市巡回バス信包農協バス停下車、城跡まで徒歩10分。

向小島城主郭跡

未加工部分が残ることから、長期間使用されたとは考えられないと指摘している。
　これらの所見から、向小島城は金森軍の侵攻に備えて、姉小路（三木）自綱が急遽築城した城と佐伯氏は推定している。

（澤村雄一郎）

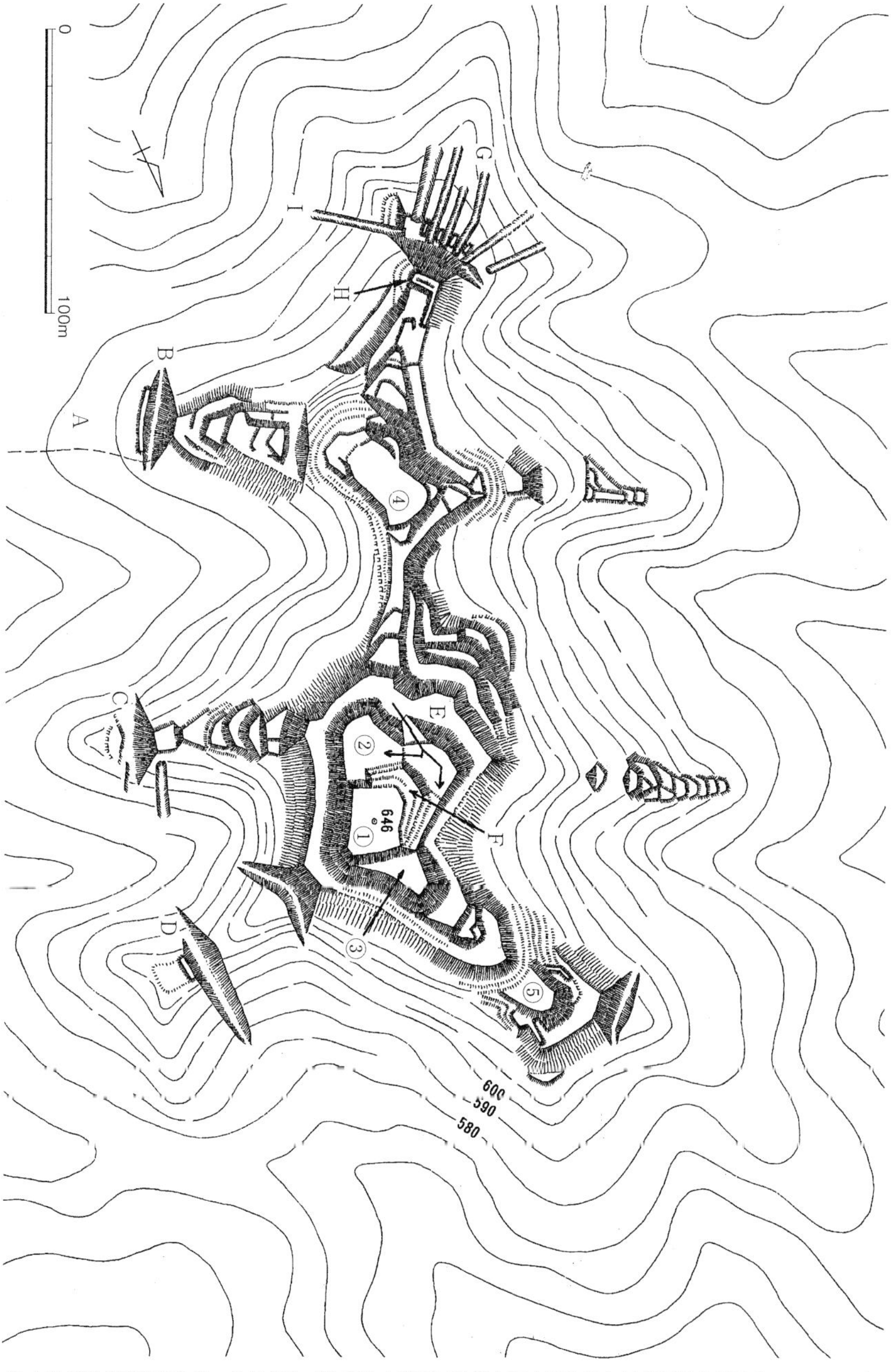

向小島城跡概要図（作図：佐伯哲也『岐阜県中世城館跡総合調査報告書』岐阜県教育委員会 2005より）

49 小島城《こじまじょう》（飛騨）★★

所在地　飛騨市古川町杉崎
築城時期　南北朝期か
標　高　六二〇m
主な遺構　曲輪　竪堀　堀切　土塁　石垣　櫓台　土橋　枡形虎口

小島城は、『飛州志』に「国司姉小路家代々居住ノ本城也」とあるように姉小路家の嫡流小島家の代々の居城である。姉小路家は、戦国時代に同じく地方へ土着し戦国大名化した伊勢国北畠氏、土佐国一条氏と共に三国司と並び称される家柄である。

岡村利平の記した『飛州志備考』によると、永仁二年（一二九四）には、姉小路家の使者が飛騨に下向したとの記録があることから、鎌倉時代には飛騨を領有していたようである。その後南北朝時代、家綱以後は飛騨国司としての飛騨における足跡が明らかとなる。

家綱は、南朝方として応安四年（一三七一）には越中（富山県）に攻め込んで、越中の桃井播州との間で合戦を行ったという。

また、応永十八年（一四一一）には、家綱の弟とも甥とも言われる第四代飛騨国司・尹綱が、広瀬常登入道とともに室町幕府に対して挙兵する（応永飛騨の乱）。尹綱は小島城に拠って幕府の大軍を迎え撃ったという。幕府は京極高員、小笠原持長、朝倉左右衛門、甲斐小太郎らに尹綱追討を命じ、それぞれの領国である隠岐、出雲、近江、信濃、甲斐、越前などの兵三五〇〇で攻め寄せ、尹綱は討ち死にしたという。南北朝合一（一三九二）後、両統迭立反故の動きに不満を抱き、乱の前年（一四一〇）に後亀山法皇が吉野に出奔していることから、尹綱の挙兵はこの出奔に呼応したものといわれている。

応永飛騨の乱の後、姉小路家は小島家、古川家、小鷹狩家の三家に分裂する。この三家はそれぞれ北朝より飛騨国司に任じられ、飛騨北部を支配する。古川家の基綱とその子済継は、和歌の名手として都でも知られ、宮中の歌会にも度々参加したという。江戸時代後期の高山の国学者・田中大秀は、姉小路基綱、済継を飛驒文学の祖と位置づけ、その功績を永久に顕彰しようとした。大秀の発願で建立された歌碑が細江歌塚で、姉小路家ゆかりの小島城山麓に建てられている。

戦国時代の飛驒は、飛驒北部を姉小路氏、高原郷を江馬氏、飛驒南部を三木氏が支配する。三木氏は、飛驒守護京極氏の家臣で竹原郷（下呂市）に土着したものである。姉小路氏は飛驒北部に進出する三木氏の圧力を受けることとなる。

小島城南面（南西）

三木良頼は姉小路家の内紛に乗じて古川家を乗っ取り、名跡を継承し、永禄元年（一五五八）良頼は飛驒守に叙任し、永禄二年（一五五九）には良頼の子自綱が姉小路姓を正式に継承した。天正十年（一五八二）三木氏は江馬氏を破り飛驒の覇権を手にした（八日町合戦）。この際小島家当主小島時光は、三木氏側として戦い、江馬氏の高原諏訪城から大般若経を奪い、これを小島城下の寿楽寺に納めている。

小島城へのアクセス

JR高山本線杉崎駅から山麓まで徒歩10分、ここから城跡まで20分。

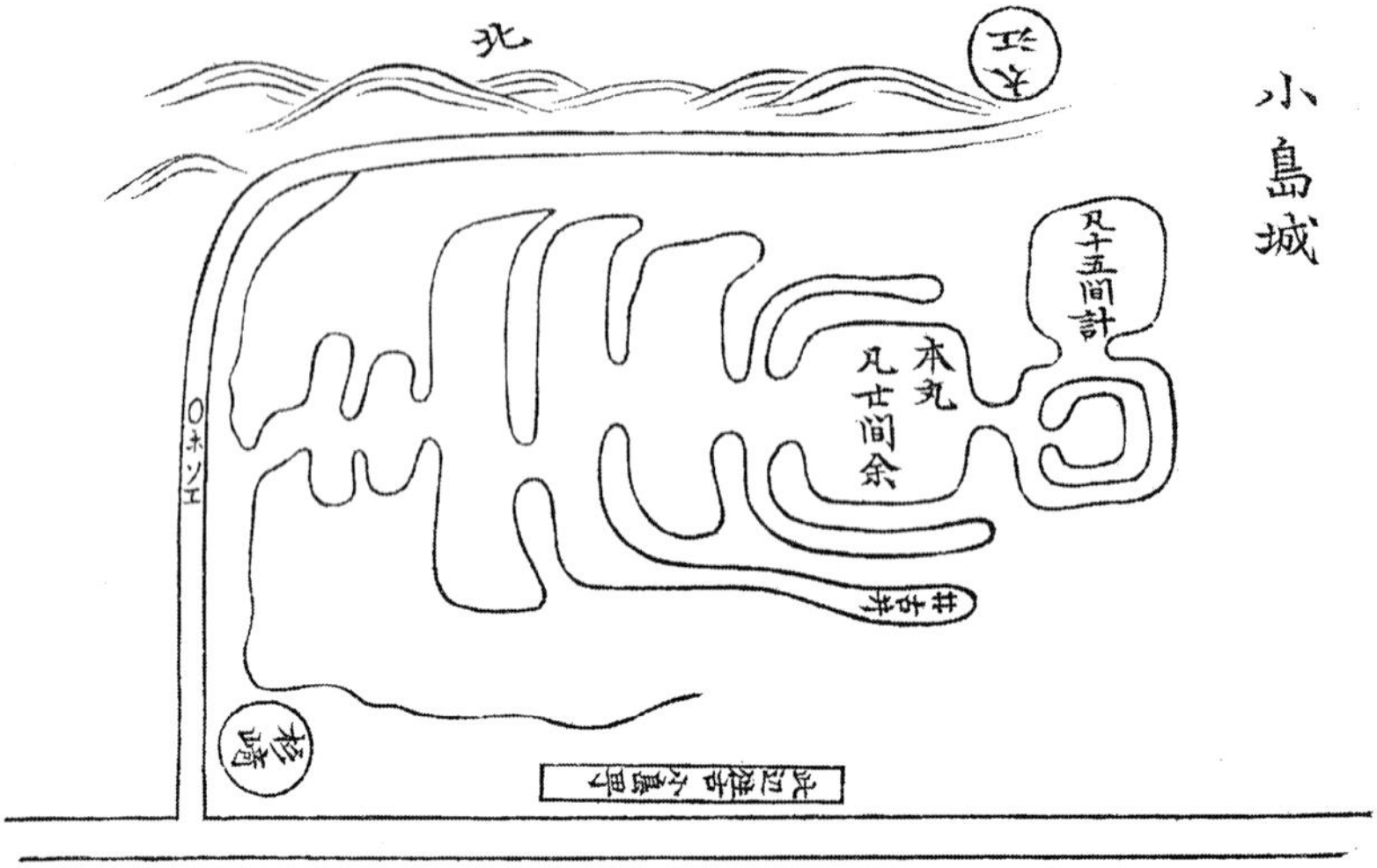

小島城（『飛州志』より）

なお、この大般若経は、県指定文化財となっている。天正十三年（一五八五）、金森氏の飛騨進攻により小島城も落城し、小島氏も滅亡する。

小島城は、高原郷と小島郷を結ぶ神原峠の峠道が古川盆地に開ける交通の要衝に位置し、高原郷からの侵入を防ぐには絶好の立地といえる。

通称城山の山頂に主郭を配置し、一部石垣も残存している。石垣は、主郭及び主郭虎口のみに設けられており、最重要地点に設けられていたと考えられる。天正十三年の落城以降小島城に関する伝承は残っていないことから、主郭に設けられた内桝形虎口は小島時光が構築したものと考えられる。しかし、他の三木氏系、江馬氏系の城郭には虎口は設けられていないことから、飛騨制圧後、金森氏が改修した可能性も考えられる。

小島城には、山麓からの登山道もあるが、主郭のそばまで車で行くことが可能である。主郭にはアズマヤが設置されている。曲輪は、小島城址城郭復元整備委員会により定期的に草刈りがなされているほか、間伐や遊歩道の設置などの整備も行われ、市民の憩いの場となっている。

（澤村雄一郎）

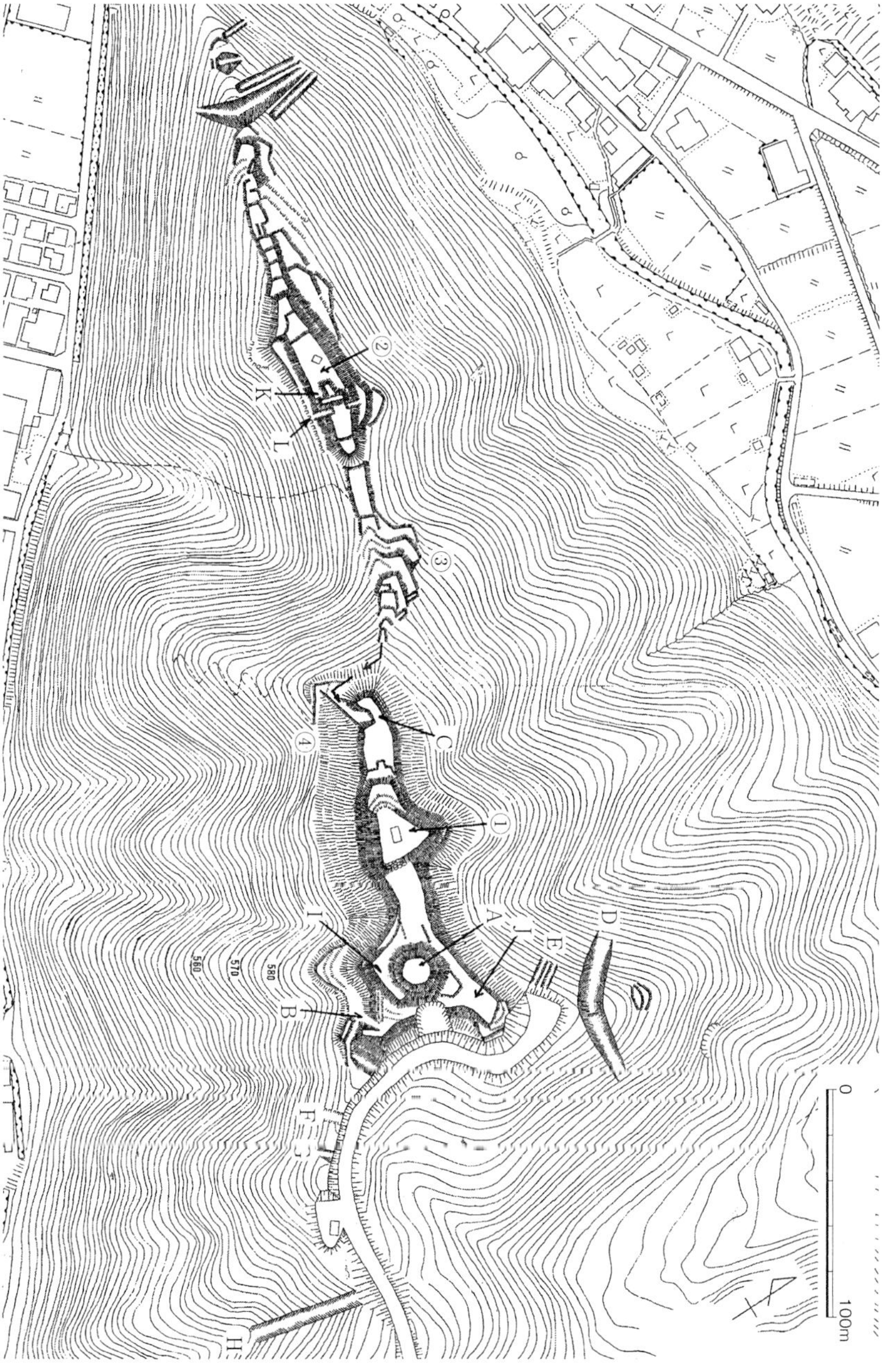

小島城跡概要図（作図：佐伯哲也『岐阜県中世城館跡総合調査報告書』岐阜県教育委員会 2005より）

50 高原諏訪城《たかはらすわじょう》 ★★

所在地　飛騨市神岡町殿
築城時期　不明
標　高　六二〇m
主な遺構　曲輪　土塁　竪堀　堀切

高原諏訪城は、室町時代から戦国時代にかけて神岡町周辺を支配した地方武士・江馬氏の本城である。江馬氏下館跡の東側背後、二十五山から南に向かって延びる尾根の南端頂及び稜線延長上、保木戸平（城山）山頂に位置する。北・東側の周囲の山々の峰はいずれもこれより高く、包囲された印象を受けるが、南側には水かさの多い高原川の急流に臨んでおり、攻撃はしにくい位置にある。

山頂からは下館跡の位置する殿区はもちろん、市街地の船津区をも一望できる。また、高原諏訪城の南裾において山之村道が上宝道から分岐し、山之村で鎌倉（有峰）街道と合流し、交通の面からも重要な立地である。

昭和五十五年（一五八〇）三月十日、江馬氏下館跡及び江馬氏との関連が伝わる五つの山城と共に、国史跡「江馬氏城館跡」に指定された。

地元では、昔から主郭に生える松を「一本松」と呼び、例祭の後に「山行き」と言う直来を行う場所として親しんでいた。現在は、元々江馬氏の菩提寺であったと伝わる殿円城寺から登城道が付いている。麓に位置する下館跡からは、殿円城寺を経由して徒歩三〇分ほどで主郭まで登ることができる。

江馬氏は、十四～十五世紀にかけて、管領や幕府奉公人から公務執行命令を受けたり、山科家領を押領していることが『山科家文書』や『烏丸家文書』から分かっている。戦国時代には武田氏に従って越中侵略に参加したり、上杉方の飛騨侵攻に降伏したりと、甲斐・武田氏と越後・上杉氏の二大勢力の間で双方から圧力を受けていた。天正四年（一五七六）、上杉謙信の飛騨侵攻の際には、

主郭跡

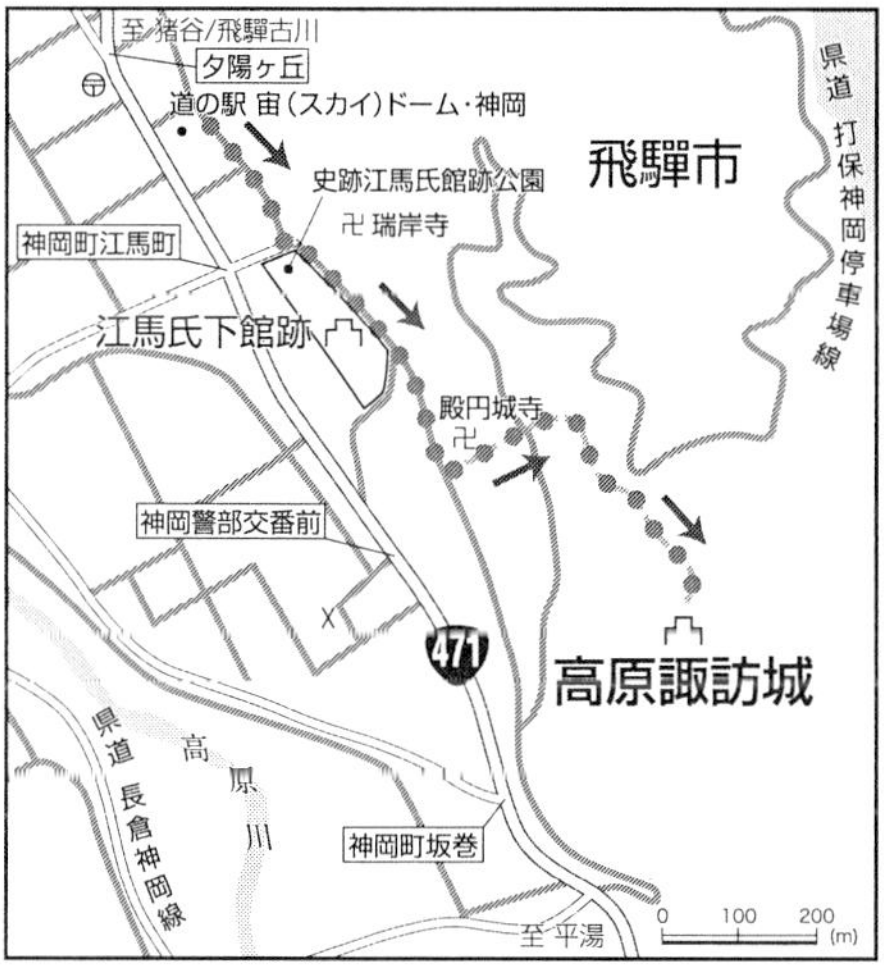

高原諏訪城へのアクセス

JR高山本線飛騨古川駅から飛騨市巡回バス（西回り）で30分、スカイドーム神岡下車、江馬氏下館跡を経由、徒歩約40分。または、濃飛バスで西里下車、同じく徒歩60分。

この高原諏訪城も占拠され降伏を余儀なくされたと伝えられている。

武田信玄、上杉謙信に続き、天正十年（一五八二）、本能寺の変で織田信長が没すると、上杉方の江馬輝盛と織田方で飛騨南部を支配していた姉小路（三木）自綱が飛騨全域をめぐって戦うに至った。決戦は両氏の領地境である荒城郷八日町において行われ（八日町合戦）、江馬輝盛が敗れて討死にし、江馬氏は敗れた。この時に姉小路（三木）方の小島時光により、高原諏訪城も落城したと伝わっている。小島時光が高原諏訪城から戦利品として持ち帰ったものに大般若経があり、その裏書にこの江馬氏滅亡の記事が詳しく記されている。大般若経は現在寿楽寺に伝わり、岐阜県重要文化財に指定されている。

主郭は南北三〇メートル、東西一六メートルの長方形の広場であり、その下には幅六～一〇メートルの腰曲輪が巡る。平坦面はきれいに削平されている。麓の段丘面から主郭までは比高差一六〇メートルを測り、西側は急峻な斜面を天然の要害としている。このため、防御施設は主郭南北側尾根の延長に確認することができる。主郭北側尾根には竪堀や堀切、土塁を設けている。殿円城寺からの登城口から登ると、主郭から北側一五〇メートルの尾根上に出る。このため、二本の堀切、二〇メートルに及ぶ土塁、深い谷を利用した堀切を確認しながら本丸を目指すことになる。主郭の東側には、土塁を持つ曲輪があり、その周囲には竪堀と堀切が設けられている。主郭の南側には堀切を設け、それを経て、南北二〇メートル、東西一〇メートルの曲輪（Ⅱ郭）がある。Ⅱ郭には地表面に石垣と考えられる花崗岩が観察できる。周囲には幅五メートル前後の腰曲輪がめぐる。Ⅱ郭の南端に竪堀と堀切を設けている。

築城時期は不明であるが、堀切と竪堀がセットで使用されていること、石垣が設けられていることなどから、戦国末期、江馬氏と三木氏との抗争が激しくなった頃に現在の姿に構築されたと考えられる。　　　（三好清超）

遠望（江馬氏下館会所から望む）

高原諏訪城跡概要図（作図：佐伯哲也『岐阜県中世城館跡総合調査報告書』岐阜県教育委員会 2005より）

番外編　岐阜の平城ベスト17

101 西高木家陣屋《にしたかぎけじんや》 ★

所在地　大垣市上石津町宮
築城時期　慶長六年（一六〇一）以降
標高　一三〇m
主な遺構　長屋門　主屋一部　石垣　埋門石垣　墓所

大垣市上石津町（旧養老郡上石津町）を南北にはしる国道三六五号を関ヶ原方面から南下し、上石津第三トンネルを抜けると多良《たら》に至る。道は北流する牧田川沿いに進み、その左右には河岸段丘が発達する。旗本西高木家陣屋跡は、この牧田川左岸の標高約一三〇メートルの段丘上段の縁辺部に位置する。下段には、かつて伊勢と美濃を結ぶ街道のひとつであった伊勢（西）街道が南北に走り、ここからは東斜面を中心に展開する石垣群の姿を眺めることができる。

高木家は西濃地方の駒野・今尾周辺に勢力を持った土豪で、一時は関東に移り住んだが、関ヶ原の戦いの軍功により慶長六年（一六〇一）美濃国石津郡の時・多良郷に入った。石高は西家二三〇〇石、東・北家それぞれ一〇〇〇石で、三家あわせて四三〇〇石を領し、領地に在住できる交代寄合旗本（美濃衆）として大名並み（一万石以上）の格式を許され、多良の地に陣屋を構えた。なお、関一政の多羅《たら》城をここにあて、それを利用して陣屋を構えたとする考えもあるが定かではない。

この地は周囲を山々に囲まれ、関ヶ原・大垣方面へは、伊勢街道勝地《かちじ》峠を越えるなど、交通の便に恵まれているとは言い難い地勢であったが、高木家は寛永年間以来「川通御用」を勤め、美濃を中心とした治水にかかる役儀を負っていた。木曾三川の治水事業にも深く関わり、かの宝暦治水においても重要な役割を担った。

この高木家に関わる古文書は、名古屋大学所蔵の西高木家文書を中心に十万点以上の量が残されており、現在も整理・調査が継続されている。特に木曾三川の治水関連史料は著名であるが、領地支配や家政に関するものも多く、地方における旗本の実態を示す豊富な情報をもつ一大古文書群でもある。

西高木家陣屋跡は城館ではなく、文字通り近世旗本が在住領地支配の拠点とした陣屋跡である。しかし、尾張藩士樋口好古が「館を峰に構へ下よりみあげ殆ど城郭に彷彿たり」と『濃州徇行記』に記したように、現在も残る石垣群は、城館のそれに匹敵するものである。

西高木家陣屋跡（奥上段）と陣屋石垣群（右が埋門跡）

段丘上を南北に走る伊勢街道の東に東家、北に北家の陣屋がそれぞれ位置し、西の上段高所に西家の陣屋が位置していた。北家・東家の陣屋については、旧状を示すものはほとんどなく、わずかに東家土蔵と伊勢街道沿いの石垣が残存しているのみである。街道より西家陣屋にむかうと、右手に埋門跡がある。文化十二年（一八一五）建造で、天保三年（一八三二）に焼失したといわれ、現在は高さ約三メートルの石垣上に「高木家三家入郷地」の碑がおかれる。ここから西高木家陣屋跡に至るスロープ状の階段が設けられるが、その脇には井戸や埋門に連続して石垣がひろがっている。また、あまり目には付かない

西高木家陣屋へのアクセス

JR大垣駅前から名阪近鉄バス大垣多良線で約60分、宮バス停下車。隣接の上石津郷土資料館は火曜休館。資料館南に駐車場あり。

下屋敷から曳き家された長屋門

が、ここより陣屋の北斜面にも連続して石垣が構築され、その高さが三メートルをこえる部分もある。

これらの石垣に使用された石材は、一部花崗岩などが含まれるが、養老山系に産出する硬質砂岩がほとんどを占める。その大きさ・形状から、眼下を流れる牧田川より採取されたと考えられる。

余談であるが、埋門南に国の天然記念物シブナシガヤがあった。現在は枯死してしまったが、推定樹齢約三〇〇年の古木で、シブ皮が実側ではなく殻側につく珍しいものであった。このシブナシガヤに関する記載は、高木家文書中にも見られ、水戸藩徳川光圀などへの献上記録や、それに対する光圀の花押のある返礼状などが残されている。

かつての西高木家陣屋は上屋敷と下屋敷からなり、現在は上屋敷跡に明治期建造の高木家居宅の一部と長屋門が残り、往時の姿を偲ばせている。西高木家陣屋は天保三年（一八三二）に北高木家陣屋の火災により類焼し、同年に再建されているが、現在の居宅（主屋）の一部が、天保三年再建上屋敷奥棟を曳き家して改築されたものであることが、近年の建造物調査により判明している。また、長屋門については、棟札等から嘉永五年（一八五二）造営の下屋敷御門を曳き家したものと判明している。

上屋敷跡の西方には、土塁状の高まりの他、累代の墓所が残されている。墓所は段丘北西縁辺部に位置し、多良入郷以前のものも含め、西高木家の墓石四十数基が残さ

東高木家土蔵と伊勢街道

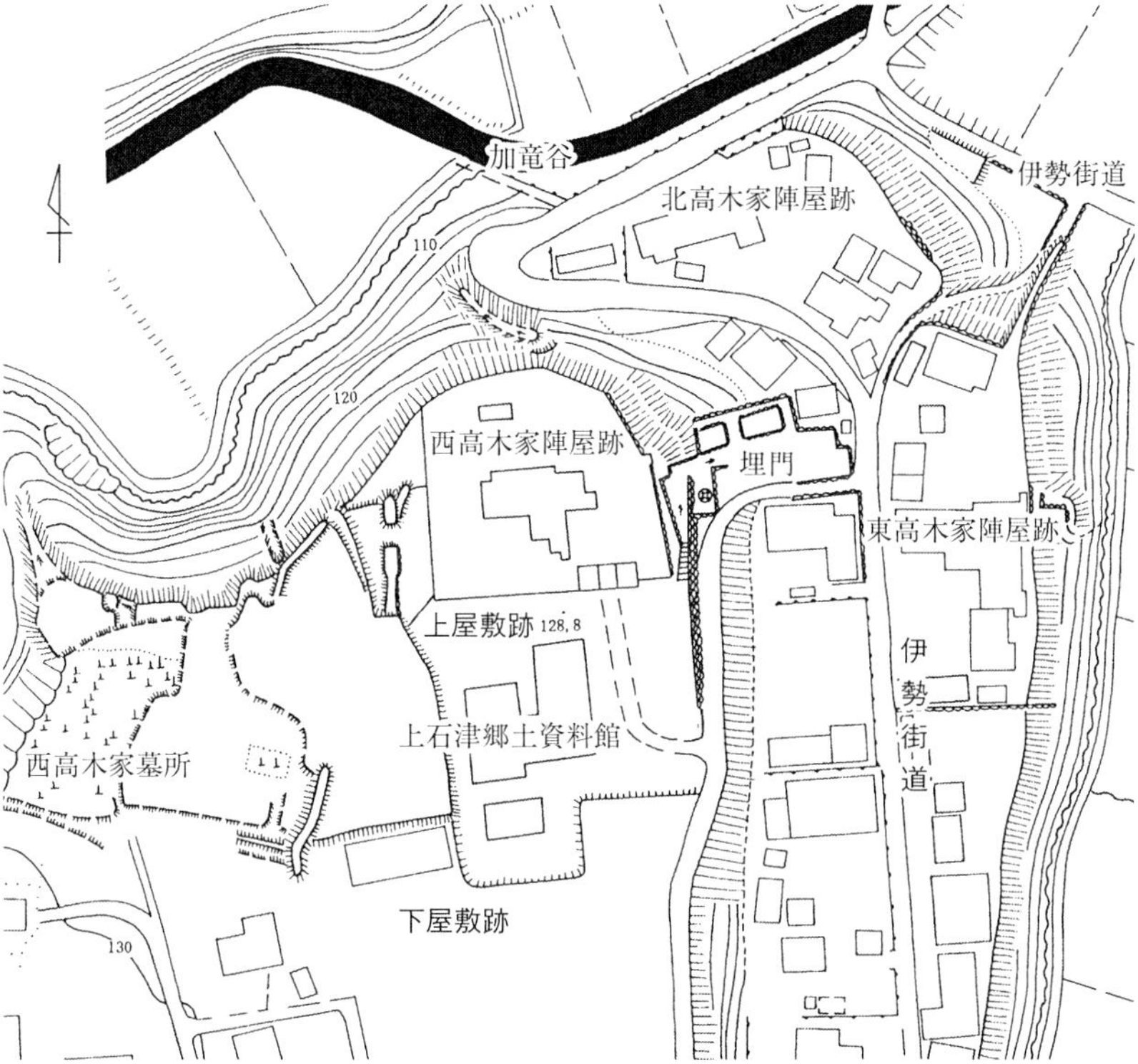

高木家陣屋概要図（作図：中井　均『岐阜県中世城館総合調査報告書』岐阜県教育委員会 2002より）

れている。

　こうした現地の残存遺構の状況は、残されている複数時期の屋敷絵図との整合性も高く、陣屋の変遷を検討しうる状況にある。

　西高木家陣屋跡は長屋門等の建造物の一部が残り、往時の姿を伝える石垣などの陣屋遺構も残存し、更に膨大な古文書群から旗本の地域支配の在り方をも知ることのできる希有な近世陣屋遺跡である。現在、陣屋跡のうち上屋敷跡中心部と石垣群・墓所とをあわせた部分が「旗本西高木家陣屋跡」として岐阜県の指定史跡となっている。

　なお建造物内部の見学はできないが、隣接の上石津郷土資料館では陣屋を復元したジオラマ等の高木家関連資料等が展示される。

　この他、埋門跡から伊勢街道を約二〇〇メートル南下したところに位置する式内社大神《おおみわ》神社は、古文書中に当主の参詣の記載もあり高木家とも縁の深い神社である。

（鈴木　元）

102 本郷城《ほんごうじょう》 ★

所在地　揖斐郡池田町本郷字北瀬古
築城時期　十四世紀後半
標高　三七m
主な遺構　曲輪　土塁　石垣

池田町を南北に縦貫する国道四一七号の「本郷北」交差点から西へ入った集落を訪ねると、住宅に囲まれた中に、小さな浮島のように盛り上がった緑地を見つけることが出来るだろう。その三〇メートル四方程の盛り上がりが、現在地上に見える本郷城跡の全てである。

大正時代初期までは、周辺より二メートル余高い内郭や、周囲に設けられた堀、土塁や井戸などが比較的よく遺っていたが、現在地上に顕在しているのは、内郭のごく一部でしかない。この部分は町の史跡に指定され保護されている。

この城は『揖斐郡志』によれば応永四年（一三九七）に没した土岐頼忠により築城され、その後当地の豪族国枝為助が居城とした、とされる。ただし、『揖斐郡志』以前の近世地誌類等資料では、本郷城と土岐氏の関わりを明確に示すものはなく、土岐氏との関係についてはさらなる検討が必要である。

国枝氏は応仁～文明元年（一四六七～一四六九）頃に田村（現安八郡神戸町）から池田の本郷に移り来たと考えられている。頼忠についで池田に居た子の頼益は、この頃には萱津（現愛知県甚目寺町）へ移っており、池田地方は明確な統率者を欠いていた時期であったといえる。ただし、頼益の没年が応永二十一年（一四一四）であるので、頼益のあと国枝氏が本郷城に入るまでには半世紀以上の空白期間が存在したことになる。

以後、国枝氏は当地の豪族として関ヶ原の合戦まで当地方を支配した。国枝為助から数えて五代後の国枝修理亮政森は西軍に属して関ヶ原合戦を迎えるが、本郷城は東軍により焼き払われ、廃城となったとされる。

住宅地の中にのこる本郷城跡

さて、改めて城跡の事を詳述しよう。城は揖斐川及び粕川の形成する扇状地上、標高約三七メートルの平地に立地する。先にも述べたように、現在は城の存在を示す地上遺構は少ないが、江戸期の絵図や明治期字絵図、戦前の記録などにより概略を復元することが可能である。

城は中心となる約三六メートル四方の内郭と、その周囲を同心円状に囲む外郭から構成される。内・外郭共に周囲に堀と土塁を廻らせ、外郭堀の外縁で測る城域は、東西一一六メートル、西辺一四九メートル、東辺六八メートルの不整形な台形を呈する。江戸期の絵図には、虎口や井戸、食い違い状になった土塁が描かれるものがある

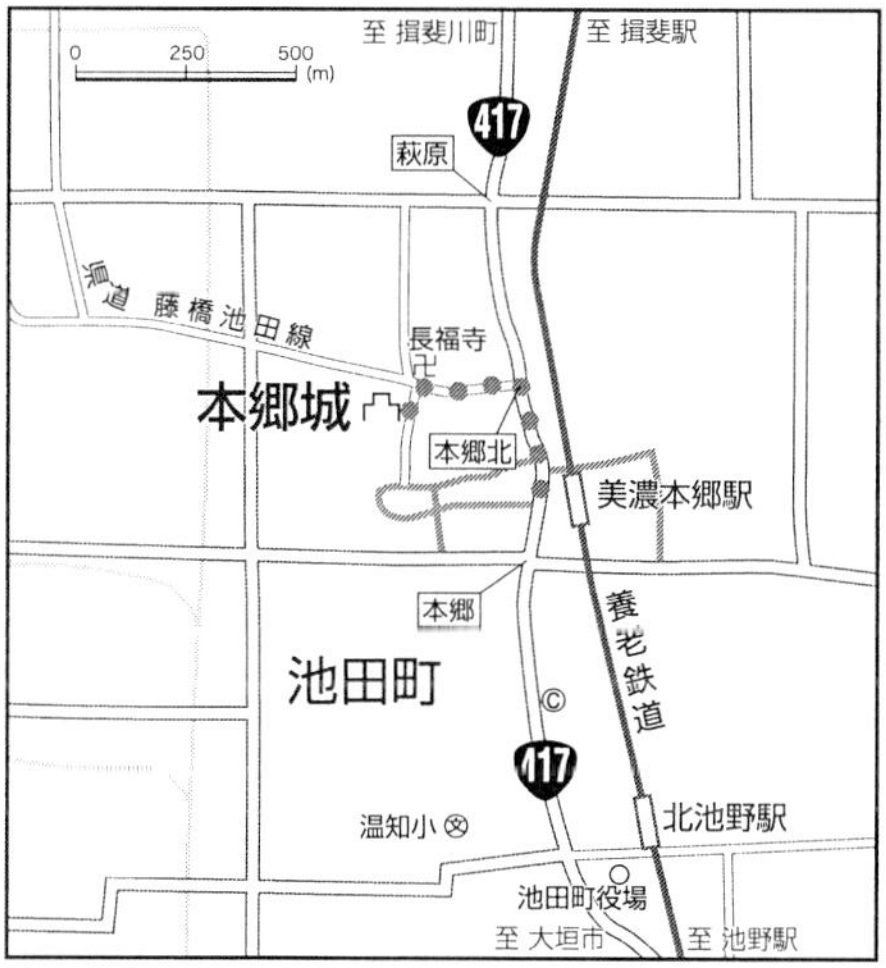

本郷城へのアクセス

養老鉄道美濃本郷駅下車、徒歩約20分。国道417号「本郷北」交差点を西に入り、長福寺入口付近を左折。

が、その位置や有無は絵図によってまちまちであり、確定的でない。

　内郭は周辺より二メートル程高く築かれ、ほぼ方形を呈する。この部分は大正~昭和初期に土取りが進み、北西四分の一がかろうじて現存する（図中Aの部分）。町の史跡となっているのはこの部分である。

内郭北西隅の石垣

　内郭現存部分の北西隅には、一辺七・二メートル、内郭からの高さ二・七メートルの石垣を以て築いた台状施設が存在し、これに内郭土塁が接続している。台状施設の周辺からは天正後期以降の所産と考えられる瓦が多く採取されており、施設上に天守相当の瓦葺き建物が存在していたことが推察される。

　地域の小豪族である国枝氏の拠点に、瓦を用いた天守相当の施設と、石垣を以て築いた台上施設があることは、本郷城が豊臣期に果たした役割を考える上で重要な要素である。

　現在までに当城域では二回の小規模な発掘調査を実施し、外郭の堀の一部などが確認されている。出土する遺物は、十五世紀後半~十六世紀前半頃の土器が最も多く、国枝氏が池田へ移り来た時期を、城が最も活用されていた時期とみることができる。それ以前及び以後の遺物は極めて少ないが、瓦の存在から十六世紀後半にも間違いなく城が機能していたことが判然とする。瓦と同じ時期の土器等遺物の出土量が少ないのは、その頃の本郷城の役割が、生活色の薄いものへと変化していたためと考えることもできる。

　いずれにせよ、城の移り変わりや、土岐氏との関係も含めた詳細は、今後の調査の進展を待たねばならない。この城は決して大規模とはいえないが、内に秘める歴史的意義は極めて大きいといえる。

（横幕大祐）

本郷城跡概要図（網は字絵図から復元した堀と土塁）

103 お茶屋屋敷《ちゃややしき》 ★

所在地　大垣市赤坂町
築城時期　慶長十年（一六〇五）
標　高　二〇m
主な遺構　土塁　空堀　虎口

お茶屋とは、京都と江戸を往還するときの将軍専用の宿泊施設である。徳川家康は天正十八年（一五九〇）関東に移った後も、京都の伏見城を居城としており、慶長八年（一六〇三）の将軍宣下は伏見城で受けている。こうした経緯から将軍上洛のための休泊地の整備が沿道の諸大名に命じて造営された。

美濃では稲葉郡茶屋村（岐阜市）と不破郡赤坂村（大垣市）に置かれ、近江では柏原御殿（米原市）や伊庭御殿（東近江市）、永原御殿（野洲市）、水口城（甲賀市）として知られている。

赤坂お茶屋屋敷は、標高二〇メートルの段丘縁に立地し、その東は約九メートルの落差があり自然の要害にもなっている。すぐ南には家康が関ヶ原合戦の際に、最初の本陣を置いた岡山（別称勝山）がそびえる。

お茶屋屋敷は中山道の一〇〇メートル南に設けられ、当時の高須藩主徳永寿昌の家来安部孫兵衛が普請奉行を務め、慶長九年（一六〇四）から慶長十年（一六〇五）にかけて作事している。ここを家康は慶長十年（一六〇五）から慶長十六年（一六一一）までの間に三回ほど利用し、元和元年（一六一五）には大坂夏の陣後に秀忠が立ち寄っている。

その後、寛永五年（一六二八）に幕府領となり、代官岡田将監の支配を受け、大半の建物は取り壊されたと言う。その後、大垣藩主に戸田氏が入部した寛永十二年（一六三五）には、内部は御殿と伝えられる建物のみが残されたという。このようにお茶屋屋敷は、造営から二十〜三十年という短命でその役割を終えている。

造営当初の規模や形態は現在留めていないが、昭和二十三年（一九四八）に阿部栄之助《あべえいのすけ》が作図した図面や延享二年（一七四五）の「往還地方萬記録《おうかんじかたまんきろく》」附図などを参考にしながら当時の規模を復元すると、東西一五五～一七〇メートル、南北一三七～一六四メートルの外郭と、東西一二二～一三七メートル、南北一一八～一二六メートルの方形プランの主郭からなる二重構造と推定できる。

　その広さは約三町余り（約三万四六〇〇平方メートル）と記録され、当時の赤坂村全体（三町一反）の広さとほとんど差がないほど広かった。

主郭の北東周辺土塁

　現状では昭和二十四年（一九四九）に西半分を地元中学校の敷地として提供したため半壊しているが、それでも東半分の主郭の土塁と堀、そして南側に帯曲輪《おびくるわ》の堀を一部見ることができる。また主郭の北東隅と南東隅には櫓台と思われる遺構も残り、当時の姿を彷彿させている。主郭の土塁は堀底から四～五メートルの高さをもち、内部からでも約二メートルの比高であるように、休泊地と言えども、防御的な要素を備えた城郭であったことがわかる。

　現地に本丸、二の丸、大手門や馬場とする解説板があるのは、こうした城を意識した背景がある。

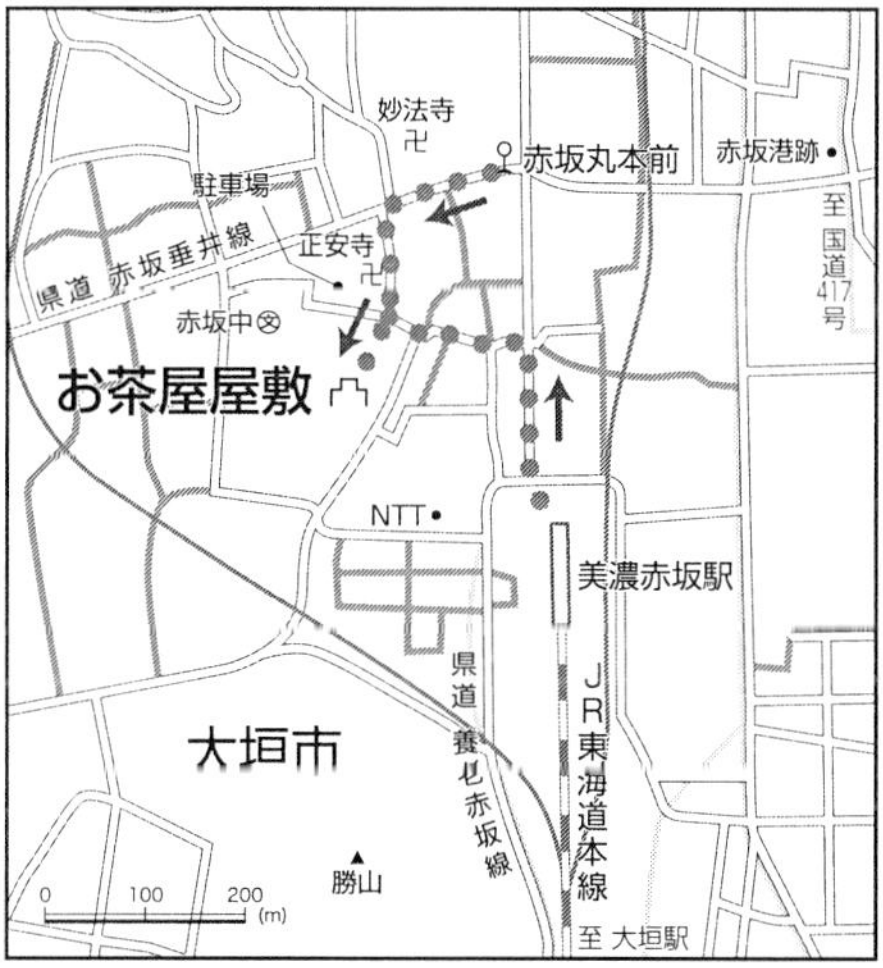

お茶屋屋敷へのアクセス

JR美濃赤坂駅から徒歩5分。またはJR大垣駅から名阪近鉄バス赤坂総合センター行きで赤坂丸本前バス停下車、徒歩5分。いずれも正安寺をめざすとよい。車の場合、正安寺西側に「お茶屋屋敷駐車場」がある。

現地は昭和五十一年（一九七六）岐阜県の史跡指定を受け、その内部は矢橋龍吉氏が栽培した牡丹を活かした牡丹園として親しまれている。牡丹が満開となる五月は、ここを訪れる人で溢れんばかりである。近くの中山道赤坂宿や岡山とともに訪れてみたい史跡である。

（中井正幸）

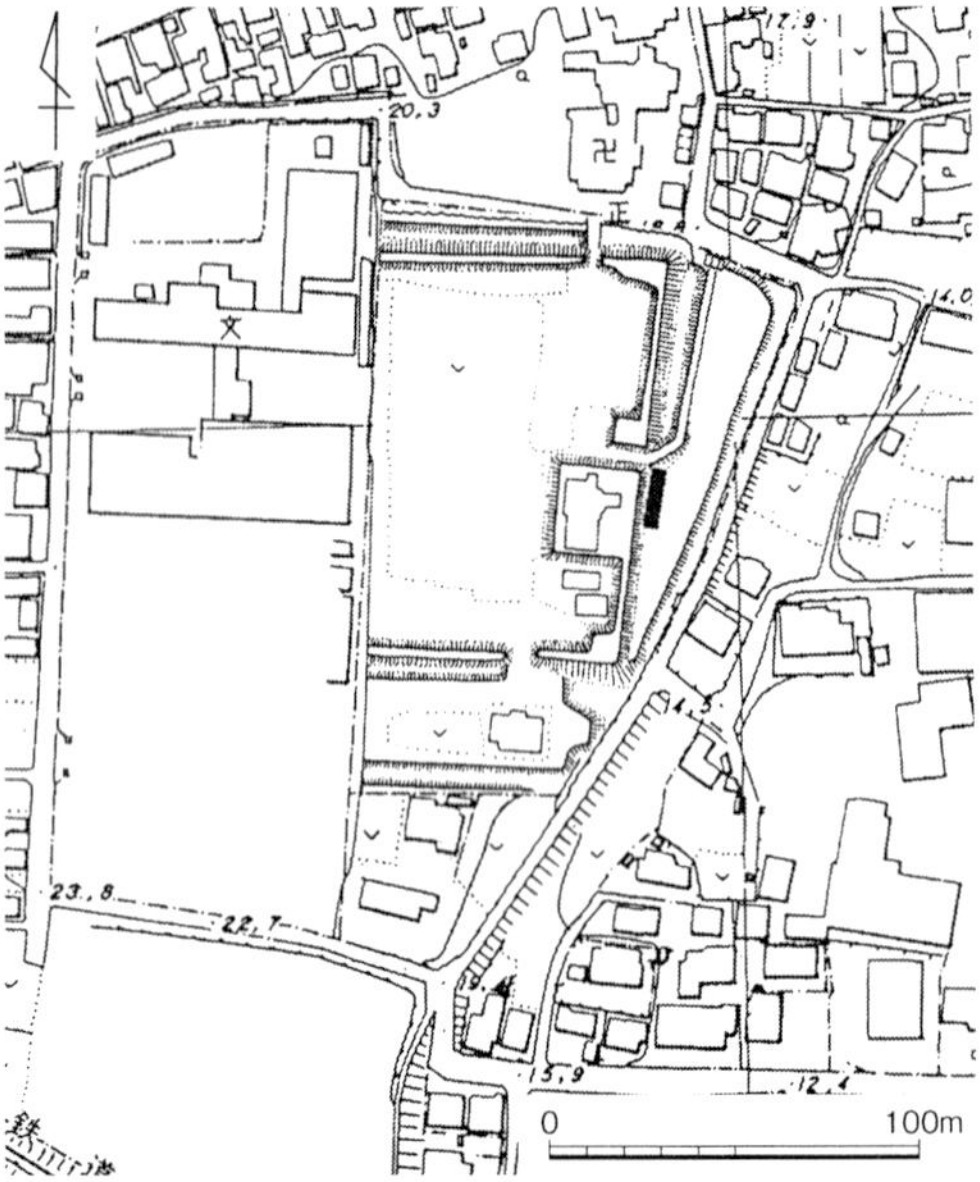

お茶屋屋敷実測図（作図：中井均）

お茶屋屋敷跡と赤坂宿（学校の右側の敷地がお茶屋屋敷跡。左側には中山道赤坂宿の町並みが残る）大垣市教育委員会提供

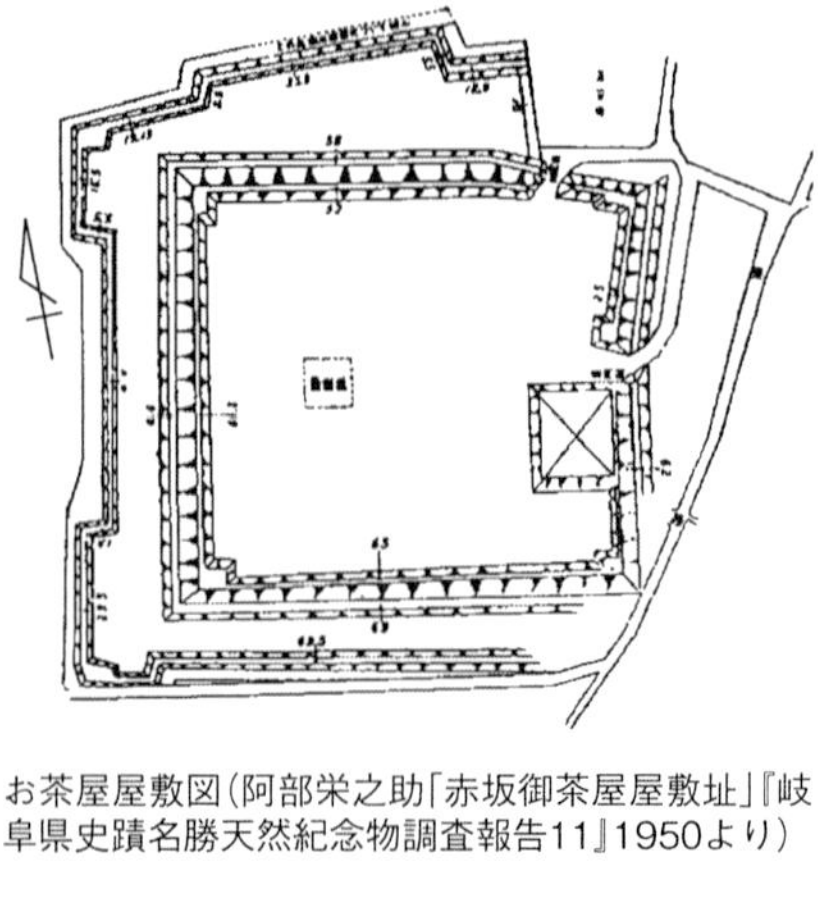
お茶屋屋敷図（阿部栄之助「赤坂御茶屋屋敷址」『岐阜県史蹟名勝天然紀念物調査報告11』1950より）

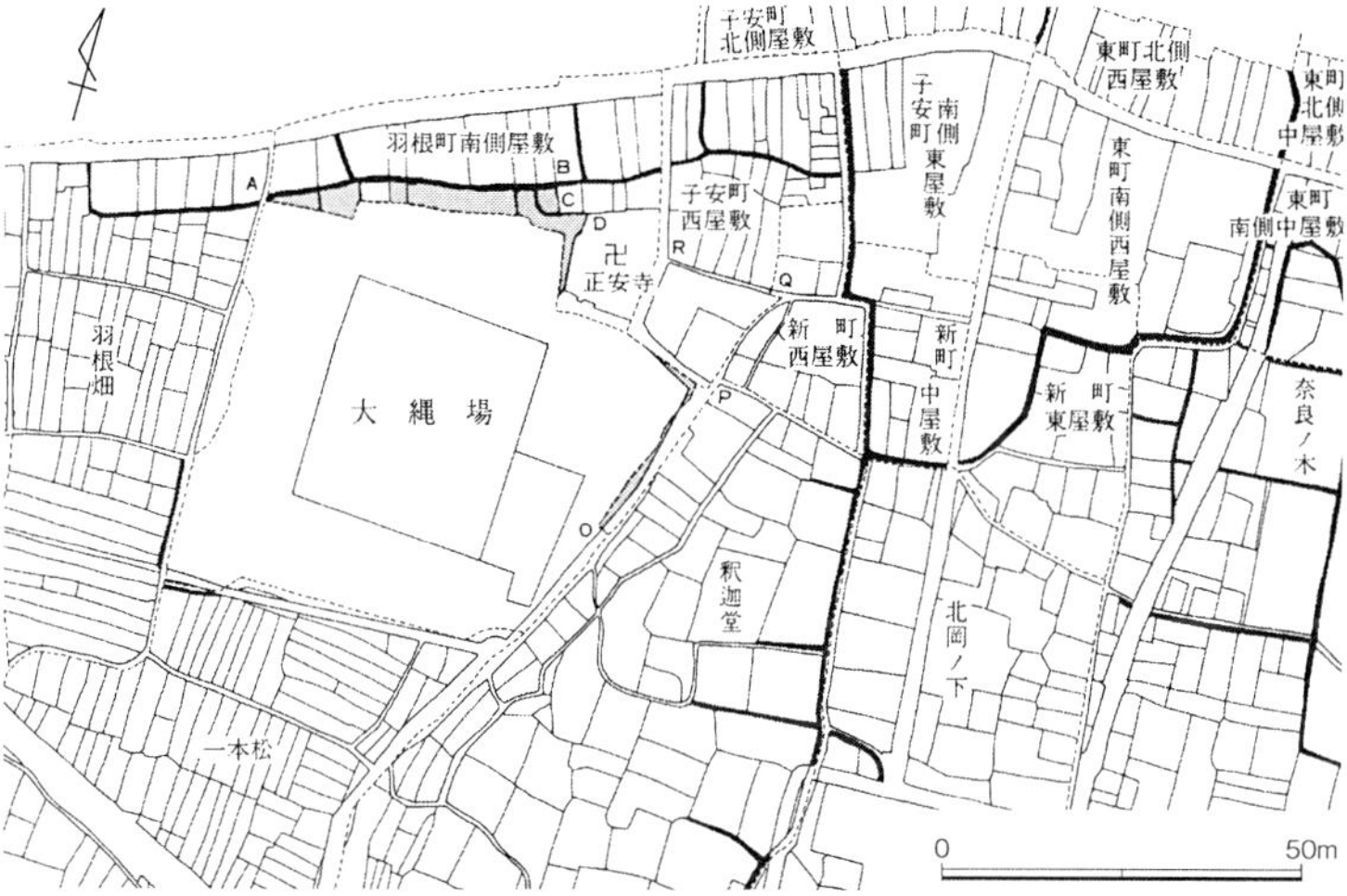

お茶屋屋敷跡周辺小字図（作図：中井正幸）

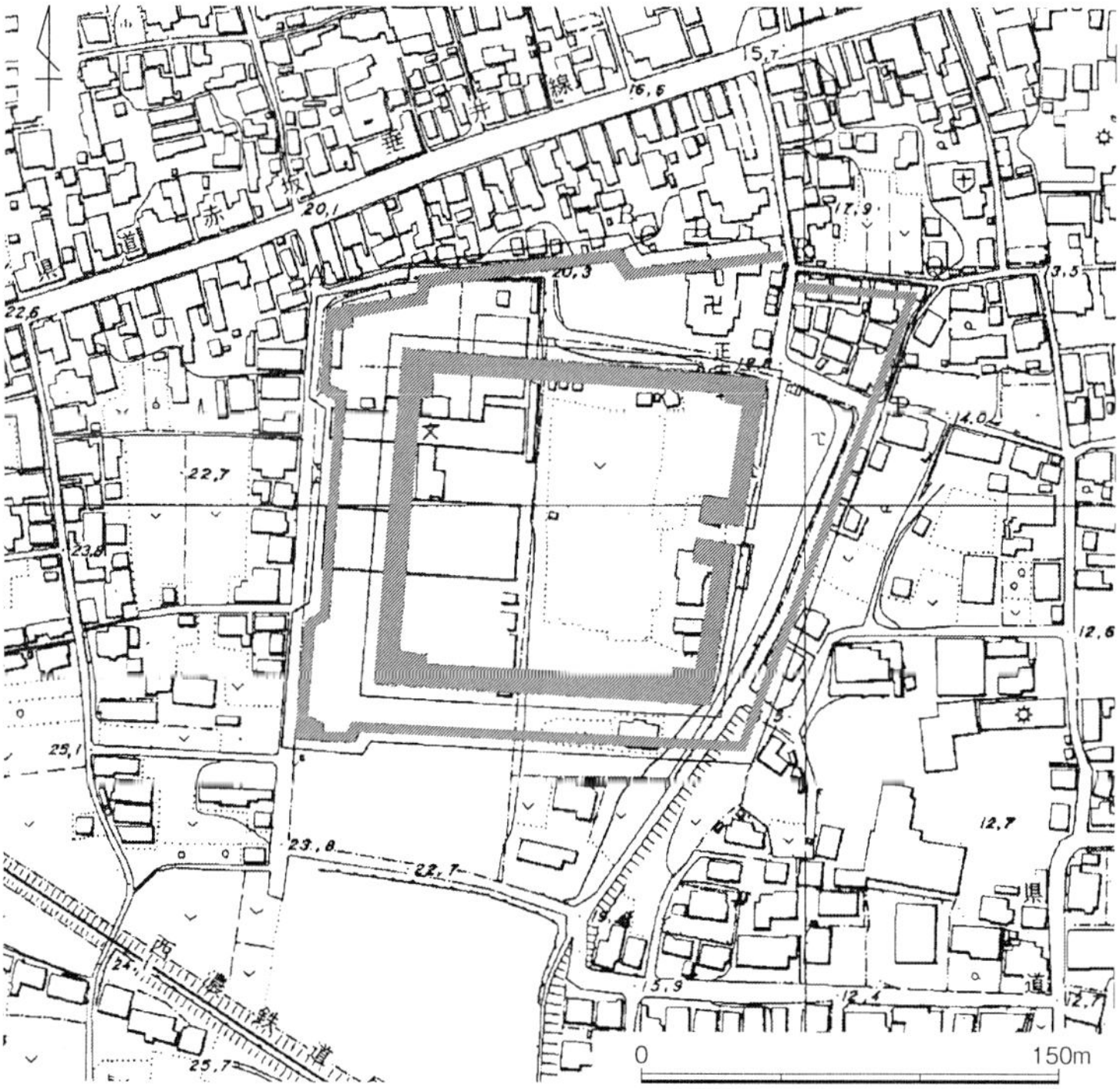

お茶屋屋敷の復元（作図：中井正幸）

104 大垣城《おおがきじょう》 ★

所在地　大垣市郭町（本丸・二の丸）他
築城時期　明応九年（一五〇〇）・天文四年（一五三五）
標　高　六m
主な遺構　天守台　石垣　外堀

ＪＲ大垣駅の南口を出て、駅前通を南へ約五〇〇メートル進み、郭町にある「史跡大垣城跡」の石碑を西へ折れると、商店街奥に旧柳口門を移築した東門、更にその奥に四層四階の大垣城天守が姿を現す。戦災で焼失した天守は、昭和十一年の旧国宝指定時作成の図面をもとに昭和三十四年に外観復元された。現在、この天守の位置する本丸周辺が大垣市の指定史跡となっている。

大垣城跡は、標高六メートル前後の沖積平野に位置する平城で、内堀・外堀を三重にめぐらせていた。本丸の上段部は標高十メートル余と周囲より高く、南と東に附櫓をもつ天守、南東には巽櫓が位置していた。下段の北東には艮櫓、南東には巽三重櫓、北西には乾櫓と、本丸には天守の他に四基の櫓が配されていた。本丸南には、更に四基もの三重櫓に守られた御殿のおかれた二の丸が位置し、この二の丸は、現在「鉄門跡」と表示される付近で、廊下橋のみで本丸と結ばれていた。本丸・二の丸周囲には内堀がめぐり、二の丸は東の三の丸・天神丸と連結していた。明治以降大きく変貌した現地の状況からは、多数の櫓を備えた曲輪群と水堀群からなる往時の光景を想像することは容易ではない。

現在は復元天守の他に艮隅櫓と乾隅櫓が外観復元され、本来はなかった東門・西門が本丸に移築・整備される。本丸の西は公園となり、裁判所・法務局・市役所等の官公庁も位置する。また、本丸の東や北は駅前商店街・市街地となっている。その他の外堀（惣堀）で囲われた城域も市街地となり、まさに大垣城とその城下町に、現在の大垣市の中心部が形成されている。

産業都市であった大垣は、戦中には空爆の標的となり、昭和二十年七月には旧国宝であった天守及び艮隅櫓は灰燼に帰し、大垣の街も甚大な被害を被った。戦後の復興はめざましいものであったが、本丸周辺に一部残っていた内堀も、この時すべて埋め立てられてしまった。現在では、城域の北と西を流れ護岸整備された水門川が、外堀として城郭の範囲を示しているのみである。

再建された四層四階の大垣城天守と乾隅櫓

先ほどの駅前通石碑の東を南へ約一五〇メートル南下した辻に、大垣の豊富な地下水を象徴する自噴水が湧くポケットパーク「大手いこいの泉」がある。ここから東に、「ブラッキ街」を一〇〇メートルほど進むと、郭町東と本町境の建物の合間にひっそりとたたずむ、市指定史跡「大手門跡」へと至る。大垣城にあった七つの門の一つで、郭内に通じる正門跡で、明治四年の門撤去後、桝形に広峰神社が移築されている。城郭のひろがりを偲ぶことのできる数少ない場所である。

近世の大垣城と城下町を含むその範囲は、東西一・三キロ、南北一・二キロをはかった。その南には中山道と東海道を結ぶ脇街道であった美濃路を取り込み大垣宿が

大垣城へのアクセス

JR大垣駅から南へ徒歩7分。郷土館同８分。共に火曜休館。駐車場は市営丸の内駐車場・東外側駐車場等を利用。

栄え、竹島町に本陣が、本町には脇本陣が設けられた。また、城下町の南、水門川沿いの船町には、主に伊勢方面との物流を担った川湊がおかれた。その繁栄を現在に伝える県指定史跡「住吉燈台」は元禄年間のものとされ、当地が俳聖松尾芭蕉の「奥の細道むすびの地」である史実と相まって、観光スポットともなっている。

大垣城は慶長五年（一六〇〇）の関ヶ原の戦いで、石田三成率いる西軍の城として、また寛永年間に戸田氏が入城し、幕末まで支配した戸田十万石の「水の城」としても知られる。創建時期には諸説あるが、十六世紀前半には、城館等の施設が存在していたと推定される。

戦国期のこの地は要衝の地として重視され、氏家直元・直重、池田恒興・輝政、三好秀次、木下秀長、加藤光泰、一柳直末、羽柴秀勝、伊藤祐盛・盛宗等、多くの武将が城主となっている。天守の造営は十六世紀後半の一柳氏あるいは伊藤氏のときとも言われるが、石川氏・松平氏を経て入城した戸田氏十一代の継続的支配のもと近世大垣城・城下町の姿が形成されたと考えられる。

城が立地する沖積地には石材が産出せず、水運を利用して他所から石材を搬入しているが、ここ大垣城では、全国の城郭でも数少ない石灰岩を用いた石垣を見ることができる。天守石垣は、切石状の加工を施さないものが多く、石材形状と石積みの空隙の大きさから「笑い積み」とも称される。石灰岩は、城の北西約六キロの市内赤坂町の金生山の産で、杭瀬川を利用して運ばれた。この他「河戸石《こうずいし》」と呼ばれる養老山系に産する硬質砂岩が、海津市南濃町上野・志津付近から運び込まれ用いられている。

なお、天守石垣の北西隅には、明治二十一年の大水害の水位が示されており、水都と称される大垣の水との戦いという別の一面をも垣間見ることができる。

城郭の考古学的調査では、三の丸付近より、天正期の瓦や多量の土師器皿・箸など饗宴の存在を示す遺物群が出土し、京の生活を志向した城主層の生活の一端が確認

天守石灰岩石垣にみる明治21年の洪水点

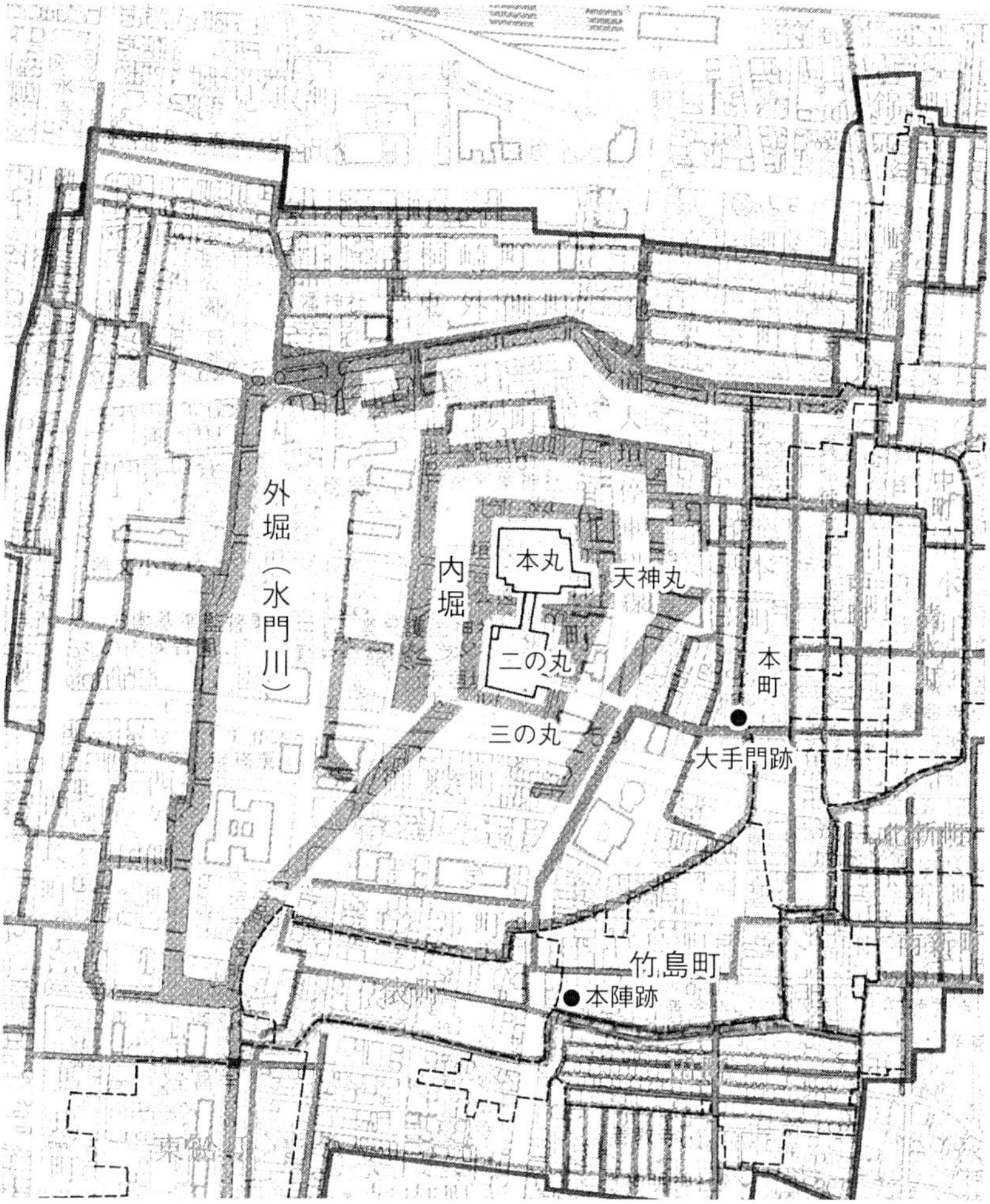

18世紀中頃の大垣城・城下町の復元（『大垣市遺跡詳細分布調査報告書－解説編－』1997より）

されている。また昭和四ー一年乾隅櫓再建工事時には、桃を意匠とした織豊期の金箔鬼瓦が出土している。めまぐるしく替わったどの城主が用いたものか、興味深い資料である。

現在の天守内部はその歴史を解説・展示した資料館となり、近くには戸田氏に関する資料を展示した郷土館もある。なお再建五十年を迎えた天守は、平成二十三年末まで屋根外壁改修工事のためその姿を見ることができない時期がある。訪れる際には注意されたい。

（鈴木　元）

105 曽根城《そねじょう》 ★

所在地　大垣市曽根町
築城時期　十六世紀前半
標高　一〇m
主な遺構　石垣

曽根城跡は大垣市北部の曽根町の標高一〇メートルの自然堤防上に所在し、すぐ東には神戸《ごうど》町から流れる平野《ひらの》井《い》川が大きく蛇行する。県道大垣大野線を大垣側より北上し、「曽根二」の交差点を東側に曲がると、田園と梨畑に囲まれた集落に入る。集落内の屈曲した道を「曽根城公園・花しょうぶ園」とある看板に沿って進むとやがて華渓寺《かけいじ》が見えてくる。

この華渓寺境内が曽根城の本丸跡として知られ、現在大垣市の指定史跡にもなっている。寺院の西にある池は、北の瀬古池《せこいけ》と同様、平野井川が決壊したときにできた切れ所池（押堀《おっぽり》）であり、城館に伴う堀の痕跡ではない。

曽根城は稲葉氏の居城として知られているが、その築造年代は文献では定かではない。西美濃三人衆として知られた稲葉一鉄《いってつ》（良通《よしみち》）の祖父、稲葉通貞《みちさだ》（塩塵《えんじん》・通富《みちとみ》）が美濃守護職土岐成頼《なりしげ》の妹を娶った後、文亀元年（一五〇一）に安八郡中川荘曽根村に城を構えて六千貫文を領したとも言われている。

良通が城主となった天文十一年（一五四二）から、貞通に家督を譲る天正七年（一五七九）までが最も安定した時期とされる。永禄年間頃から織田信長に仕え、『信長公記』によれば、天正三年（一五七五）には信長が曽根城に立ち寄り、良通が能を披露したことも記録に残る。

本能寺の変後は、良通の孫の典通が城主となるが、小牧長久手の戦後は、いったん城主に返り咲いた貞通が郡上八幡に転封され、天正十六年（一五八八）には新たに西尾光教が城主となり二万石を領する。その後関ヶ原合戦では東軍に属し、西軍の大垣城を攻める。城は合戦の慶長五年（一六〇〇）に廃城となっている。

現在本丸跡に建つ華渓寺は、もともと良通が母の菩提寺として曽根村の堤外に建立していたものを、享保十九年（一七三四）現在の地に移転したものとして知られる。従って、華渓寺境内そのものが本丸跡のに建立されていることから、高台や縁辺部も遺構に伴う可能性が指摘されてきた。

曽根城本丸跡に建つ華渓寺（発掘調査時・大垣市教育委員会提供）

平成二年（一九九〇）、曽根城公園整備に伴う測量と発掘調査が実施された。測量図からは本丸跡が方形にも見えたものの、発掘調査では高台には後世の改変や盛土が大半を占めていることが判明した。

さらに、発掘調査では本丸跡の主郭を画するかのような長さ三五メートルにわたる石垣をはじめて確認した。現状では石垣のうち最下段しか確認できなかったものの、根石や整地面を伴うことを明らかにでき、整地層の出土遺物から、石垣の築造時期を十六世紀後半と認識できた。

石垣に使用されていた石の大半は金生山《きんしょうざん》から産出される石灰岩で、赤坂からこの曽根の地まで約四キロも運

曽根城へのアクセス

JR大垣駅から名阪近鉄バス黒野行きで曽根バス停下車、東へ徒歩10分。

曽根城本丸跡石垣（大垣市教育委員会提供）

搬されていることがわかる。発掘調査では礎石や瓦などは確認していないが、検出した石垣は織豊期における石垣や礎石・瓦の使用を臭わせる遺構として重要である。

平成六年（一九九四）には本丸と二の丸を区画する溝を本丸東側で確認している。この溝からは、十五世紀から十六世紀頃の陶磁器や土師器皿、木製品、漆器椀や箸などが出土

本丸跡石垣
（大垣市教育委員会提供）

し、当時の日常生活や食膳具についても情報が蓄積された。

ところで、曽根城とその城下町を記した絵図は四点ほど伝わるが、『濃州曽根古城跡図』（華渓寺蔵）は廃城後の文政八年（一八二五）に描かれたもので、そのまま織豊期の曽根城下町が絵図に描かれているわけではない。

現在周辺は「曽根城公園」として一帯が公園整備され、発掘調査で判明した石垣も現地で平面表示されている。公園は池を中心に花しょうぶが植えられ、六月なると多くの鑑賞客でにぎわう観光スポットでもある。

華渓寺境内には、幕末の志士でこの曽根村出身の梁川《やながわ》星巌《せいがん》を顕彰する「梁川星巌記念館」もある。戦国時代の城館がひっそりと佇む静かな公園は、地元の憩いの場となっている。

（中井正幸）

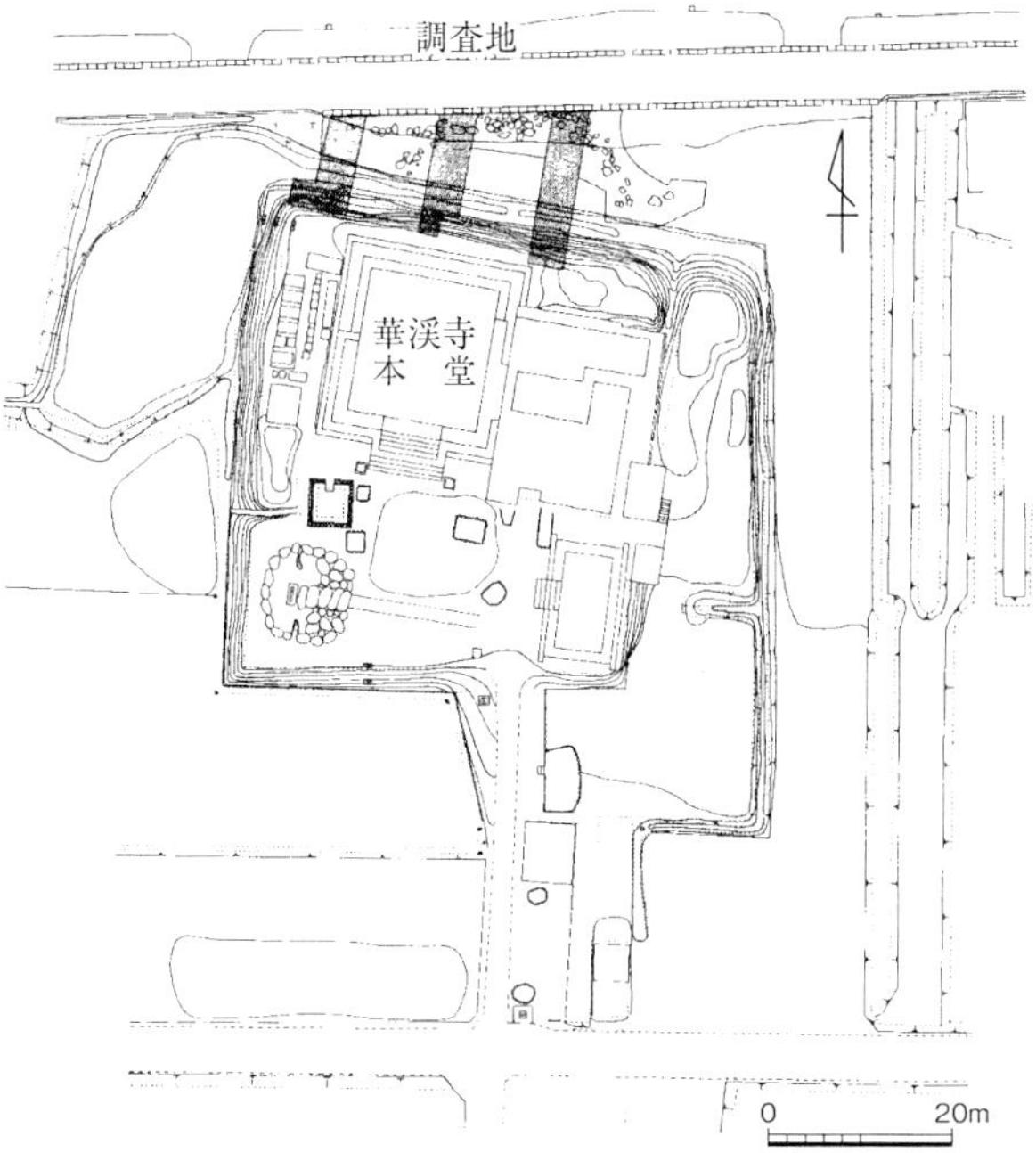

曽根城本丸跡周辺地形図（大垣市教育委員会提供）
※アミ目はトレンチの位置を示す

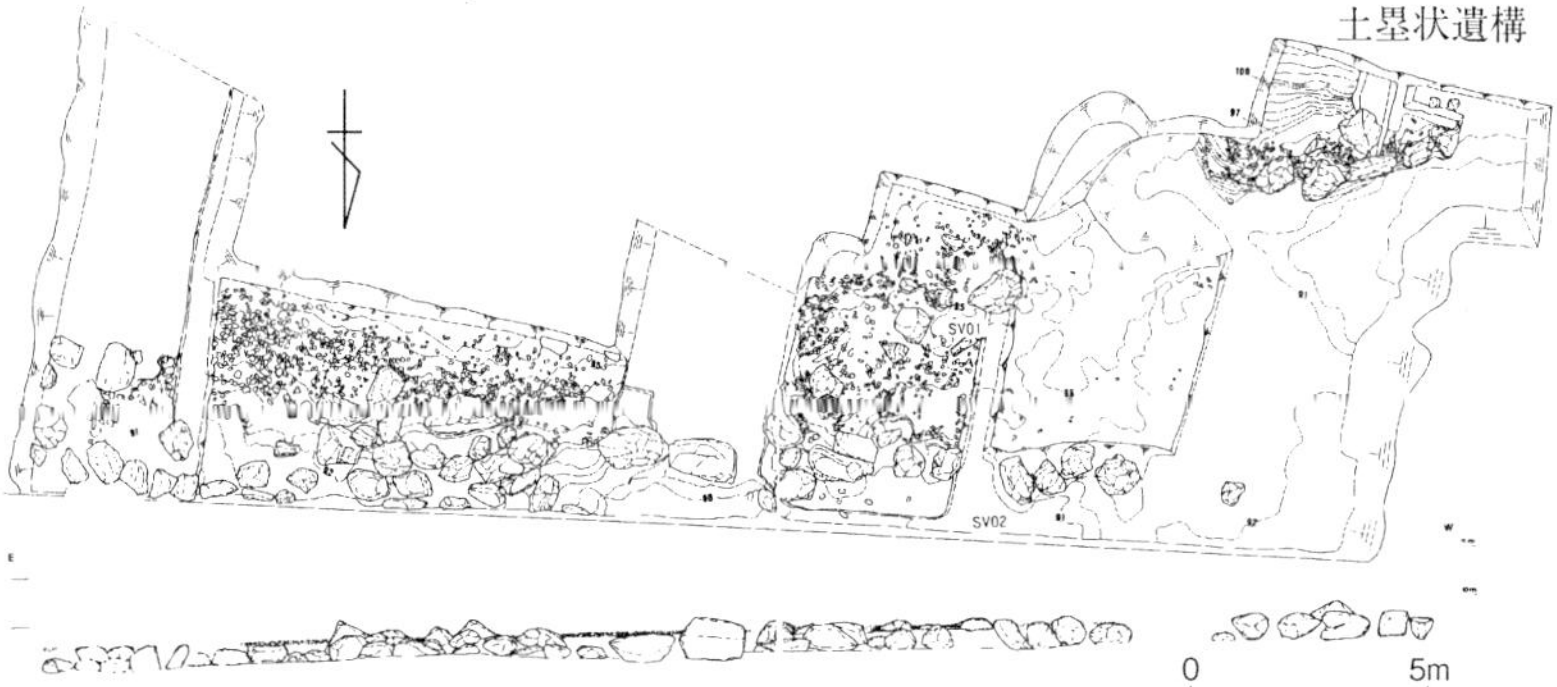

曽根城本丸石垣実測図（大垣市教育委員会提供）

106 革手城《かわてじょう》 ★

所在地　岐阜市光樹町
築城時期　十五世紀頃
標　高　八〜九m
主な遺構　溝

革手城は岐阜市の南部に位置する城館である。美濃国守護土岐頼康が美濃・尾張・伊勢の三国支配の拠点として、十四世紀半ばに築いたといわれている。発掘調査からは、十五世紀代にその痕跡が認められる。革手城の北隣接地には、土岐氏の菩提寺である正法寺がある。開山は貞和もしくは文和年中（十四世紀中葉頃）で、境内には多数の塔頭があったことが知られ、荘厳な伽藍を誇っていたようである。正法寺が建立されたこの地へ十五世紀になって守護所を移した可能性が考えられる。正法寺跡は岐阜市の史跡に指定されている。

革手城は、旧木曾川（現在の境川）の自然堤防上に立地する。現在の木曾川は革手城の南南東約三キロを南流するが、東約五〇〇メートルに南流する境川が戦国時代末まで美濃と尾張との国境であった。革手城の西側には荒田川があり、正法寺の西で西流した。正法寺の西対岸には加納城が、革手城の西一五〇メートルには戦国時代の城館船田城が立地する。加納城とは約五〇〇メートルの距離がある。この一帯が文献に記される革手と称する場所である。

現在、革手城の痕跡はほとんど残っていない。発掘調査も小面積の点的なものであるため、全体像を探ることは難しい。しかし、地籍図や現地形からその範囲を推測することができ、一辺約二〇〇メートルの方形館であると考えられる。推定地の北辺には現在でも東西方向の水路があり、それを挟んで高低差があり、北側が低くなっている。東辺も同様で一・五メートル以上の高低差があり、東側が低くなっている。西辺は現在の荒田川によって削平を受けていると考えられる。南辺は自然堤防が続くため不明である。この推定地内の中央部分では小規模ながら発掘調査が行われ、L字かT字になる幅二〜三メートル以上、深さ一〜一・五メートルの区画溝が確認された。東西方向の溝の底には護岸施設が見つかっている。この溝は埋め立てられ、その後に焼土と炭化物を含む土で整地している。この焼土は船田合戦の時の火災の痕と考えることができる。

革手の繁栄ぶりは、多くの同時代の史料によって語られている。

応仁元年（一四六七）に応仁の乱が始まり、京都が荒廃すると、多くの公家が美濃を訪れた。守護土岐氏や守護代斎藤氏はこれらの公家や文化人などを積極的に迎え、援助し保護した。そのため革手を中心に一大文化圏が形成された。

現在の革手（川手）周辺（北から）

革手城へのアクセス

JR岐阜駅から南東へ徒歩40分。バスの場合は下川手口バス停から徒歩5分。

文明五年（一四七三）には前関白太政大臣で、当代随一の文化人といわれた一条兼良が美濃を訪れ、その旅行記『ふじ河の記』にその様子を記している。兼良は正法寺の宿所から船で移動し、斎藤妙椿の館などで和歌を詠んだり、連歌の会に出席した。また酒宴も催され、猿楽も堪能している。

明応四年（一四九五）に栄華を誇った革手に船田合戦が勃発する。守護土岐成頼の跡目相続を契機とし、守護代斎藤氏の権力争いも加わり美濃国内が混乱していった。合戦では、革手城、正法寺、加納城、船田城とその周辺全体が戦場となり、その多くが火災に遭い、取り壊されたと『船田戦記』は記している。このことを裏付けるように、発掘・試掘調査で焼土や炭化物を含む土層が広い範囲で確認されている。

正法寺跡の碑

革手城推定地と船田城推定地とは、約一五〇メートル離れて東西に並んでいる。船田城は小守護代石丸利光の居城といわれ、船田合戦時には本陣となった。応仁の乱後の文明九年（一四四七）には守護土岐成頼が足利義視父子を伴い帰国し、茜部《あかなべ》荘に滞在しており、この地を船田城に比定する説もある。現在城館を思わせるような土塁などはないが、推定地は周辺よりも地形が一段高くなっている。おそらくこの範囲が館の範囲であったと思われる。推定地南端の試掘調査では、船田合戦の時代より前の十五世紀前半の遺構と遺物が見つかっている。その上には船田合戦の痕跡と思われる焼土や炭化物を含む土層も確認されている。

船田合戦後、この戦いに勝利した斎藤妙純（利国）が近江の六角氏攻めの最中に討ち死し、美濃の混乱はつづく。十六世紀初頭には守護所は長良川の北岸の福光の地に移り、革手の繁栄は終焉を迎える。（井川祥子）

革手城・正法寺跡・船田城跡推定地周辺地籍図

107 加納城《かのうじょう》 ★

所在地　岐阜市加納丸之内ほか
築城時期　〈中世〉文安二年（一四四五）頃、〈近世〉慶長七年（一六〇二）
標　　高　一〇m（本丸）
主な遺構　石垣　土塁　堀跡　虎口

加納城は関ケ原合戦後の慶長六年（一六〇一）、大坂方への備えのため、徳川家康が現地を見分し、翌年から築城が開始されたとされる。その場所は、戦国時代に守護代の斎藤氏が築いた加納城（中世加納城）の跡地であった。

中世加納城は、文安二年（一四四五）、美濃国守護代斎藤利永により築城されたとされる。守護土岐氏の居館革手城の近接地である。明応四年（一四九五）、土岐氏の後継争いに端を発する船田合戦が起こる。『船田戦記』には、その際加納城を改修したとの記述がある。十六世紀初め頃、土岐氏が守護所を長良川北岸の福光に移転したに伴い、中世加納城は衰退したと見られる。

近世加納城初代城主は家康の娘亀姫の婿である奥平信昌で、以後奥平氏三代、大久保氏一代、戸田氏三代、安藤氏三代、永井氏六代の譜代大名が歴代の城主を勤め、明治を迎える。当初は十万石とされるが、徐々に石高を減じ、最終的には三万二千石となった。

近世加納城の縄張りは、地籍図や絵図から復元することができる。立地は、東と南に荒田川、北に清水川と三方に川が流れる場所で、唯一地続きとなる西には長刀堀《なぎなたぼり》を掘削し、水に囲まれた平城としている。大手門は中山道に面し、三の丸、厩《うまや》曲輪、二の丸を経由して、本丸に至る。また本丸の南には大藪曲輪が設けられていた。城下町は、中山道沿い（後の加納宿）と長刀堀の西方に造られた。

城内は、絵図によれば、本丸の北西角に天守台が備えられているが、天守自体が建設された様子はない。櫓は、本丸に四棟、二の丸に四棟、三の丸・厩曲輪に各一棟の計十棟が建てられた。その内、二の丸北東角（現在岐阜地方気象台）には、享保十三年（一七二八）に焼失するまで、岐阜城の天守を移築したとされる唯一の三層の隅櫓があった。

現在、建物は残存せず、全ての堀が埋められている。また本丸は旧陸軍、自衛隊が使用していたこともあって、改変を受けており、本丸南門の内桝形なども失われている。

しかしながら、現在公園となっている本丸では、外周の石垣と土塁はほぼ当時の姿を留め、埋められた堀跡は見ることができる。本丸以外では、三の丸跡である加納小学校の敷地内に、二の丸北辺の石垣、三の丸の土塁の一部が残っている。加納城の場合、城跡を最も感じられるのが石垣であるが、石材の大多数がチャートで、一部

加納城本丸北辺の石垣（北から）
本丸北東角の辺り。最も石垣残存状況がよいところである。手前の堀は埋められており、本来の石垣の基礎は約２ｍ下

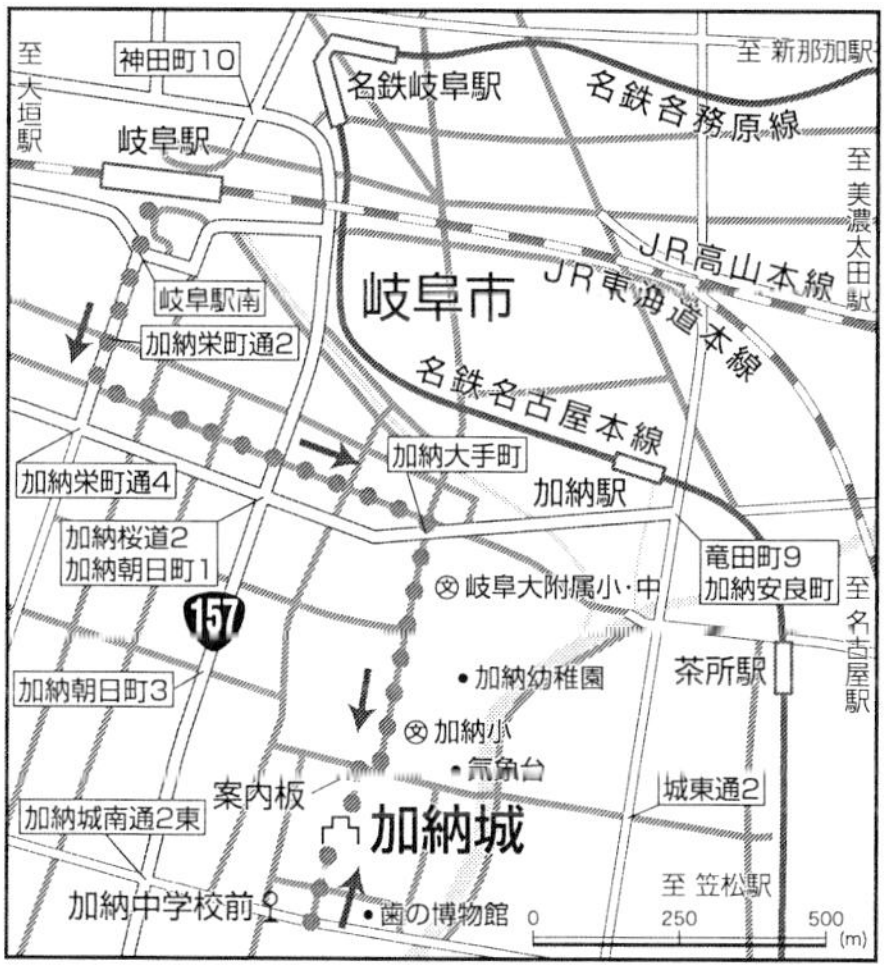

加納城へのアクセス

JR岐阜駅から南東へ徒歩30分。バスの場合は加納中学校前バス停下車、徒歩５分。

で砂岩が使用されている。これらの石材は、関ヶ原合戦で廃城となった岐阜城から運ばれたという伝承がある。

本丸では、昭和六十三年度から史跡整備のための発掘調査が継続されている。平成十一年度の調査では、本丸南門内枡形の土塁が検出され、土塁の裾を巡る石垣の根石が確認された。

障子堀検出状況（北から）
人が立っているのが、直交する畝の位置。間に横（平行）方向の大畝が検出された

また、平成十六・十七年度、本丸大手の北堀の調査では、障子堀が検出された。堀と平行して中央に畝が一本、さらにそれと直交する方向に数本の畝が確認できた。それまでの本丸の堀の発掘でも同様な盛り上がり（畝）が確認されており、少なくとも本丸を巡る堀は障子堀であった可能性が高い。

中世加納城の詳細は明らかでないが、平成十一年度の本丸南門の発掘調査で、現存する近世加納城の土塁の下に中世加納城の土塁が埋没していることが確認できた。

盛土中から出土した陶磁器・土器は戦国時代（十五世紀後半）のもので、それまで伝承とされてきた、中世加納城の跡地に近世加納城が造られていることが明らかとなった。二の丸の調査でも、中世の土塁を拡張して、近世の土塁を構築している状況が確認された。

中世加納城城内の地面は、本丸内で、現地表面から約二・〇メートル下、近世加納城の地面より約一・五メートル下にあり、近世加納城築城に際して、一メートル以上もの盛土を行っていることが発掘調査によって分かっている。このような状況は本丸だけではなく二の丸でも確認できる。二の丸や三の丸の調査では、近世加納城築城当初、城内の地面が平坦ではないようで、近世加納城築城が早急に行われた様子がうかがわれる。そのために戦国時代の城跡を最大限に利用して築かれた可能性が極めて高そうである。

（恩田裕之）

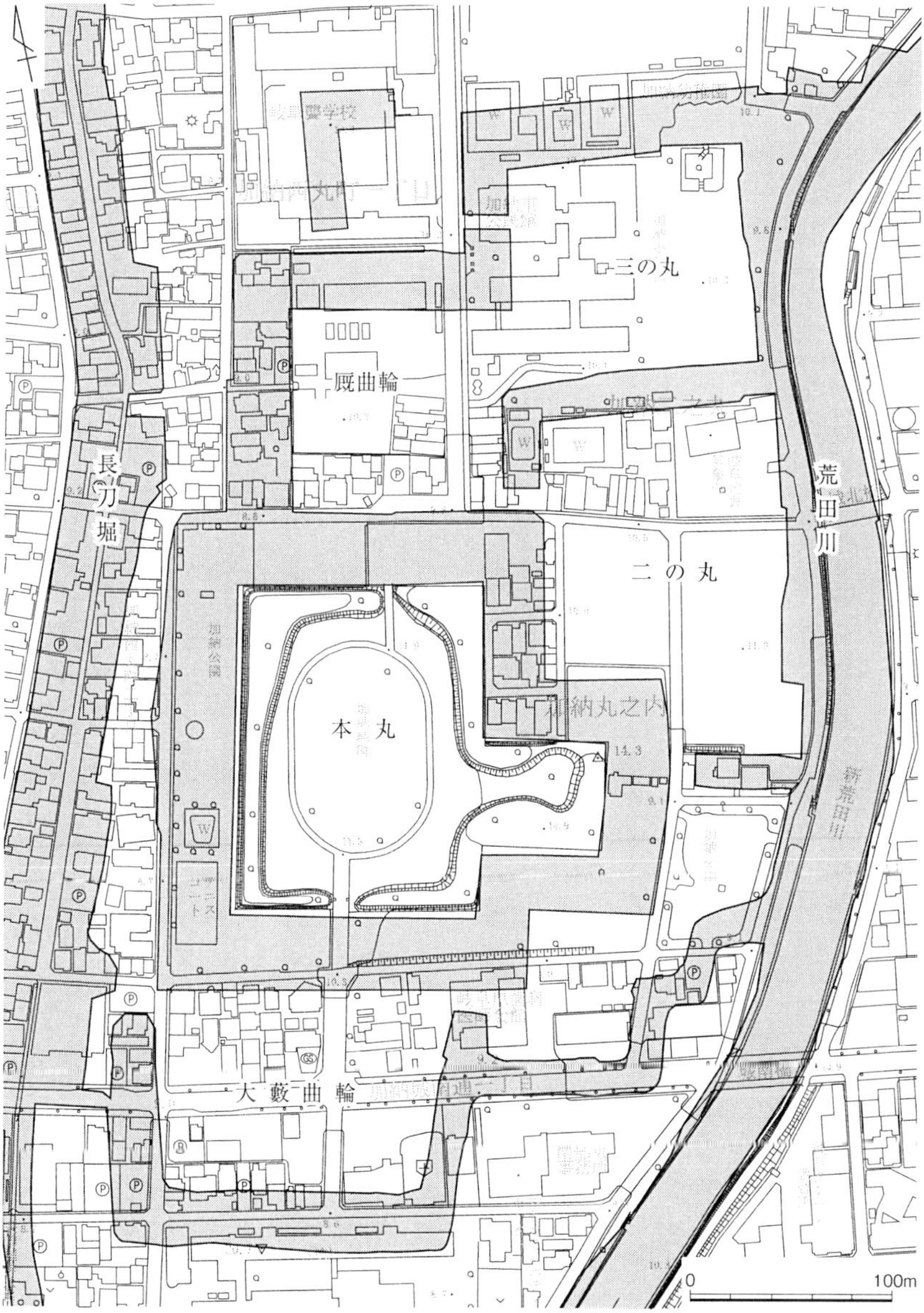

加納城跡概要図

108 福光《ふくみつ》・枝広《えだひろ》 ★

所在地　岐阜市鷺山・下土居地内、岐阜市長良地内
築城時期　十六世紀前葉
標　　高　一四〜一九m
主な遺構　土塁　堀（区画溝）　鋳造関連遺構　石組み遺構ほか

　福光は長良川右岸扇状地に立地する。美濃国の守護土岐氏の守護館と推定される「福光御構」普請は、斎藤利綱など六名が奉行となり、「惣国人足」を徴発して行われていると史料（「寶幢坊文書」）に見られる。前の守護所である革手からの移転の年代は、永正六年（一五〇九）頃とされている。ただし「福光御構」については、現在でもその位置は確定されておらず、発掘調査・試掘調査でも関係する遺構などは確認されていない。

　鷺山・下土居地区に計画された区画整理事業に先立ち、平成十一年度から発掘調査が行われている。下土居若宮遺跡・下土居北門遺跡・正明寺城之前遺跡・鷺山市場遺跡・鷺山仙道遺跡・鷺山蝉遺跡にまたがり、総調査面積は一八〇〇〇平方メートルを越え、縄文時代から近世までの遺構・遺物が確認されている。その中で、戦国時代の遺構は「福光御構」の北西部に展開した町を構成するものと考えられる。町の南半には、発掘調査で確認した区画溝と明治時代の地籍図などの検討から、一辺一二〇メートルの方形区画が碁盤目状に並ぶ状況が復元できる部分がある。また、町の中にはいくつかの居館跡があると考えられている。その一つは「蝉土手城館跡」である。一辺は一二〇メートルを測り、土塁と堀を持つ大規模な館で、土塁の一部は最近まで残存していた。館の内部では石組み遺構や土師器皿集積遺構などを確認している。また、江戸時代の記録「中島両以記文」には西側に入り口があったと記されている。この「蝉土手城館跡」の西側においても、大きな区画を形成すると考えられる区画溝が確認されていることから、ここにも屋敷があった可能性が高い。また標高六八メートルの独立丘陵鷺山

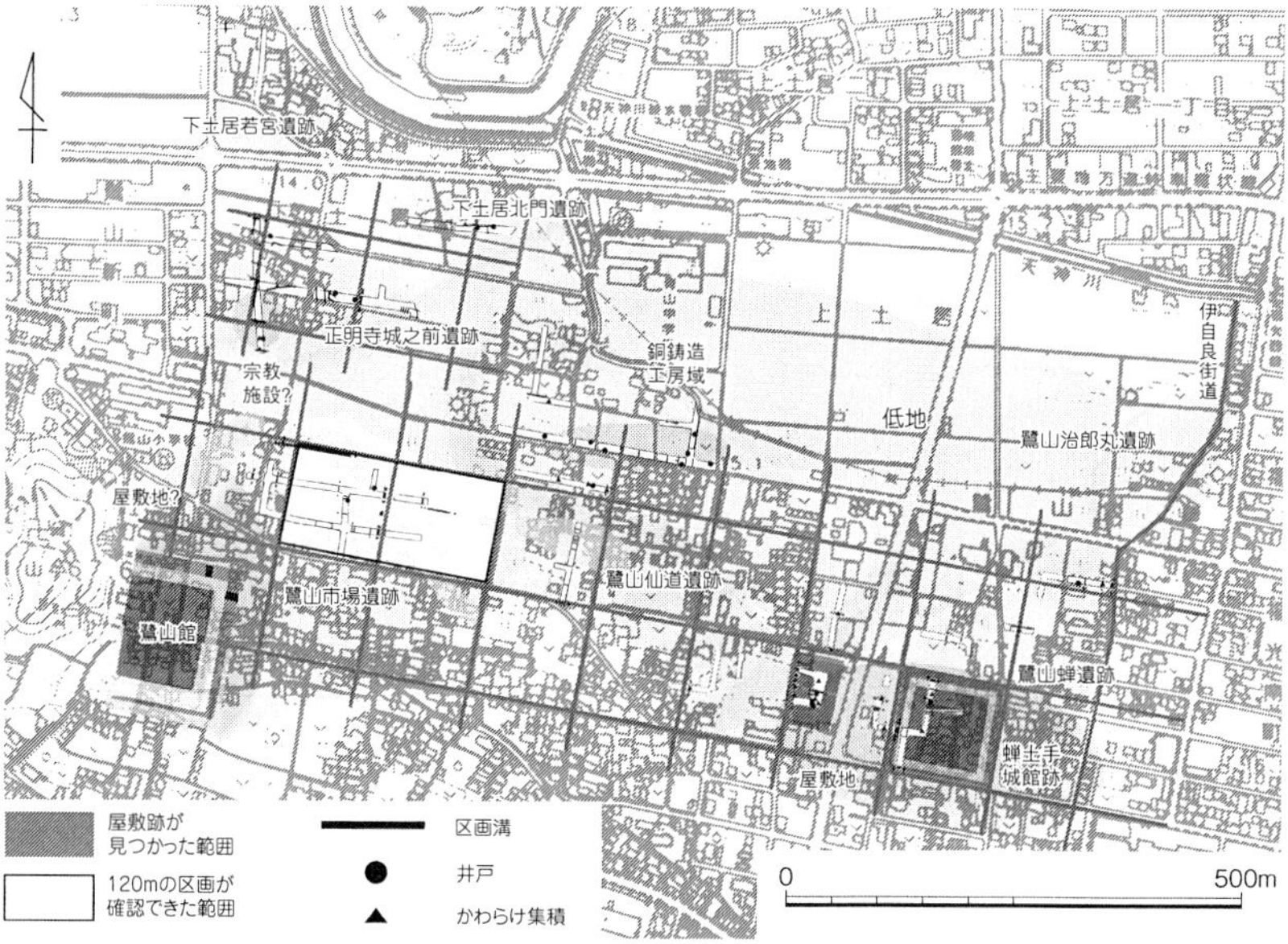

鷺山の地割り復元図（作図：朝田公年一部改変）

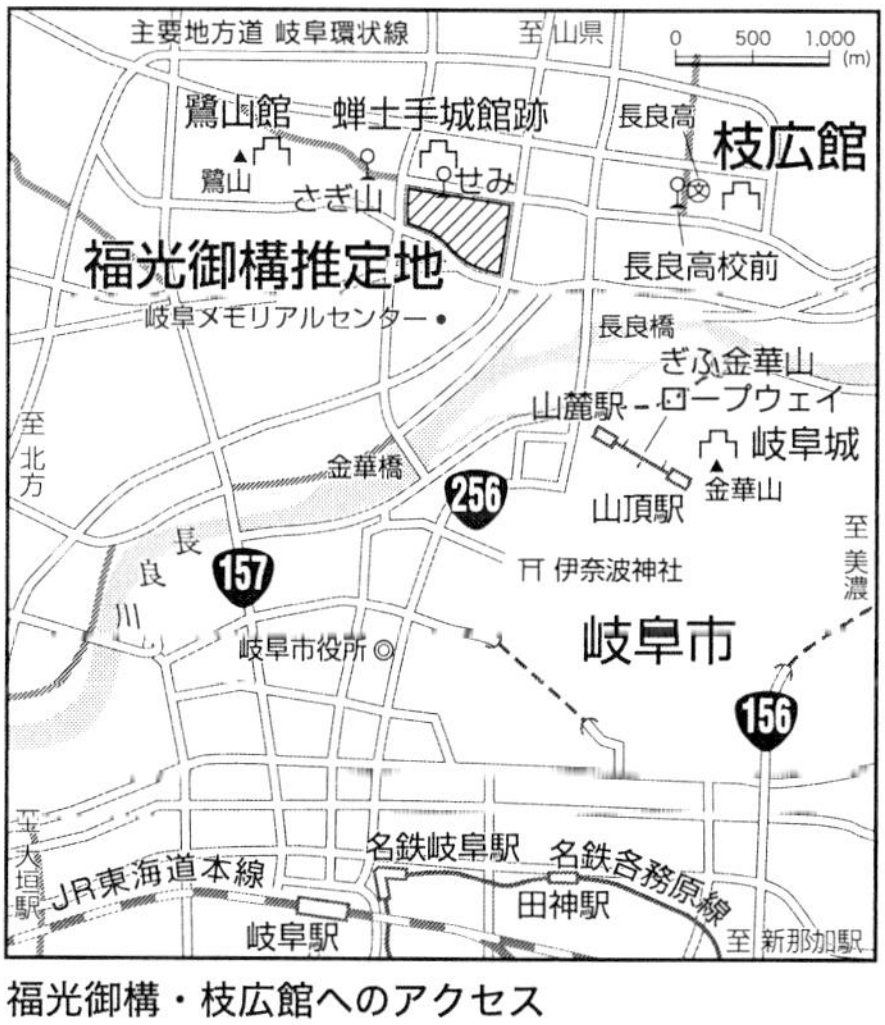

福光御構・枝広館へのアクセス

福光：JR岐阜駅北口から岐阜バスN5路線、岐阜大学行きでせみ、またはさぎ山バス停下車。

枝広：JR岐阜駅北口から岐阜バスN系統路線、おぶさ、松

の東麓には「鷺山館」があったとされている。館の規模は不明だが、平成十七年度の試掘調査で土塁と堀の一部を確認した。このほか、下土居北門遺跡内には「土居城」、また正明寺城之前遺跡内にも館があった可能性がある。

町の北部（鷺山仙道遺跡）には、銅製品の鋳造工房域があったと考えられている。大規模な土坑・多くの道具類（ふいごの羽口・るつぼ・トリベなど）・インゴットなどが出土しているが、鋳型がほとんど出土しないため、

何を製造していたかは不明である。また町の北西部（正明時城之前遺跡）では、区画溝内から陶製狛犬・墨書土師器皿・木製の下駄などが出土する部分があり、明らかに遺物の様相が他の遺構と異なることから、付近に宗教施設のようなものがあった可能性がある。

以上の町の状況について、遺物の様相と考え合わせた場合、碁盤目状の方形地割り部分は、守護所が移転してくる前段階にあった町をある程度踏襲し、移転とほぼ同時に完成されたと考えられる。また鋳造工房地域についても同時に形成されたと考えられ、土岐直属の工人たちの工房が町の中に組み込まれた構造が考えられる。

「福光御構」の北西部に展開した町は、次の守護所「枝広館」への移転とともにほぼ消滅してしまう。調査においても遺構・遺物はほとんどなく、江戸時代まで空白期間となる。

蝉土手城館の堀跡

「枝広館」も長良川右岸扇状地に立地する。文献においては、『実隆公記』天文元年（一五三二）十一月二十一日条に「濃州便宜土岐新居移徒、以状賀之」、同じく十二月一日条に「土岐返事到来、蘇氏竹祝著之由、有移徒枝廣云々」とあるが、館の位置を知り得る史料はない。また天文四年（一五三五）の文献『厳助往年記』、『仁岫宗壽語録』に記録される長良川大洪水（枝広水）により壊滅的な被害を受けたと考えられ、枝広館の機能した期間は一五三二年から一五三五年というかなりの短期間と考えられている。

「枝広館」推定地は城之内遺跡に含まれ、発掘調査の総面積は約一八〇〇〇平方メートルで、弥生時代から近世までの遺構・遺物が確認されている。戦国時代の遺構としては区画溝などがある。その中で最大規模のものは幅約十五メートル、深さ約四メートルを測る堀であり、明治時代の地籍図と対照すると、一辺一八〇メートルの方形地割の北西コーナーと一致した。この堀の規模と地割からこの部分が「枝広館」推定地とされている。堀以外に発掘調査で確認された区画溝により、「枝広館」周辺

枝広館周辺の区割り復元図

の地割の状況がある程度把握され、それは前述の「福光御構」の町と酷似し、計画的な区割りがなされたと考えられている。その一方で、同じ区画を形成する溝であっても、辺が異なると溝の規模や断面形に規格性が認められないといった事柄も指摘されている。

「枝広館」推定地の堀内の洪水堆積層からは竹行李が二つ出土しており、行李内には銅銭三八七枚の他、中国製磁器や瀬戸美濃産陶器などが納められていた。また他の区画溝内の洪水堆積層からは金銅製銚子が一点出土している。かなりの貴重品と考えられるが、このような出土品から考えても、長良川大洪水（枝広水）の凄まじさが窺える。壊滅的な被害の後、土岐氏は濃越山間部の南端「大桑」に守護所を移すのである。

（高木　晃）

枝広館の堀跡。枝広水の土砂で埋まっていた

109 黒野城《くろのじょう》 ★

所在地　岐阜市黒野
築城時期　文禄四年（一五九五）
標　高　一四m
主な遺構　曲輪　土塁　虎口　堀

黒野城は現在の岐阜市の北西部に位置する平城で、文禄四年（一五九五）、加藤貞泰により築城された。

貞泰の父、光泰は多芸郡橋爪（現在の養老郡養老町橋爪）に生まれたと伝えられる。光泰は始め斎藤龍興に仕えたが、後に信長・秀吉に仕え軍功を成した。天正十九年（一五九一）には甲斐二十四万石の領主となったが、文禄二年（一五九三）、文禄の役に出征中に没した。一説には石田三成に毒殺されたともいわれている。

「朝鮮にて死しけるものの所領は皆減じらるる例」により、嫡子である貞泰は大きく減封された上で美濃国黒野にわずか四万石を賜った。貞泰一六歳のときである。この時、新たに築城したのが黒野城である。

関ヶ原の戦いで貞泰は、始め西軍に属したが、後に家康の先陣として東軍についた。慶長十五年（一六一〇）七月十日には、貞泰は二万石加増され伯耆国米子城主となっている。なお、城主を失った黒野藩は廃藩となり、加納藩領となる。さらにその後、大坂冬の陣、夏の陣でも戦功をたて、元和九年（一六一七）伊予国大洲六万石の城主となった。父が秀吉の下で出世した家臣であったことを考えると、貞泰が難しい立場であったことは想像に難くない。しかし貞泰はこの戦乱の時期、進退を誤ることなく乗り越えたのである。

貞泰の黒野城在城は十六年という短い期間であり、その治世は不明な点が多いが、楽市の免許状を出したほか、領内を水害から守るため堤を築くなど、城下の整備に力を注いだようである。慶長十四年（一六〇九）十月の検地帳には多くの家中屋敷や町人屋敷があったことが記されている。

現在、城下町の北端に当たる多賀神社周辺を訪れると、

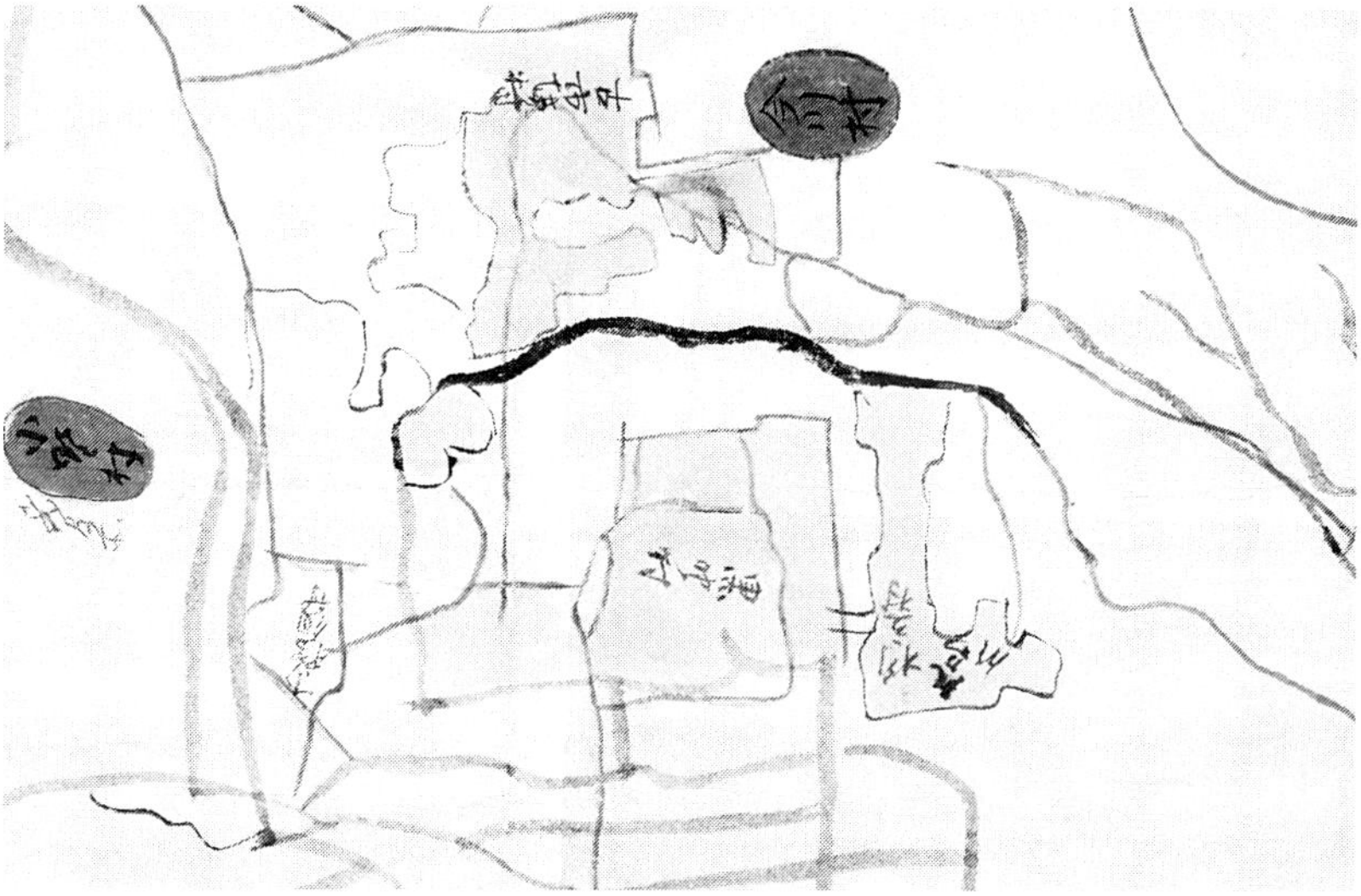

「美濃国加納領絵図」（黒野村部分）（岐阜市歴史博物館蔵）
天保15年（1844）の写しだが、承応２年（1653）の絵図をもとに作られている。黒野村の北側には土塁が描かれている

黒野城へのアクセス
JR岐阜駅からバスで黒野東口下車、徒歩5分。

その裏側に土塁の一部が現在も残されている。城下町の南西部に当たる場所にも土塁が存在しており、城下町を取り囲んだ惣構の名残りをみることができる。また、本丸東側には屋敷地を囲む土塁が残っているほか、堀跡の名残とみられる水路が集落を取り巻いているなど、城下町の痕跡を随所に見ることができる。このようにみると、ある程度城下町の整備は進んでいたと考えられ、現在の街並みは基本的に黒野城下町の地割を受け継いでいると

本丸西部の土塁と堀（北西から）

いえるだろう。

黒野城本丸は現在公園として利用されているが、周囲の土塁や堀跡は良好に残されており、岐阜市史跡に指定されている。その平面形は約一一〇メートル四方の方形で、土塁の高さは約五メートルを測る。北西隅と南東隅は外に張り出しており、櫓台であったとみられている。南側は戦後の改修によりやや形状が変わっているようである。また南西隅には虎口が西側に張り出す形で付属しており、本来は西側に橋を架けて二の丸とつながっていた。この本丸の土塁周囲には幅十五メートルの水堀がめぐっている。堀の中には矢穴痕のある石材が散見されることから、土塁は石垣で覆われていたとみられるが、石材の量はあまり多くないため、すべて石垣で覆われていたかどうかは不明である。現在は崩落・埋没しており、その姿を見ることができない。

現在までのところ、本丸の発掘調査は行われておらず、その構造は明らかでないところが多い。また時折行われる城下町の試掘調査等でも、その痕跡は確認されていない。今後の調査の進展が期待されるところである。

（髙橋方紀）

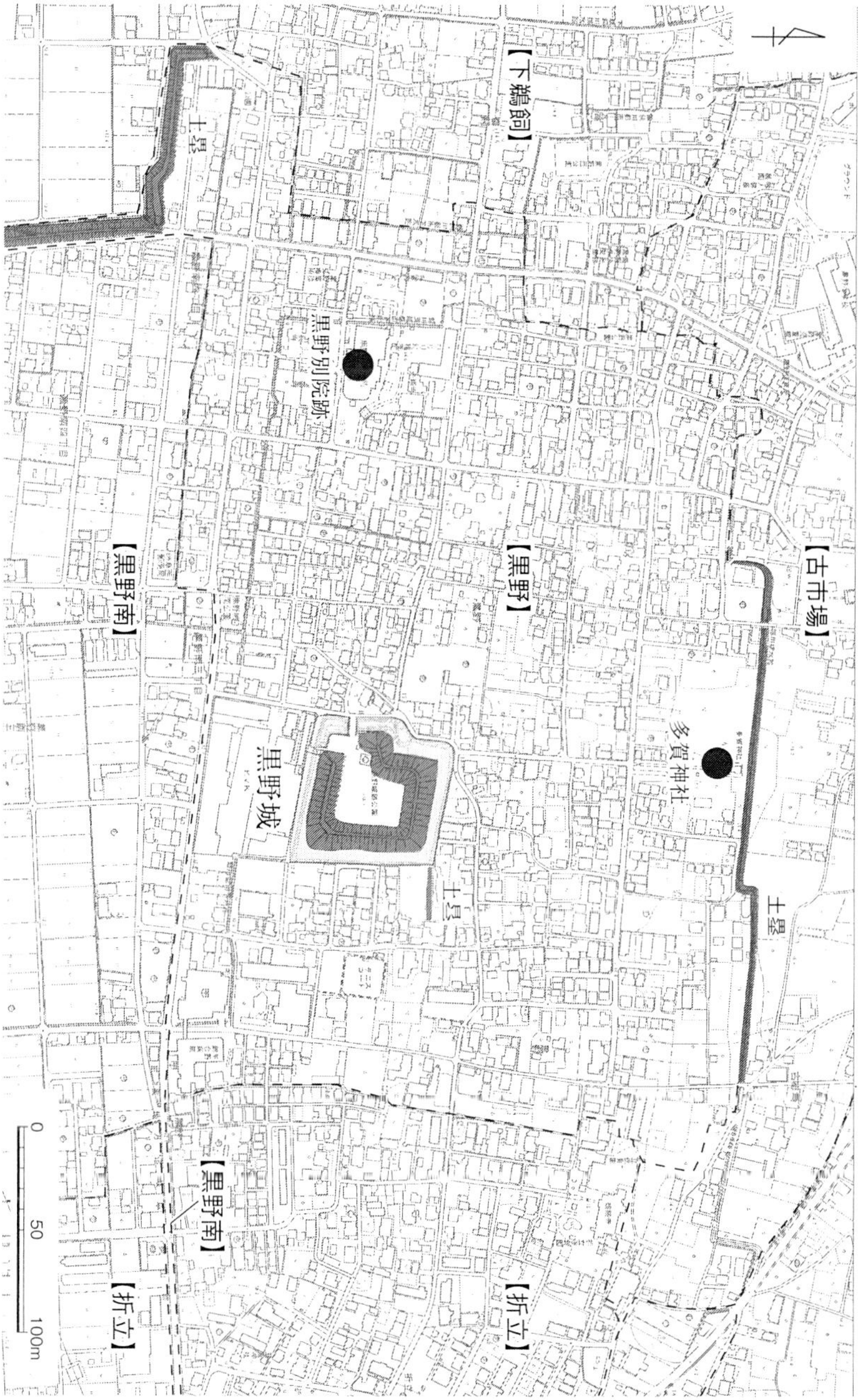

黒野城跡と残存する土塁（【 】は現在の地名）

110 野口館《のぐちやかた》★

所在地　各務原市蘇原野口町二丁目
築城時期　十四世紀前半頃
標高　三七m
主な遺構　曲輪　土塁　堀　虎口　物見櫓跡

野口館は、各務原台地北端部の西寄りに所在する。一帯は複数の浸蝕谷によって台地が分断され半島状地形が発達している。館は、谷筋に面した同地形の縁辺部に構えられている。北方約四〇〇メートルの位置には境川が流れ、その流域に形成された沖積低地は、古代より条里が敷かれた郡域最大の穀倉地帯として知られている。

野口館の構造は、『各務原市史』編纂時に行われた測量調査により明らかとなった。館の外周は並走する堀と土塁《どるい》に囲まれ、全体の形状は五角形を呈する。規模は、東西七七メートル、南北七六メートルで、館内の敷地有効面積は約二三七六平方メートルを測る。主軸の方角は、やや東へ傾いている。現在は堀の一部が埋め立てられ宅地となっているものの、堀と土塁は明瞭な高低差をもって残存している。このような平地において、削平と埋没を免れて今日に現況が残されていることは奇跡的であり、全国的に見ても希有の例である。江戸期に入所した所有者が、代々、大きな改変を行わずして維持管理を続けて来られたことが遺跡の保存に繋がっている。

最近まで、南側の虎口には、明治期に他の近世城郭から移築した鉄門が構えられていた。この門は、平成二〇年度に各務原市が寄贈を受け、修復を経て中山道鵜沼宿へ再移築されている。その際の解体時に、土台の部材に墨書が発見され、元は大垣城に帰属したものであることが判明した。この虎口の東側には、小高い土盛りが見られ物見櫓《やぐら》などの存在が考えられる。また、南東隅には約七二平方メートル程の曲輪状の平坦部が確認できる。館内部は宅地になっており、当時の各施設の詳細は明らかではない。現況では、敷地の周りに樹木が生茂っていることから、館址の全体は小さな竹林に見えている。この館に関する初期の記録は、今のところ確認されておらず、当初の城主などは不明である。

野口館の近景（南東から）

埋蔵文化財の資料としては、平成十〜十二年度に実施された試掘調査によって得られている。この調査は、野口館の範囲を確認するために、西接の土地を中心に発掘が行われたものである。

試掘調査では、土塁の一部が断割され堀と土塁の正確な形状が確認された。調査箇所における土塁頂部と堀底の比高差については三・一八メートル、堀底は綺麗な逆台形で掘り直しの痕跡があること、土塁が堀の客土で盛

野口館へのアクセス

JR高山本線蘇原駅、または名鉄各務原線六軒駅下車、徒歩20分。蘇原第一小学校の東側を目標にするとよい。なお、私有地のため、見学の際にはマナーを厳守されたい。

られ内側からも補強されていることなどが確かめられた。

周辺からの出土遺物を見ると、十四世紀前半から十五世紀前半までの山茶碗、土師《はじ》質皿が目立っている。『市史』では、館の形態から野口館の存立期を中世初期、若しくは少し新しい時期と述べているが、出土品のみで考えた場合、鎌倉時代から南北朝期にかけての頃となる。

ところで、この野口館の南西へ約三七〇メートルの地点には、もう一つの方形館があったようだ。地形的に見ると、野口館が所在する半島状地形のちょうど反対側となる。現在は、店舗や道路となっており痕跡は跡形もないが、戦後に米軍が撮影した航空写真に残影を確認することができる。その場所の直ぐ北側を通る道路の拡幅工事に伴って、平成十五年度に緊急発掘調査が行われた。その結果、この館に関連するものと思われる堀跡が検出された。その規模は、幅二・四二メートル、深さ八五センチを測り、内部からは十五世紀中葉から十六世紀初頭の山茶碗、土師器皿、陶器類が出土した。野口館と共存する時期があったものの、相対的に新しく機能していた可能性がある。

物見櫓の跡と土塁

虎口部分の現況

中世末期から近世にかけ、この地には所領の名主層から地侍化した、武士的様相を濃くした氏族や農村集団が存在したのだろう。一帯には、これらの館址を中心に、当地域の中世史を解明するための重要な遺構や遺物が多数埋もれているものと思われる。

（西村勝広）

野口館の近景（南西から）

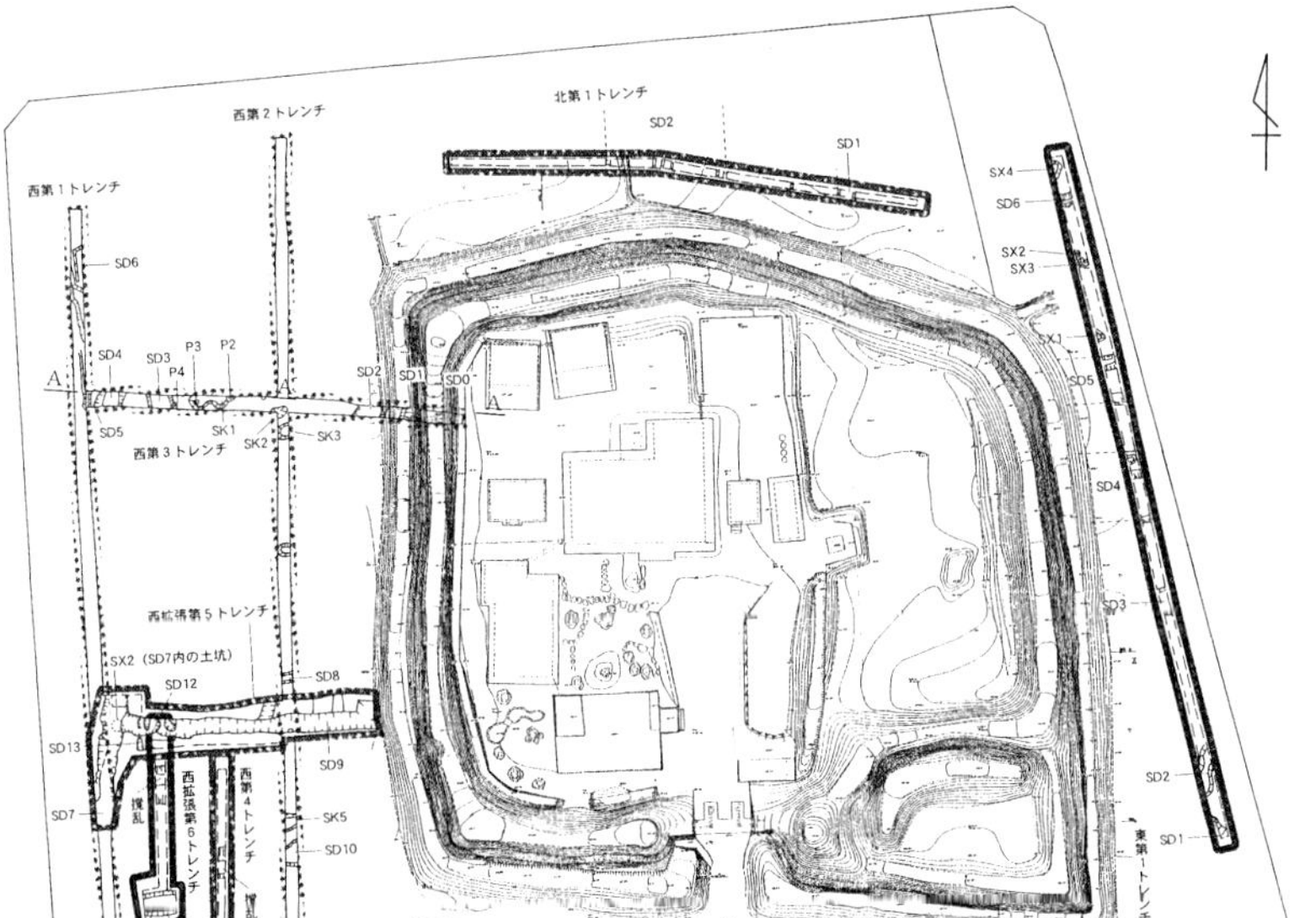

野口館の測量図と試掘調査トレンチ

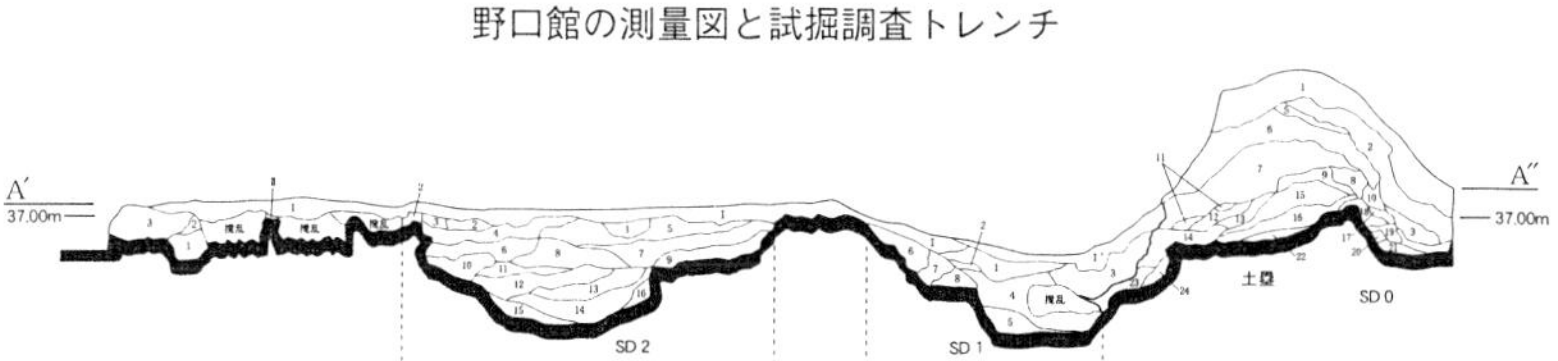

土塁と堀の断面図

111 和知城《わちじょう》 ★

所在地　加茂郡八百津町野上
築城時期　天正十八年（一五九〇）
標　高　三三〇m
主な遺構　空堀　土塁　井戸　石垣

天正十八年（一五九〇）に西保城（安八郡神戸町）から稲葉方通《まさみち》が転封され、築城された。稲葉方通は稲葉一鉄の四男として生まれ、はじめ織田信長に仕えた。慶長五年（一六〇〇）関ヶ原の合戦では東軍に属し、四四三〇石を安堵された。元和三年（一六一七）以後は尾張徳川藩主義直付けとなり、方通の死後は知通・正通・良通・屋通と続いたが、延宝四年（一六七六）に屋通が若くして亡くなると、稲葉氏に嗣子なく断絶となり、所領は尾張藩に没収された。

八百津町に残る稲葉方通に関連する事績としては、毎年四月におこなわれている岐阜県重要無形文化財の「久田見祭り」がある。天正十八年に稲葉方通がこの地を領有した時にはじまったと伝わっている。また城跡が所在する野上にある正伝寺は、暦応二年（一三三九）夢窓国師の開基した米山寺を、稲葉方通が父稲葉一鉄の十三年忌に現地に移転し、正伝寺と改めたとされている。町内には稲葉家の家紋「隅切り三」を瓦につけた寺院が多くある。

和知城跡は加茂郡八百津町野上の木曾川が大きく蛇行する箇所の右岸に立地している。野上の丘陵地から流れ出た石川が、山間の耕地を潤し、木曾川と合流するが、この合流点の半島形に突出した部分に城が築かれた。城跡の南側は木曾川が削った約二〇メートル以上の断崖となり、西側は深い渓流に挟まれた要害である。

平成二年に主郭の一部が発掘調査されており、現在は「稲葉城公園」として整備されている。

県道三五〇号に稲葉城公園の看板があり、そこから入ると三〇台ほどが駐車できる広い駐車場がみえる。この

北側の土塁跡

駐車場部分は「厩屋」と伝承されていたようである。駐車場から稲葉城公園への入り口の門をくぐると正面に集会場がある。この集会場の裏手、北東側に土塁の一部が残存しているので見落とされないよう注意されたい。この土塁の北側には空堀の痕跡がみられる。この空堀の対岸あたりは「牢屋敷」と伝承されている。

　現在は、主郭部分が広場となっており、展望台や遊具などがおかれている。主郭の広さは東西約六〇メートル、

和知城へのアクセス
JR太多線可児駅または美濃太田駅から東鉄バス八百津線で和知バス停下車、徒歩5分。駐車場あり。

空堀

南北約八〇メートルの規模で、発掘調査では、掘立柱建物、礎石建物、溝、柵列、井戸や長屋状の建物跡が検出されている。井戸は、現在復元され見学することができる。
主郭の北側には、幅約一〇メートル、深さ約七メートルの空堀が掘られ、その南側（主郭側）に幅約一〇メートル、高さ約一・五メートルの土塁が築かれている。この城跡の一番のみどころであろう。空堀には橋が架けられているが、往事も同じように木橋が架けられていたのであろう。土塁には四角く整形された石垣が二～三段積み上げられており、その様子が復元されている。

（島田崇正）

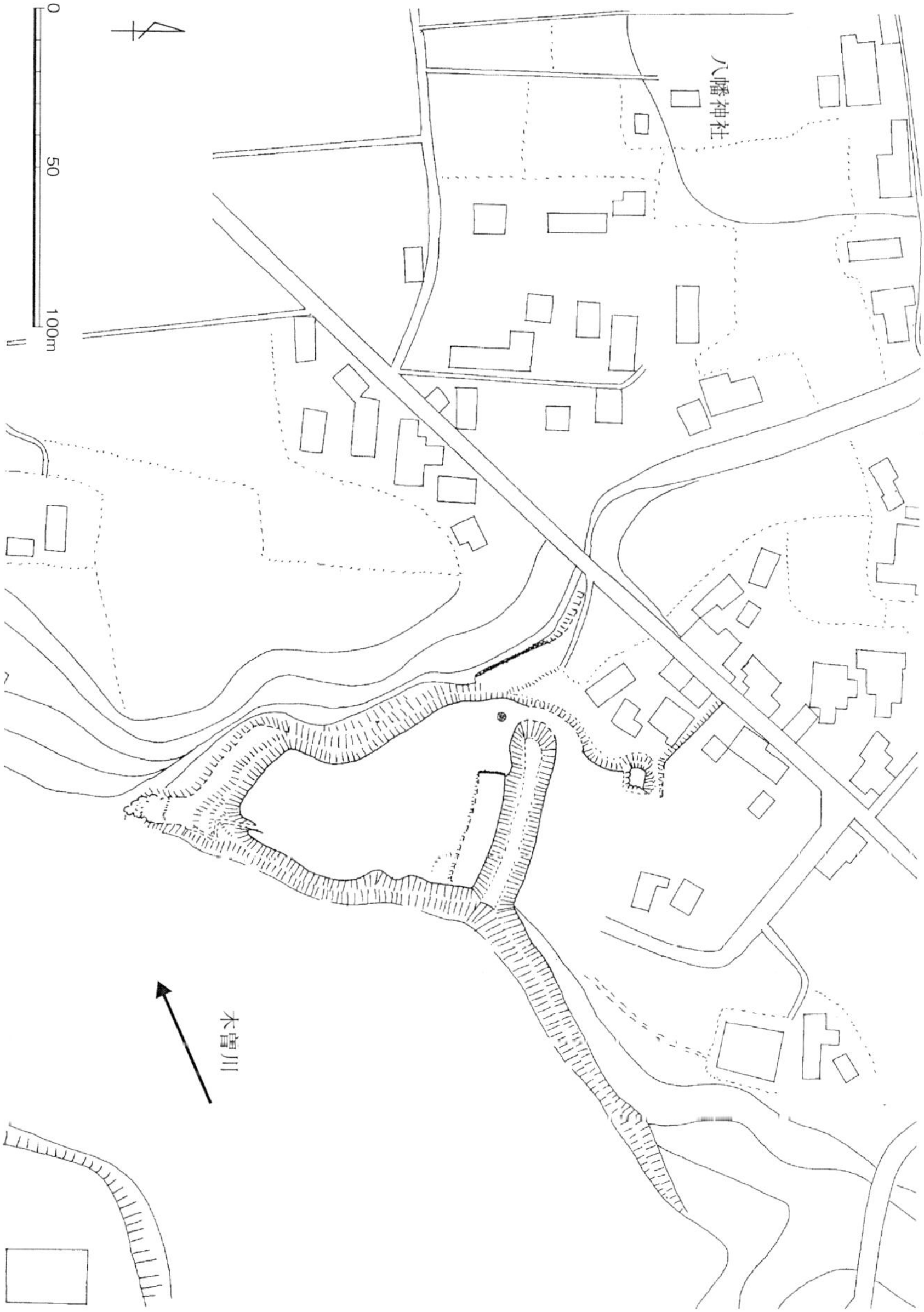

和知城跡概要図（作図：高田　徹）

112 顔戸城《ごうどじょう》★

所在地　可児郡御嵩町顔戸
築城時期　不明
標　高　一二〇m
主な遺構　曲輪　土塁　空堀　土橋　虎口　櫓台

顔戸城のある御嵩町は、岐阜県の南部やや東寄りに位置し、濃尾平野の北東にあたる可茂盆地を担う平坦地と、それを取りまく丘陵や山地などで形づくられている。町の中央には東西に可児川が流れ、それに沿って町の大動脈ともいえる国道二十一号が走るとともに、平成十七年三月には南北を縦断する「東海環状自動車道」が開通し、「可児・御嵩インター」が完成したほか、国道二十一号バイパスが一部開通（平成二十二年三月全面開通予定）するなど、交通面での変革が急激に進みつつある。

また、旧来からの名古屋鉄道広見線などを中心として、周囲の市町村や幹線道路・鉄道と結ばれており、県都である岐阜市へは直線距離にして三五〜四〇キロの圏内、また中京圏の中核都市名古屋へも同じく三五〜四〇キロという、比較的便利な位置にある。

さて、顔戸城は御嵩町の中南部、可児川右岸の河岸段丘上に位置し、今なお当時の平城の形態を色濃く残している。なかでも深い空堀と土塁は圧巻であり、残存状態は非常に良好といえる。

城の規模は東西約一八〇メートル、南北約一五〇メートルほどで、東・西・北には深い空堀がみられ、堀の深さは約二・五メートル、上部の幅はおおよそ一〇〜一二メートル、底の部分では約三・五メートルほどある。また、東側の空堀と土塁は、北から南にかけて一度東側に膨らみ、一〇〇メートルほど南のところで西側に折れ、そのまま南側へ斜めに落ちている。さらに南西端部分は、間近に国道二十一号が迫っていることに加え、亜炭鉱《あたんこう》の影響とみられる破壊を受けており、本来の状況は確認し難い。亜炭とは明治から昭和四十年代初頭にかけ、岐阜県東濃から中濃地域を中心に比較的浅い層から簡単に採掘できるため盛んに掘り進められ、安価な価格で石炭にかわる固形燃料として利用された。顔戸城に関しても少なからずこの亜炭採掘による破壊がみられる。

一方、土塁は現在竹藪となってはいるものの、その幅は部分的には八メートル前後、高さはおよそ三・五メートルほどあり、大きな破壊を受けていない。ただし、北西部の隅は本来、櫓台状の広がりをみせていたといわれるが、現在はその状況をみることができない。しかしながら、土塁の大半は往時の姿を想像させるに足る迫力を有し、また、堀と土塁のバランスは均衡のとれた美しさをみせる。

城館の内部に目を向けると、現在は民家や畑地となっているが、北側Aの部分には、高さ二メートル程の土塁があり、南側に向かって低くなる。そしてこの土塁が設けられたA部分の西側から北側に向けて、城外と城内を結ぶ土橋がみられ、ここが虎口と想定される。また、可

顔戸城南東側より

顔戸城へのアクセス

名鉄広見線顔戸駅下車、徒歩約10分。顔戸橋を渡り、国道21号を横断してすぐ。車利用の場合、東海環状自動車道可児御嵩ICから車で約10分。

児川から緩やかに通じるＣ部分も虎口とみられるほか、中央部は長方形に区画されており、ここに「構《かまえ》」という地名が残されている点も非常に興味深い。

さて、顔戸城の城主であったとされる斎藤妙椿《さいとうみょうちん》は、もともと善恵寺（現在の八百津町）で修行する僧であったが、土岐氏の守護代をつとめていた兄の斎藤利永が長禄四年（一四六〇）五月二十七日に卒去するころから政界へと進出し、応仁の乱（一四六七）では「妙椿の動向は、土岐氏のみならず、中央の政界をもゆるがす」と言われるほどであったという。そして、応仁の乱で西軍に属した土岐・斎藤氏に対して、東軍は妙椿が上洛したとの報に比叡山の僧兵まで動員するほどであった。

今なお残る深い空堀と土塁

その後も妙椿牽制のため、信濃の小笠原家長らが攻勢をかけ、恵那・土岐郡へとなだれ込んできたため、顔戸城はこうした信州勢の攻勢を阻止するために前線基地として強化されたのではないかといわれている。

顔戸城近くの顔戸八幡神社には、妙椿の兄・斎藤利永が没する前年の長禄三年（一四五九）春の社殿葺き替えの棟札が残されており、ここに「地頭御代官妙椿上人」の文字がみえる。この頃すでに地頭代官の職を持ち、顔戸城付近に勢力を有していたことを裏付けるものといえる。

顔戸城の歴史についてはまだまだ謎が多く残されているが、平城という後世の影響を受けやすい状況にありながら、深い空堀と土塁を良好な状態で今に伝えていることに加え、城の内部についても大きな開発を受けないで遺構が残されている可能性が高い。また、平城のなかでも規模が大きいなど、現在残されている状況を総合的に考察するならば、顔戸城は全国規模でみても非常に貴重な遺構を今なお伝える城館といえ、今後の調査研究ならびに保存に期待が持たれる。

（栗谷本真）

顔戸城跡概要図（作図：高田　徹）

113 旗本《はたもと》馬場氏《ばばし》陣屋《じんや》★

所在地　瑞浪市釜戸町中切
築城時期　十六世紀末頃
標　高　二〇〇m
主な遺構　曲輪　土塁

　馬場氏陣屋は釜戸陣屋とも呼ばれ、瑞浪市東部に位置する釜戸町に所在する。陣屋跡は釜戸町西部の中切地区（旧中切村）の土岐川右岸（北側）の段丘上に立地する。

　この中切地区周辺は中世東山道と下街道との合流点とされる場所にあたり、陣屋の西には宿の地名（旧村名）が残り、かつて中世東山道の宿場が存在したとされる。また陣屋跡の対岸（南側）は公文垣内《くもがいと》（旧公文垣内村）と呼ばれ、その名称から古代から中世にかけて地元領主の居館などが所在したと推測される地区である。

　本陣屋を築いた馬場氏は木曾谷を支配した木曾氏の一族とされ、関ヶ原合戦（関ヶ原東濃合戦）では千村・山村氏らと共に東軍に属し、その戦功によって土岐郡釜戸郷をはじめ恵那郡・可児郡などにおいて一六〇〇石（後二〇〇〇石）を知行した。後に変遷はあったが、千村・山村氏など他の木曾衆が尾張藩付属となった後も旗本として明治維新を迎えた。

　本陣屋は天正十年（一五八二）の本能寺の変後に、森長可（武蔵守）が当地を支配した際に築いたものと言われるが、詳細については明らかでない。『安藤家代々覚書』には「釜戸村　横山甚内・安藤兵庫居住、其後森蘭丸、其後慶長四年亥歳迄森武蔵守殿領分也」「（馬場）昌次公　慶長五年子年下総国佐倉郷ヨリ当釜戸郷入部」とあり、少なくとも本陣屋を馬場氏が使用するようになったのは同氏が釜戸を知行した慶長五年（一六〇〇）以降と考えられる。

　馬場氏は、加勢・松井・鈴木・加納の四氏を代官とし、陣屋内に加勢氏を、その他の三氏を周囲に住まわせたが、このうち松井氏はかつて森氏の家臣であったとされる。

馬場氏陣屋遠景（西より）

旗本馬場氏陣屋へのアクセス
JR中央本線釜戸駅下車、徒歩30分。

馬場氏陣屋の構造については、幸い絵図面の写しが残されており、概要を把握することができる。すなわち、曲輪の南側は高さ数メートルの断崖を介して土岐川に接し、加えて東・北・西側に土塁、その外側には堀を巡らせて、東西の二箇所に虎口を配している。虎口は門を有する平虎口で、東側の門は「慶長門」、西側の門は「裏門」と記されている。慶長門は、その名のとおり慶長年間に建てられ、茅葺であったという。

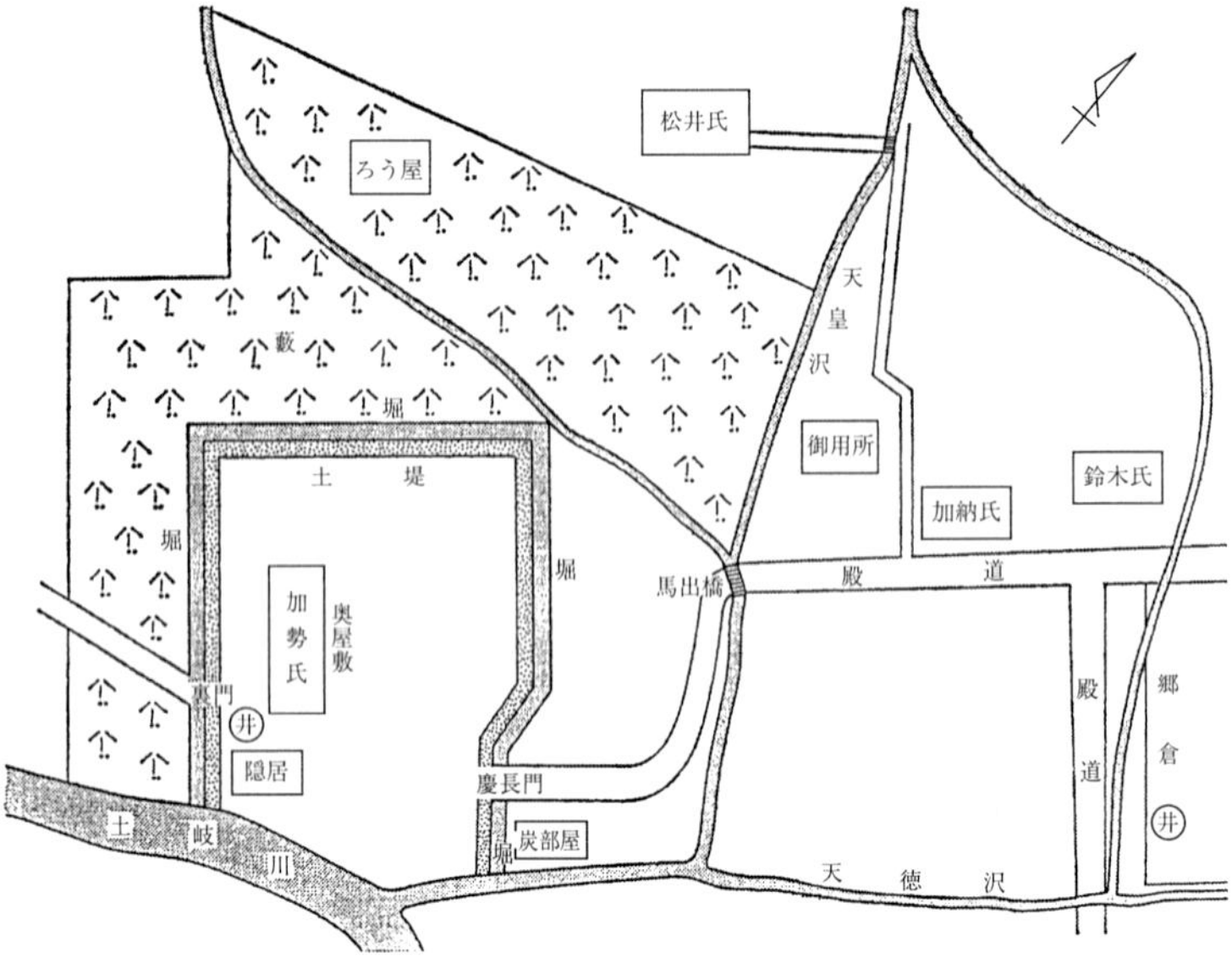

馬場氏陣屋見取図（『博物学史散歩』上野益三　八坂書房　1978より）

馬場氏陣屋は現在竹林となっており、竹が密集しているため立ち入っての見学は困難である。遺構の遺存状況は全体的に良好であるが、曲輪の南半は明治三十五年（一九〇二）頃に国鉄の中央西線（現中央本線）敷設のために破壊されてしまい、絵図に見られる慶長門や裏門などは滅失したようである。現在JRの路線は土岐川の左岸（南側）へ付け替えられているが、曲輪南半には遺構が確認できず、敷地は畑地などとして利用されている状況である。

このように現在確認できる遺構は北半のみであるが、その構造は絵図と概ね一致しており、曲輪の西・北・東側には高さ三メートルを超える土塁が遺存している。土塁は東側において二重となっており、また土塁の外周、北側から西側にかけては堀跡を確認することができる。さらに敷地の中央部には高さ一メートルを越える土壇状の高まりも認められるが、これが陣屋に伴う遺構であるかは判然としない。

このように馬場氏陣屋の遺構は、南半については改変を受けているものの北半は良好に遺存しており、近世の陣屋構造を検証する上で重要な事例と評価できよう。

（砂田普司）

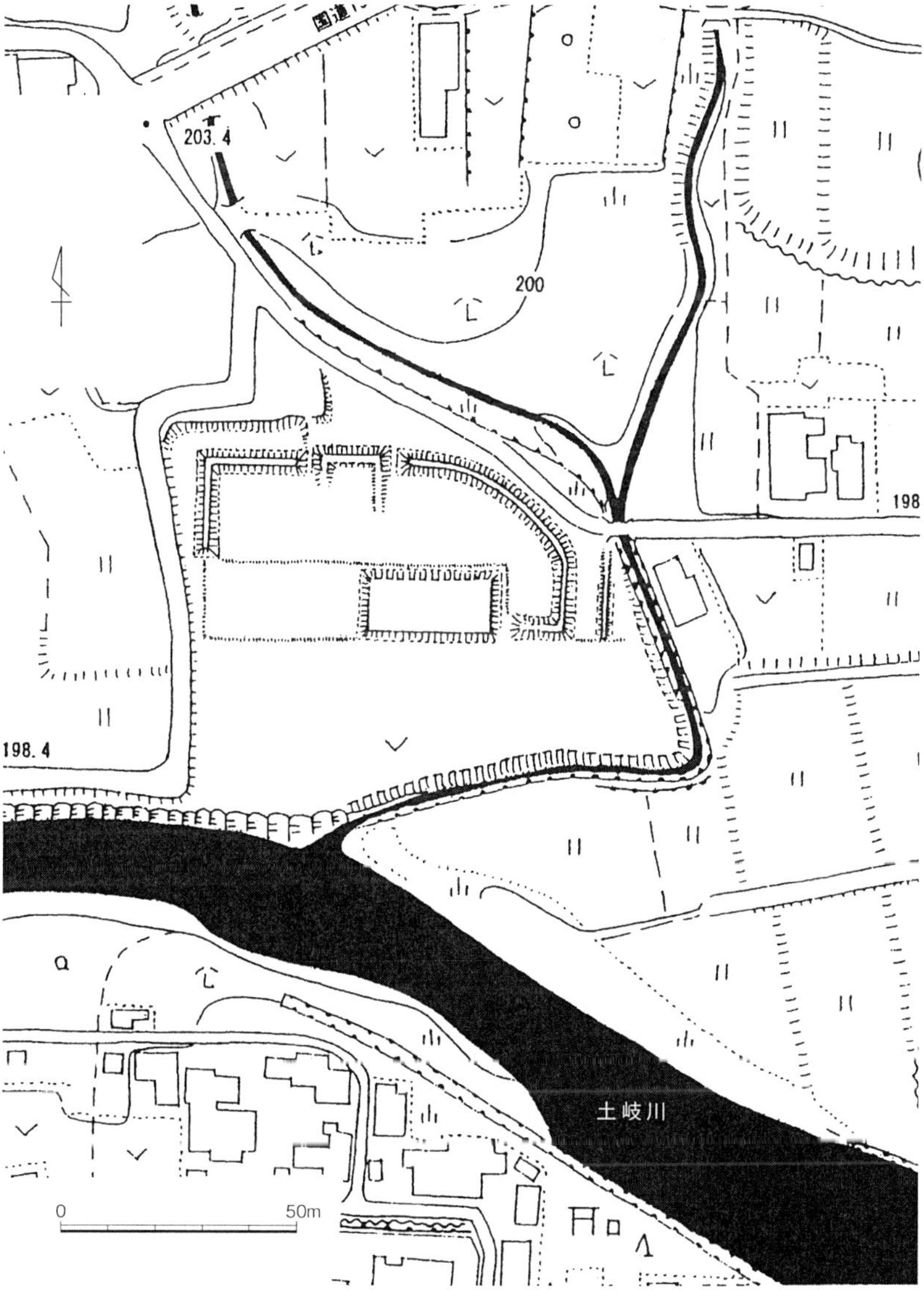

旗本馬場氏陣屋概要図（作図：石塚晋一『岐阜県中世城館跡総合調査報告書』岐阜県教育委員会 2004より）

114 桜洞城《さくらぼらじょう》 ★

所在地　下呂市萩原町萩原字古城
築城時期　戦国時代・十六世紀前半
標　高　約四五七m
主な遺構　土塁　堀

下呂市萩原町萩原字古城にある桜洞城。飛騨川が形成した狭隘な谷のなかで、最も幅の広い段丘上平坦地に城はある。標高は約四五七メートルで、扇状地の扇端部に位置する。城内の規模は最大長約一四七メートル、最大幅約九〇メートルである。

桜洞城は過去から現在までの間に大きく改変を受け、現在は城の一角に土塁と堀の一部を残すのみである。草木の生い茂るこの城跡にいったいどのような歴史があったのか、簡単に振り返ってみたい。

江戸時代享保年間に編纂された歴史書『飛州志』によれば、桜洞城は戦国大名・三木《みつき》氏の居城である。そして戦国時代初期に相当する永正年中（一五〇四〜一五二一）に桜洞城は築城されたという。

しかし、三木氏の出自に関する史料は非常に乏しい。飛騨の地に三木氏が登場する一節は、『飛州志』の「三木氏略系」に記載された藤原正頼という人物に始まる。その人物の記述は以下の通りである。

「三木氏。忠右衛門。竹原に住す。応永年中飛騨国司征伐の時、追手の大将京極近江守高員（数）、忠賞に依りて竹原郷を領す。故に家臣正頼当国に来たりてこれを守る」（長谷川忠崇『飛州志』、一九六九　岐阜県郷土資料刊行会から復刻）

記述にある「飛騨国司征伐」とは応永十八年（一四〇四）の応永飛騨の乱である。飛騨国司姉小路尹綱《あねがこうじただつな》らは、飛騨守護の京極氏らの連合軍に敗れる。三木氏はその合戦後に京極氏代官として益田竹原の任地に行くことになった。三木氏が飛騨に登場した一幕である。

『飛州志』によれば三木氏の系譜は①正頼《まさより》・②久頼《ひさより》・③

重頼《しげより》・④直頼《なおより》・⑤良頼《よしより》（嗣頼《つぐより》）・⑥自綱《よりつな》・⑦秀綱《ひでつな》とたどれる。古文書に登場する人物名を年代順に配列すると重頼以降、秀綱まで『飛州志』の系譜と矛盾がない。そのため、『飛州志』がもっとも信用できる系譜である。

では、「桜洞城」という名称の登場はいつか。中世文書に「桜洞城」の名は認められない。そのため『飛州志』が最古の文献になる。それによれば、桜洞城の築城は三木氏四代目の直頼の代である。直頼が永正年中（一五〇四～一五二一年）に桜洞城を築城して後、十数年後には飛騨南部の併合に留まらず、高山・古川盆地を自らの勢力下に置いた。直頼が天文二十三年（一五五四）に没した後、良頼の代まで桜洞城は三木氏の本拠地であり、自綱の代に高山の松倉城に本拠地が移る。それは天正七年（一五七九）頃のことである。しかし、高山盆地の厳しい寒さに困り、冬期の間のみ自綱は桜洞城に戻り政務を行った。桜洞城が「冬城」と言われる所以はここにある。桜洞城は天正十三年（一五八五）、豊臣秀吉の命を受けた金森長近の子、可重の攻撃を受け落城。三木氏が飛騨の歴史の舞台から姿を消すと同時に桜洞城は終焉を迎える。

では、次に城郭の構造について考えてみよう。『飛州

今も残る土塁と空堀跡

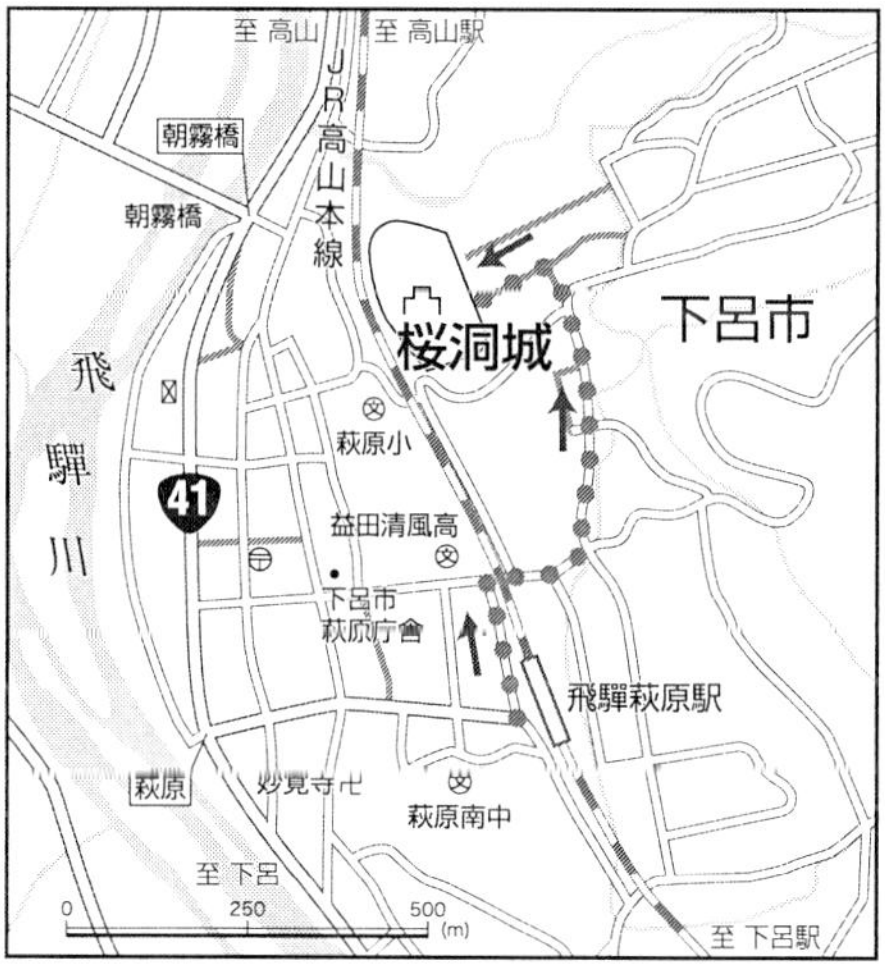

桜洞城へのアクセス
JR飛騨萩原駅から徒歩20分。城址東側からがわかりやすい。

志』に掲載された桜洞城の絵図を見ると、江戸時代の享保年間前後には城外に堀ア・クが巡り、二重の堀が存在した。最も内側のアの堀は四方をすべて囲っていた。さらに城内のエとキの一帯にも部分的に土塁が存在したようである。城内は「長百間　横八十間」と記され、それをメートル法に換算した場合、長さ約一八〇メートル・幅約一四四メートルになり、発掘調査で推定される規模とほぼ一致する。

しかし、明治六年（一八七三）に刊行された富田禮彦編『斐太後風土記』に至ると多くの堀は埋められ、土塁は破壊された。その結果、城を取り囲む堀と土塁は一重になっている。『斐太後風土記』のアの空堀とイの土塁は、『飛州志』のアの空堀とイの土塁に対応する。そして、『斐太後風土記』には『飛州志』の段階では示されていないウという土塁が記される。

さらに、昭和十二年刊行の角竹喜登による『岐阜県史蹟名勝天然記念物調査報告書』掲載の略図では、アの空堀が埋没し、イの土塁は削平された。そしてオの土塁の大半は、昭和八年以前の鉄道敷設工事により切り崩され消滅した。

現在、元来の堀と土塁はエ・カ、そしてオの一部に残るのみである。

過去の絵図等から読み取ることのできる桜洞城の姿とは別に、埋没・破壊された箇所を発掘調査手法を用いることである程度まで復元することができる。発掘調査は今なおその途上にあるが、平成十九年から開始した発掘調査の成果を簡単にまとめてはおこう。なお、ここでは、過去の全体状況を把握しやすい『斐太後風土記』の絵図と発掘調査の成果を対比したい。

第一に、『斐太後風土記』の略図に掲載されたアの空堀が、現在の田畑の下に埋没していることが判明した。現地表面から堀の底部まで一・八メートルである。成人男性の背丈以上の深い堀である。

第二に、現在の田畑の筆のなかで、イに該当する一帯の標高が周囲に比べ高い。そこでは、地山である黄褐色砂質土が黒色粘質土の上部より検出された。通常の堆積と逆転した状態である。すなわち、人の手によって造られた土塁の痕跡と考えられる。

第三に、『斐太後風土記』のエ・オ・カの部分は、一部破壊や埋没が進行しているものの、比較的良好に元来の状況を残す。なお、オでは土塁に対し直角に試掘坑を設定した。その結果、表土下に地山の土である黄褐色砂質土と人頭大以上の巨大な亜円礫が堆積していた。そしてその下層に黒色粘質土が堆積する状況であった。カも同様な土層堆積状況であった。エは史跡保護範囲であるため、発掘調査は実施しないが、現在、地表面に人頭大以上の亜円礫が露出・転石する。そのため、オ・カと同様な土層堆積状況が推定される。つまり、エ・オ・カの部分は平地に堀をうがち、その土砂を掻き揚げることで土塁を造成したことがわかる。

第四に、『飛州志』・『斐太後風土記』・『岐阜県史跡等報告書』のいずれにも掲載されていない空堀を発掘調査で発見した。それはエの東側に接する南北方向に延びる空堀である。それにより、少なくとも城の西側に二重の土塁と空堀が巡っていたことが判明した。

また、詰め城となる山城が桜洞城の周囲に見あたらないのは、城郭構造を考える上で重要な要素となる。

考古学的手法に基づく桜洞城の存続時期の検討や城内建物の把握は、これからの発掘調査と分析作業における課題である。

（馬場伸一郎）

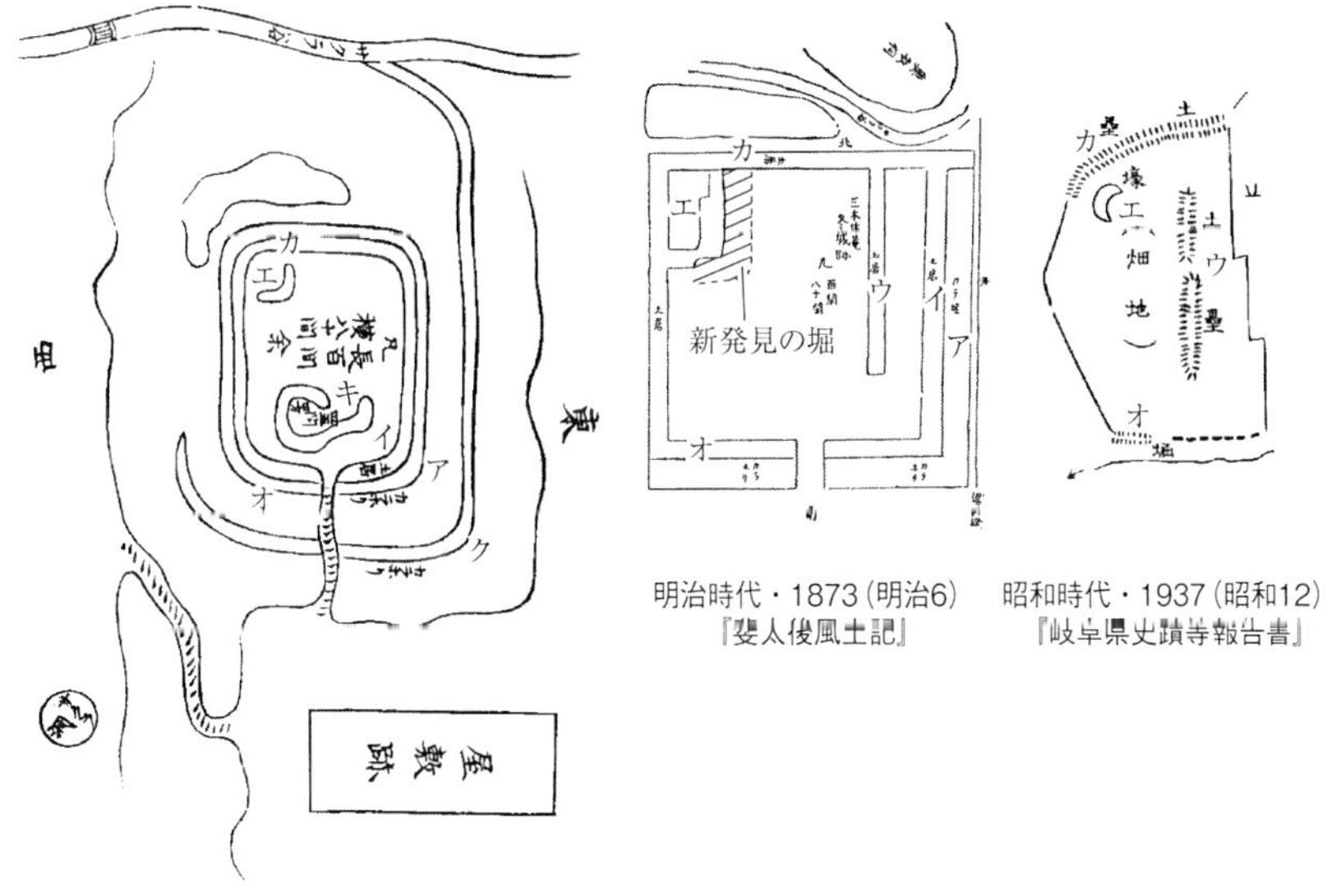

明治時代・1873（明治6）『斐太後風土記』

昭和時代・1937（昭和12）『岐阜県史蹟等報告書』

江戸時代・18世紀前半『飛州志』

３つの絵図・略図にみる桜洞城跡の景観変化

115 増島城《ますしまじょう》 ★

所在地　飛騨市古川町片原町
築城時期　天正十七年（一五八九）～慶長五年（一六〇〇）
標　高　四九六m
主な遺構　本丸櫓台跡、石垣、水堀

増島城は、JR飛騨古川駅の東約三五〇メートル、古川盆地の中央、宮川と荒城川の合流点近くに立地する。城の北側及び東側には沼田が広がり、南側には荒城川が流れており、これらを天然の要害とする飛騨では数少ない平城である。

現在は本丸櫓台と堀の一部が残っている。櫓台跡が岐阜県史跡に指定されている。櫓台跡の西側、旧本丸部分には飛騨市立古川小学校が建っている。なお、現在櫓台跡東側に古川小学校新校舎を建設中である。

天正十三年（一五八五）、越前大野城主・金森長近は、羽柴秀吉の越中攻めと連動して飛騨に進攻し、姉小路（三木）氏を滅ぼす。天正十四年（一五八六）、長近は、越前大野より飛騨国へ移封され、飛騨一国三万五千石を領する。長近は、飛騨支配の拠点として天正十六年（一五八八）から高山城築城に着手する。

一方、天正十七年（一五八九）に養嗣子である可重に吉城郡の内六郷一万石を与え、可重の居城として増島城の築城を開始する。

築城と同時に城下町も建設し、正覚寺（現円光寺）、本光寺、真宗寺が城下町に移転する。親鸞聖人の威徳を偲び、三つの寺を毎年一月十五日に詣でるならわしが、三百年以上続く伝統行事「三寺まいり」である。また、瀬戸川は福全寺中興の祖と言われる快存上人が、可重に進言し、増島城の堀の水を引いて開削したと伝えられる。現在、鯉が泳ぐ瀬戸川は飛騨古川の主要な観光スポットとなっている。

増島築城は城下町建設と一体の事業であり、古川の町の基礎は、増島城築城及び城下町建設にあるといえる。

水堀と櫓台跡（北から）

増島城へのアクセス

JR高山本線飛騨古川駅から南東へ徒歩約5分。古川小学校の横。

元和元年（一六一五）に可重が没する。この年に出された一国一城令により、増島城は「古川旅館」と改称し、表向きは城ではなく、金森家の旅館あるいは別邸となる。元禄五年（一六九二）、六代・金森頼旹は、出羽国（山形県）上山に移封となる。これより飛騨国は天領（幕府直轄領）となる。移封後の元禄八年（一六九五）に増島城は高山城とともに破却されたと伝えられる。破却後、城跡及び武家屋敷は民間に払い下げられ、城内は畑地、堀

確認調査で発見した築城時の石垣

跡は田に開墾された。

明治にはいると、増島城跡は、学校敷地となる。明治三四年（一九〇一）、櫓台跡の東側（現校舎の場所）に古川小学校が建てられる。大正時代には、かつて水田として利用されていた櫓台跡南西側の堀の名残を残す低地（水田）が校庭拡張のため埋め立てられる。それまでは増島城の縄張りがかなりよく残っていたようである。

増島城の縄張りについては、享保年間に書かれた『飛州志』に図が残されている。これまで数度にわたる確認調査で、『飛州志』の図と同様の発掘調査結果が得られている。しかし、平成二十一年度の確認調査において、『飛州志』と異なり、南側櫓台が土橋状に東之丸につながることがわかった。

『飛州志』や確認調査の成果からうかがわれる増島城の曲輪配置は、本丸の外側に馬出しをもっている。このような縄張りは、秀吉の築いた聚楽第や、毛利氏の広島城などで認められる。増島城跡はこれらの城との類似性が認められる当時最新鋭の城だったのである。

（澤村雄一郎）

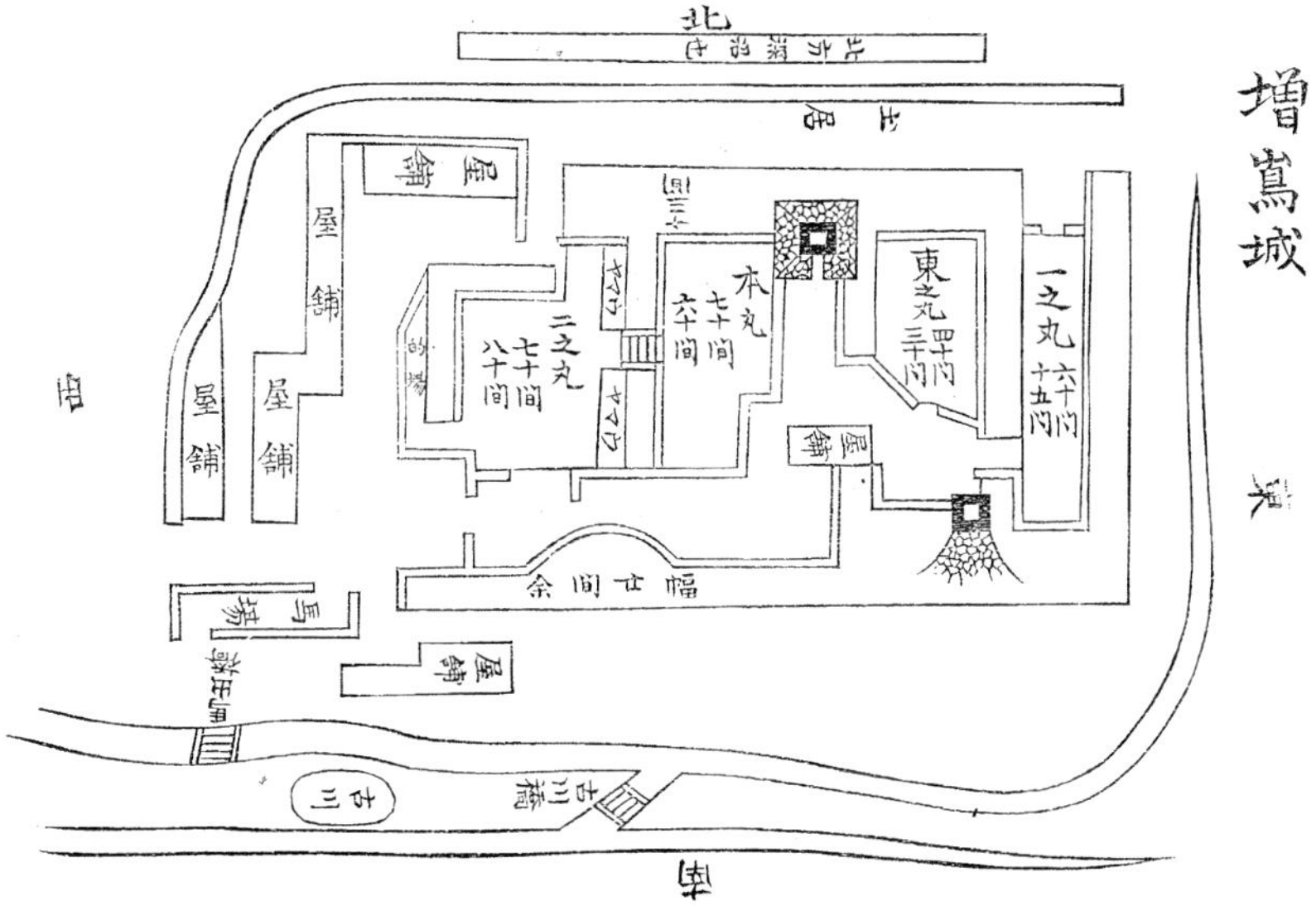

『飛州志』に描かれた増島城

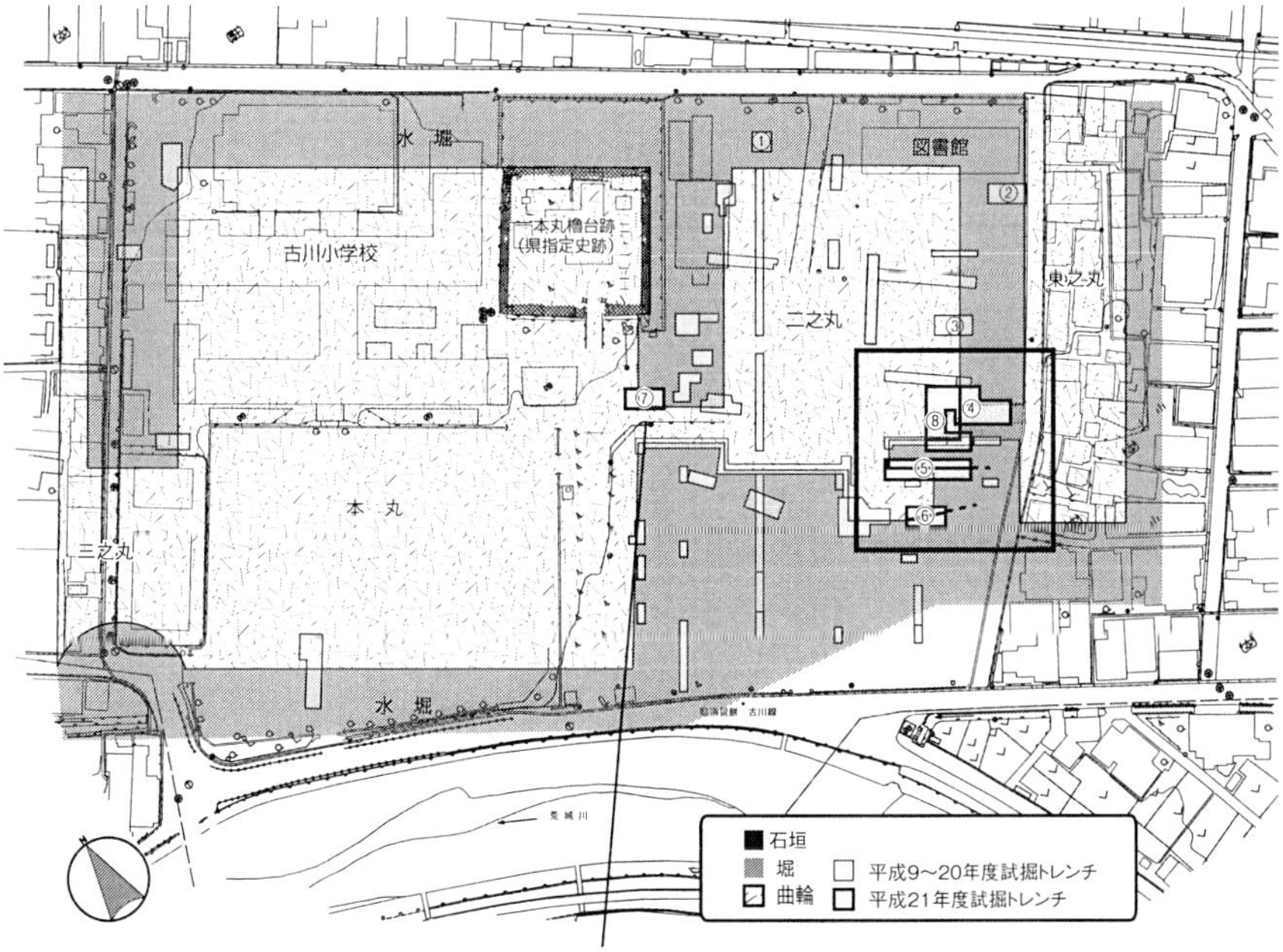

増島城曲輪配置図（飛騨市教育委員会提供）

116 江馬氏下館《えましししもやかた》★

所在地　飛騨市神岡町殿
築城時期　十四世紀末
標高　四五五m
主な遺構　庭園　堀

江馬氏下館は、室町時代から戦国時代にかけて神岡町周辺を支配した地方武士・江馬氏の居館跡である。高原川中流域右岸にある段丘中央部に立地し、古文書や古絵図等には「江馬之下館」と記されている。地元では古くから、水田の中に残る五つの大きな石を「五ケ石《ごかいし》（御花石）」と呼び、江馬氏の館跡・庭園跡であると言い伝えてきた。

江馬氏は、十三世紀中頃、伊豆国田方郡江馬庄を領有していた鎌倉幕府執権北条氏か、その在地御家人である伊豆の江馬（江間）氏のいずれかの一族が飛騨に所領を得て高原郷に入ったようである。十四～十五世紀にかけて、管領や幕府奉公人から公務執行命令を受けたり、山科家領を押領していることが『山科家文書』や『烏丸家文書』から分かっている。

昭和五十一～五十三年には土地改良に伴う発掘調査が行われ、庭園跡、建物跡、堀跡など中世武家館跡として非常に残りの良いことが明らかとなった。昭和五十五年三月十日には、江馬氏との関連が伝わる六つの山城跡（高原諏訪城跡、洞城跡、石神城跡、寺林城跡、政元城跡、土城跡）と共に「江馬氏城館跡」として史跡指定を受けた。

平成六年（一九九四）から史跡整備に向けた発掘調査が行われ、十四世紀末の館の成立、さらには十五世紀後半～十六世紀初めの庭園を持つ中世武家館の全貌が明らかになった。

館の中心部は、北・西・南側の三方向を堀と土塀に、東側を山に囲まれた約一町四方の敷地である。西を正面とし、西側土塀には南側に主門、東側に脇門の二カ所の門跡がある。館の南西隅部には、東西二七メートル、南北一二メートルの不整楕円形の池を持つ庭園跡が位置する。庭園に北接して会所跡を、その他に台所跡、対屋跡、常御殿跡を確認した。

　堀の外には道路や柵で区画を設け、主門前には門前の警護を行う宿直屋や馬屋が、南堀より南側には職人の作業小屋と考えられる竪穴住居や掘立柱建物が配置されていた。また、館の近辺だけでなく、段丘全体から柱穴や中世遺物を確認しており、縁辺部四隅には神社が配置されており、下館に関連する施設は段丘全体に広がっていたと考えられる。

　出土遺物では、土師器の皿、瀬戸美濃焼の茶碗・壺甕類・香炉、瓦器の風炉・火鉢などの国産陶磁器の他に、青磁の碗・皿・花瓶、白磁の皿、青白磁の梅瓶、天目茶碗などの中国製陶磁器も多数出土している。また、碁石や銅

江馬氏下館主門

江馬氏下館へのアクセス

JR高山本線飛騨古川駅から飛騨市巡回バス（西回り）で30分、スカイドーム神岡下車、徒歩すぐ。または、濃飛バスで西里下車、徒歩20分。

製火箸も出土している。

　このような下館の建物配置は、「洛中洛外図」に描かれている室町将軍邸と酷似している。また、遺物に中国製陶磁器が多く含まれていることから、座敷飾り・もてなしなどの武家儀礼も同様に行っていたことが推察できる。将軍邸を真似た館で、将軍と同様の儀礼を行うことにより権威を示したと考えられる。

江馬氏下館庭園と会所

　江馬氏がもてなしを行った例として『梅花無尽蔵』がある。延徳元年（一四八九）に、禅僧・万里集九が江馬氏の饗応を受けたという記録が残っている。場所は記録にないものの、下館の庭園・会所が舞台になったと考えられる。

　発掘調査及び文献調査で確認した江馬氏下館のあり方から、江馬氏は幕府と強く結びついていることが分かった。中世の高原郷において、当時の政治の中心地である京都との強い結びつきのもと、江馬氏がこの地域を治めていたことが明らかになったと言えよう。

　平成十九年十月二十八日、江馬氏下館は復元工事が完了し、史跡江馬氏館跡公園としてオープンした。訪れると、会所から庭園を眺めるという室町時代の歴史を肌で感じることができる。会所の縁側から巨石が並ぶ庭園を眺め、土塀越しに山並みを望む。館の主人が見ていた雄大な景色と今なお同じ景色を望むことができる。下館は都市圏にはない飛騨市の素晴らしさをも伝えてくれる遺跡公園となっている。

（三好清超）

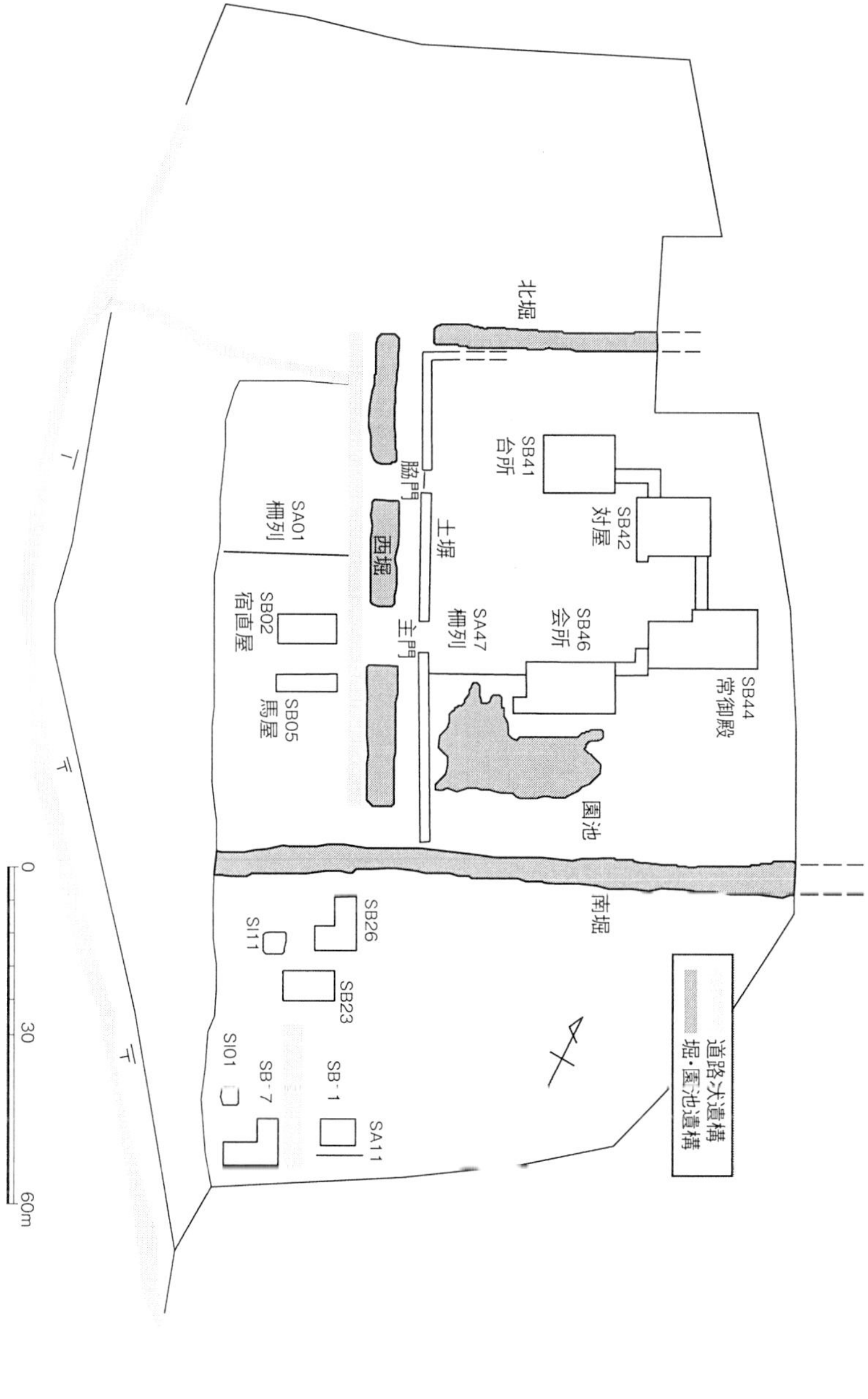

江馬氏下館跡　15世紀～16世紀初めの遺構配置図

117 東町城《ひがしまちじょう》 ★

所在地　飛騨市神岡町東町
築城時期　十六世紀中頃
標　高　四四〇m
主な遺構　曲輪　空堀　竪堀

国道四一号を飛騨市神岡町市街地に向かって走ると、富山側からでも高山側からでも、市街地の一番高いところに神岡城天守を臨むことができる。この神岡城の位置するところが東町城である。東町城は、野尻城、沖野城とも呼ばれ、室町時代から戦国時代にかけて神岡町周辺を支配した地方武士・江馬氏の居館跡と伝えられている。江戸時代、長谷川忠崇によって記された『飛州志』には江馬氏の家臣川上中務丞居之が居城したと記され、同書所収の絵図には「江馬之館」と記されている。

高原川中流域右岸にある段丘の北端部に立地し、同じ段丘の南東六〇〇メートルのところには、江馬氏下館がある。段丘端部に位置する東町城は、段丘崖の下まで比高差二〇メートルを測り、平山城の形態をなす。段丘崖下には越中東街道が通っており、東町城西側では越中東街道と上宝道及び吉田街道が合流する。また、東町区や高原川対岸の船津区などの神岡町市街地だけでなく、対岸山麓を通る越中中街道までも広く臨むことができ、交通の上でも重要な立地であったことが分かる。

現在は、神岡町内出土の考古遺物を展示する天守型の資料館、神岡町内の鉱業を紹介する鉱山資料館、北飛騨の明治期の特徴を持つ民家として岐阜県重要有形民俗文化財に指定されている旧松葉家が建てられ、高原郷土館という城跡公園になっている。

昭和四十二年、公園整備の際に埋まっていた内堀や外堀が掘り出されて整備され、石垣も積み直された。現在の堀と石垣の位置については、佐伯哲也氏の古写真調査、小島道裕氏の地籍図調査によってほぼ原位置であることが明らかにされている。石垣の位置は、町内の個人宅で

東町城遠景

古写真が見つかり、それが手がかりとなった。田畑として使用されていた昭和三十年代の写真から、内堀に石垣が残存していたことが判明した。また、明治二十一年作成の地籍図からは、内堀と外堀の地割りを読み取ることができ、主郭が約五〇メートル四方であることが明らかにされた。

さらに地籍図の調査から、堀の部分が大字境となり、所在地が神岡町東町であることが分かった。東町の中心地は段丘崖下から高原川までの現在の市街地である。このため、歴史的には段丘上の大字殿より段丘崖下の大字東町側との関係が強かったことを伺わせる。東町地内に

東町城へのアクセス

JR高山本線飛騨古川駅から飛騨市巡回バス(西回り)で30分、スカイドーム神岡下車、徒歩５分。または、濃飛バスで西里下車、徒歩10分。

は通称「城下」の地名も残っており、現在の市街地は東町城の城下町として形成され始めたか、もしくは戦国時代から商業の中心となり始めた東町周辺を取り込む形で

現在の東町城（公園整備されている）

東町城を築城するに至ったかの可能性が想定される。
築城については、永禄年間（一五五八～六九）、江馬氏が武田氏に属した後、武田信玄の越中侵攻のため、その家臣山県昌景に命じられて江馬氏が造ったと伝えられている。武田氏が越中松倉城（富山県魚津市）の椎名氏を攻めた時にはこの東町城が拠点となったと考えられる。また、江馬氏下館は十六世紀初めに廃絶しており、江馬氏の本拠自体が下館から東町城に移った可能性も想定される。天正十年（一五八二）、江馬氏が滅亡し、さらに天正十三年（一五八五）、江馬氏を破った三木氏が滅亡した。金森長近が飛騨に入国してからは、その家臣山田小十郎が城代となり入れ置かれた。この時に改修され、堀に石垣を多用したものと考えられる。破却については、元禄五年（一六九二）、金森氏が出羽国上ノ山に転封になった時とするとの説と、元和元年（一六一五）江戸幕府の出した一国一城令により取り壊したとする説とがある。
このように築城から破却まで神岡町内の歴史を語るに外せない遺跡であり、昭和三十三年十二月一日、飛騨市史跡指定を受けている。
（三好清超）

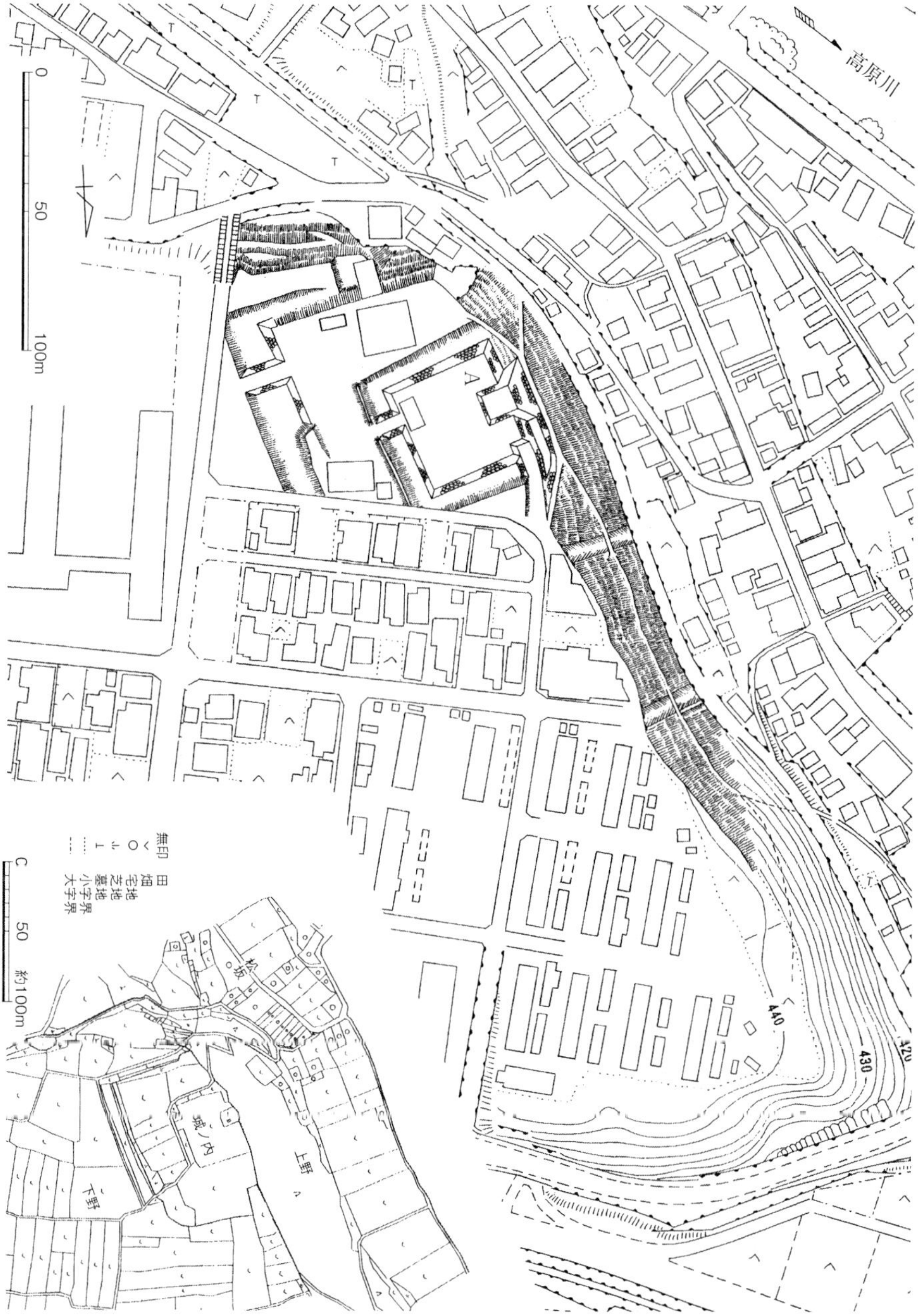

東町城跡概要図（縄張図作図：佐伯哲也『岐阜県中世城館跡総合調査報告書』岐阜県教育委員会　2005より）
明治21年地籍図（小島道裕『江馬氏城館跡』―下館跡発掘調査報告書Ⅰ―神岡町教育委員会・富山大学人文学部考古学研究室　1995より）

あとがき

岐阜県は全国で七番目に広い県です。平成の大合併前には九九もの市町村がありました。地理上の特色として、よく「飛山濃水」(飛騨の山、美濃の水)と評されますが、それだけでは言い尽くせない、多様な景観の中に八〇〇以上の城跡が分布しています。これを五〇城に絞る作業は、大変ながらも楽しい作業でした。地域の偏りのないように努めましたが、結果的には、広い岐阜県の地域色や多様性がよく現れたものになりました。また、各城の執筆は、できるかぎり、日ごろその地域で文化財に関わる仕事に携わっている方にお願いしました。地域を知り尽くしている方の手による一味違ったものになっているものと思います。そのあたりもぜひとも本文でお確かめください。

ここで取り上げた城の多くはいわゆる「里山」にあります。近年は自然ブームで、特に登山道も整備されていないなんでもない野山に足を踏み入れる人が増えています。しかし、田舎に住む身としては、一部の人たちの傍若無人さに閉口しているのもまた事実です。実は、選定にあたって最も思い悩んだのはこの点でした。ここで取り上げた城跡は、岐阜県の中近世史を語る上ではずすことのできないものばかりですが、散策路が整備され案内板を設けてあるような城ばかりではありません。土地の所有者や地元の方たちにご迷惑をおかけすることにならないかと危惧しています。

城跡は、廃城後も、地元の方たちの手により、山林、草山、あるいは畑として大切に守られてきました。それは現在も続いています。たからこそ、四〇〇年を経た今も私たちは城跡を歩き、素晴らしい遺構や眺望を楽しむことができるのです。この本を片手に城跡を訪れる皆さんは、そうしたことにも思いを馳せ、よその家を訪問するような気持ちで足を踏み入れていただければと思います。

また、姉妹本『静岡の山城ベスト50を歩く』のあとがきでも触れられていましたが、公共交通機関の利用はかなり無理があります。最近は各自治体のホームページの交通案内も充実しているので、十分な下調べをしてからお出かけください。車で訪れる場合にも、駐車場のないところも多いので注意してください。

もう一人の編者中井均氏を通じて、サンライズ出版の岩根治美さんから本書の企画のお話をいただいたのは一年以上前のことでした。両氏には、たいへんご苦労とご迷惑をおかけしたことと思います。こうした機会を与えていただき、終止適切な指導、助言をいただきましたことを感謝申し上げます。また、お忙しい中、快くお引き受けくださり、短時間で原稿を仕上げていただいた執筆者の皆さんにお礼を申し上げます。皆さんのお力添えなしには本書は発行できませんでした。ありがとうございました。

二〇一〇年二月

編者を代表して　三宅唯美

岐阜の山城を楽しむ参考図書

『岐阜県史　史料編』古代中世二　岐阜県　一九六五
『各務原市史』考古・民俗編　考古　各務原市教育委員会　一九八三
『高山城跡発掘調査報告書Ⅰ』高山市教育委員会　一九八六
『高山城跡発掘調査報告書Ⅱ』高山市教育委員会　一九八八
『高山城跡発掘調査報告書Ⅲ』高山市教育委員会　一九九六
『高山城総合学術調査報告書』文化環境計画研究所編　㈶金森公顕彰会　一九八八
『千畳敷Ⅰ』岐阜市教育委員会　一九九〇
『千畳敷Ⅱ』岐阜市教育委員会　一九九一
『千畳敷Ⅲ』㈶岐阜市教育文化振興事業団　二〇〇〇
『御嵩町史　通史編・上』御嵩町史編纂室　一九九二
『根本御殿屋敷遺跡発掘調査報告書』多治見市教育委員会　一九九二
「森氏の東濃支配と城郭」『中世城郭研究　第7号』髙田徹　一九九三
「岐阜県の中世城館研究の諸問題―縄張り研究を中心として―」『岐阜史学』86　髙田徹　岐阜史学会　一九九三
「武田氏の美濃侵攻とその城郭」『郷土研究岐阜』66　髙田徹　岐阜県郷土資料研究協議会　一九九三
「美濃苗木城の縄張り」『中世城郭研究』8　髙田徹　中世城郭研究会　一九九四
『斎藤道三』横山住雄　濃尾歴史研究所　一九九四

「北美濃の石垣城郭について」『織豊城郭』4　高田徹　織豊期城郭研究会　一九九七
『新修関市史』通史編　自然・原始・古代・中世　関市　一九九六
「『丹羽氏聞書』について」『愛城研報告』4　三宅唯美　愛知中世城郭研究会　一九九九
『中世山城サミット』各務原市歴史民俗資料館　二〇〇一
『妻木城』岐阜県土岐市教育委員会・㈶土岐市埋蔵文化財センター　二〇〇二
『岐阜県中世城館跡総合調査報告書　第1集〜第4集』岐阜県教育委員会　二〇〇二〜二〇〇五
「岐阜城について」『中世城郭研究』17　高田徹　中世城郭研究会　二〇〇三
『伊木山城址発掘調査報告書』—遺構の範囲確認調査—各務原市埋蔵文化財調査センター　二〇〇三
『兼山町史』復刻版　可児郡兼山町　二〇〇四
『小里城山城跡　御殿場跡発掘調査報告書』瑞浪市教育委員会　二〇〇五
『よみがえる日本の城16』学習研究社　二〇〇五
『可児市史』第一巻　通史編　考古・文化財　可児市　二〇〇五
「飛騨・高山城の破却—近世における城破り事例について—」『森宏之君追悼城郭論集』高田徹　織豊期城郭研究会　二〇〇五
「飛騨・増島城の構造—現況・絵図・空中写真による検討」『郷土研究岐阜』100　高田徹　岐阜県郷土資料研究協議会　二〇〇五
『守護所と戦国城下町』内堀信雄・鈴木正貴・仁木宏・三宅唯美編　高志書院　二〇〇六
『岩村城』恵那市　二〇〇七
『飛騨・三木一族』谷口研語　新人物往来社　二〇〇七
『広畑野口遺跡B地区発掘調査報告書』各務原市埋蔵文化財調査センター　二〇〇八
『邑久町史』通史編　邑久町史編纂委員会　二〇〇九
『岐阜城跡』岐阜市教育委員会・㈶岐阜市教育文化振興事業団　二〇〇九

執筆者紹介

井川　祥子	（いかわ　さちこ）	岐阜市教育委員会社会教育課
内堀　信雄	（うちぼり　のぶお）	岐阜市教育委員会社会教育課
恩田　知美	（おんだ　ともみ）	本巣市教育委員会社会教育課
恩田　裕之	（おんだ　ひろゆき）	㈶岐阜市教育文化振興事業団
栗谷本　真	（くりやもと　まこと）	御嵩町まちづくり課
澤村雄一郎	（さわむら　ゆういちろう）	飛騨市教育委員会文化振興室
島田　崇正	（しまだ　たかまさ）	富加町教育委員会教育課
清水　宣洋	（しみず　のぶひろ）	中津川市文化スポーツ部文化振興課
鈴木　　元	（すずき　げん）	大垣市教育委員会文化振興課
砂田　普司	（すなだ　しんじ）	瑞浪市教育委員会スポーツ・文化課
髙木　　晃	（たかぎ　あきら）	岐阜市教育委員会社会教育課
髙田　　徹	（たかだ　とおる）	城郭談話会
髙橋　方紀	（たかはし　まさのり）	岐阜市教育委員会社会教育課
田中　　彰	（たなか　あきら）	高山市郷土館
中井　　均	（なかい　ひとし）	滋賀県立大学人間文化学部
中井　正幸	（なかい　まさゆき）	大垣市教育委員会文化振興課
中嶌　　茂	（なかしま　しげる）	㈶土岐市埋蔵文化財センター
長瀬　治義	（ながせ　はるよし）	可児市企画部市政情報課
西村　勝広	（にしむら　かつひろ）	各務原市埋蔵文化財調査センター
馬場伸一郎	（ばば　しんいちろう）	下呂市教育委員会社会教育課
林　　芳樹	（はやし　よしき）	池田町立池田中学校
古田　憲司	（ふるた　けんじ）	美濃市文化財保護委員会委員
三宅　唯美	（みやけ　ただよし）	恵那市教育委員会文化課
三宅　英機	（みやけ　ひでき）	恵那市教育委員会文化課
三好　清超	（みよし　せいちょう）	飛騨市教育委員会文化振興室
横幕　大祐	（よこまく　だいすけ）	池田町教育委員会社会教育課

（所属は執筆当時）

編者略歴

三宅　唯美

1960年生まれ　愛知学院大学文学部歴史学科卒業
恵那市教育委員会生涯学習課

主な著作
『岐阜県教育史　通史編１古代・中世・近世』（共著）岐阜県教育委員会　2003年
『守護所と戦国城下町』（共編著）高志書院　2006年

中井　　均

1955年大阪府生まれ。龍谷大学文学部史学科卒業。滋賀県文化財保護協会、米原市教育委員会、長浜城歴史博物館館長を経て、滋賀県立大学人間文化学部教授。2021年定年退職。現在は滋賀県立大学名誉教授。専門は日本考古学。

主な著作
『中世城館の実像』高志書院　2020年
『信長と家臣団の城』KADOKAWA　2020年
『秀吉と家臣団の城』KADOKAWA　2021年
『戦国期城館と西国』高志書院　2021年
『織田・豊臣城郭の構造と展開 上』戎光祥出版　2021年
『織田・豊臣城郭の構造と展開 下』戎光祥出版　2022年
『戦国の城と石垣』高志書院　2022年

岐阜の山城《やまじろ》ベスト50を歩く

2010年３月24日　初版１刷発行
2023年４月１日　初版６刷発行

編　者　　三宅唯美・中井　均
発行者　　岩根　順子
発行所　　サンライズ出版株式会社
滋賀県彦根市鳥居本町655-1
〒522-0004　TEL.0749-22-0627
FAX.0749-23-7720

印刷・製本　サンライズ出版株式会社